KB041279

형이상학과 탈형이상학

형이상학의 유래와 도래

형이상학과 탈형이상학

형이상학의 유래와 도래

신승환 지음

서광사

이 저서는 가톨릭대학교 강엘리사벳 연구 기금의 연구비 지원에 의해 작성되었음.

형이상학과 탈형이상학

형이상학의 유래와 도래

신승환 지음

펴낸이 | 김신혁, 이숙
펴낸곳 | 도서출판 서광사
출판등록일 | 1977. 6. 30.
출판등록번호 | 제 406-2006-000010호

(10881) 경기도 파주시 회동길 77-12 (문발동)
대표전화 (031) 955-4331 팩시밀리 (031) 955-4336
E-mail: phil6161@chol.com
http://www.seokwangsa.co.kr | http://www.seokwangsa.kr

제1판 제1쇄 펴낸날 ― 2018년 11월 10일

ISBN 978-89-306-2330-8   93110

현대사회에서 형이상학(metaphysics)은 잊히고 사라졌다. 그나마 학문 영역에서 가느다란 호흡을 유지하고 있지만 많은 경우 그 뜻이 왜곡되거나 희화(戲化)되어 있다. 이런 현상은 철학사에서 결코 드물지 않았다. 아리스토텔레스(Aristoteles)에 의해 처음으로 개념화된 이래 형이상학은 많은 경우 명확한 의미를 지니지 못한 채 사용하는 사람에 따라 다양하게 쓰였다. 이 말이 학문으로서 형이상학이 모호하다거나 잘못 설정되었다는 뜻은 아니다. 오늘날 형이상학이 더 이상 필요하지 않다는 말은 더더욱 아니다. 오히려 이렇게 잊히고 왜곡되었던 만큼이나 형이상학은 인간에게는 절실히 필요한 학문이다. 왜냐하면 인간이란 존재 자체가 초월적인 본성을 지니고 있으며, 이러한 초월적 지향성을 바탕으로 할 때만이 자신의 삶과 존재를 올곧이 이끌어 갈 수 있기 때문이다.

인간은 자기 존재와 삶을 위해 그 이상의 어떤 원리와 그에 대한 이해를 필요로 한다. 또한 이런 근본적인 이해에 근거해서 비로소 그 자신의 개별적인 이해와 지식, 행위가 가능해진다. 물론 이러한 근본적

이해가 언제나 명시적으로 나타나거나 주제화되어 드러나지는 않는
다. 일상의 삶에서 누가 이런 이해를 명확하고 지속적으로 수행할 수
있을까. 그럼에도 인간이라면 누구나 이런 근본적인 이해를 지니고 있
다. 형이상학이 무엇인지 이해하지 못하거나, 심지어 부정하는 사람조
차도 사실은 그러한 형이상학을 가진 것이다. 사람이라면 누구나 누
군가를 사랑하고 그를 향한 삶을 살려 한다. 사람이라면 누구나 삶의
의미에 대해 질문하거나 자기 존재에 대해 진지하게 생각하고 의미를
부여할 것이다. 또는 죽음을 자각하면서 죽음에 대한 태도와 죽음 이
후의 삶에 대해서도 생각해 볼 것이다. 그런 생각과 이해가 어떤 모습
으로 나타나는지는 중요하지 않다. 그것과는 별개로 인간은 이런 이해
를 지니고 있다는 사실이 중요하다. 이런 근본적 이해에 관계하는 학
문, 이런 문제를 질문하고 나름대로의 이해를 모색하는 것이 형이상학
적이라면, 이를 철학적 사유로 이끌어 가는 것이 형이상학이라는 학문
이다.

인간은 본질적으로 형이상학적일 수밖에 없다. 죽음을 맞이하고 죽
음에 대해 생각한다면 그는 누구라도 형이상학적이다. 자신의 존재와
삶을 해석하고 이해하려는 모든 행동은 형이상학적이다. 다른 사람과
관계를 맺으면서 그 관계의 의미가 무엇인지, 세계와 그 밖의 그 어떤
것에 대해 알고자 할 때 우리는 근본적인 이해에 바탕을 두고 이를 수
행한다. 그러한 근본적 이해가 곧 형이상학이다. 그러기에 동물이 이
런 행위를 하지 못한다면 동물은 결코 형이상학적일 수가 없다. 그에
비해 알게 모르게, 명시적이거나 암시적으로, 또는 주제적이거나 비주
제적으로 이런 생각을 할 수밖에 없는 것이 인간이라면 인간은 누구라
도 본질적으로 형이상학적 존재일 수밖에 없다. 형이상학을 부정하거
나 거부하는 것 역시 형이상학적 행동이며, 일상에서 명확히 의식하지

못하더라도 그는 잠재적인 형이상학을 수행하고 있는 것이다.

인간은 본질적으로 형이상학적 존재(homo metaphysicus)이다. 이 형이상학이 그의 존재 이해에 따라 매우 다양하게 그리고 결코 명확한 형태로 드러나지 않을지라도 인간이라면 누구나 형이상학적 터전 위에 자리하고 있다. 이런 작업을 체계적이며 학적으로 수행할 때 우리는 그것을 철학으로서의 형이상학이라 부른다.

오늘날 형이상학은 오해받고 잊혔으며 현란한 소비 문화에 가려져 있다. 현대 철학의 주된 흐름은 형이상학을 배제하려 한다. 우리는 그런 반(反)형이상학과 몰(沒)형이상학의 시대를 살고 있다. 그럼에도 형이상학이 우리 존재와 삶에 반드시 필요한 것이기에 우리는 어떤 형태로든 이 형이상학을 다시금 생각하고 분명하게, 또 그렇게 주제화하고 철학적 논의 지평으로 이끌어 와야 한다. 이 책은 부족하고 한계를 지니고 있지만, 그럼에도 형이상학에 대한 절박함과 절실함으로 감히 이런 작업을 이끌어가려는 결과이다. 인간의 역사가 시작된 이래 수많은 사유의 스승들과 천재들이 다양한 형태로 이런 작업을 수행했다. 이런 작업은 주제적으로 형이상학이란 이름을 걸었거나 또는 반대로 표현했던 것과는 무관하게, 또는 어떤 신념 체계나 다른 형태로 수행했던 것과는 무관하게 인간의 역사와 함께한다.

그러기에 아직 학문적으로 미숙하고 그런 사유의 스승과는 비교할 수 없는 천학비재(淺學菲才)가 이런 작업을 시도하려니 사실 무척 망설여진다. 그럼에도, 아니 바로 그렇기 때문에라도 이 작업을 명시적으로 이끌어야만 한다는 절실함이 이런 결과물로 나타났다. 왜냐하면 인간이라면 누구나 자신이 현존하는 삶의 자리에서 특정한 형이상학을 필요로 하기 때문이다.

이 책은 형이상학의 계보를 추적하고 그 세부적 내용을 상세히 기술하는 데 있지 않다. 오히려 우리의 현재에서, 후기 근대의 문화적 상황으로부터 변화된 현재에서 우리가 필요로 하는 형이상학적 사유가 무엇인지를 밝히기 위해 이 책을 기획했다. 이를 위해 최소한으로 필요한 형이상학의 지식과 배경을 논의한 뒤, 이를 바탕으로 지금 여기서 필요로 하는 형이상학 이후의 형이상학을 모색해 보려 한다. 이런 기획을 『형이상학과 탈형이상학―형이상학의 유래와 도래―』란 제목으로 해명해 보고자 한다.

많이 부족한 글이지만, 잊히고 가려진 또는 그도 아니면 왜곡된 형이상학에 대한 논의가 이 책을 계기로 명시적으로 드러날 수 있기를 바라는 마음이 간절하다. 그러기에 이 책은 형이상학의 주제 전체를 다루거나 그 이해의 역사를 따라가지도 않을 것이다. 다만 이런 논의가 명확히 드러나고, 우리의 현재에서 이런 관심사가 언급될 수 있기를 바라는 마음에서, 그런 논의의 터전이 마련되기를 바라는 마음에서 형이상학의 근본적 의미와 함께, 현대사회에서 필요한 형이상학이 무엇이어야 하는지를 중심으로 기술할 것이다. 이를 통해 형이상학에 대한 관심이 새롭게 드러난다면 그 때 이 책은 자신의 사명을 다하는 것이다. 형이상학의 논의가 일반화되고, 이 책의 부족함을 질타하는 작품들이 나오기를 기대한다. 그때 이 책은 더 깊고 의미 있는 사유를 이끌어 내는 촉매 역할을 마치고 뒤안길로 사라지게 될 것이다. 그 시간을 기다리는 마음으로 부끄러움을 무릅쓰고 이 책을 출판한다.

이 책을 위해 기꺼이 재정 지원을 해 준 〈강엘리사벳 연구 기금〉에 감사의 인사를 드린다. 또한 참으로 어려운 이 땅의 출판 사정에도 불구하고 자본의 논리가 아니라 사유의 논리로 이 책을 출간해 준 서광사와 편집진에게도 감사드린다. 어렵고 생경한 글이지만 이 책을 읽고 형이상학적 사유의 길을 함께 걸어가려는 이들에게 보이지 않지만 연대의 마음을 나누고자 한다.

2018년

신승환

들어가면서 ⋯ 5

제1장 형이상학은 무엇을 말하는가 ⋯ 13
　　　가. 형이상학의 현재 ⋯ 13
　　　나. 형이상학 개념의 형성 ⋯ 25
　　　다. 형이상학 개념의 전환 ⋯ 35

제2장 형이상학 근본 문제 ⋯ 45
　　　가. 형이상학적 사유의 기원 ⋯ 45
　　　나. 형이상학과 진리 문제 ⋯ 52
　　　다. 잊힌 근원과 형이상학의 도래 ⋯ 56

제3장 형이상학의 주제와 사유의 역사 ⋯ 59
　　　가. 존재자와 존재 개념 ⋯ 59
　　　나. 존재론적 사유와 형이상학 ⋯ 67
　　　다. 존재와 진리 개념 ⋯ 83

제4장 형이상학의 토대 ⋯ 95
　　　가. 형이상학과 이성개념 ⋯ 95
　　　나. 고대 "logos" 개념과 존재론적 이성 ⋯ 100
　　　다. 인식과 계몽의 이성개념 ⋯ 104
　　　라. 이성의 죽음 담론 ⋯ 110
　　　마. 현재의 형이상학을 위한 이성개념 ⋯ 115

제5장 근대의 형이상학과 탈근대적 사유 ⋯ 121
    가. 근대 형이상학과 세계 제계 ⋯ 121
    나. 유럽적 보편주의와 오리엔탈리즘 ⋯ 133
    다. 탈근대적 사유의 도래 ⋯ 143

제6장 근대 비판의 형이상학 ⋯ 157
    가. 근대 형이상학의 문제 ⋯ 157
    나. 니체의 반형이상학 ⋯ 163
    다. 예술 형이상학 ⋯ 170

제7장 탈형이상학의 사유 ⋯ 179
    가. 탈형이상학적 사유의 의미 ⋯ 179
    나. 탈형이상학의 철학적 논의 ⋯ 196
    다. 탈형이상학의 이성개념 ⋯ 206

제8장 탈형이상학의 형이상학 ⋯ 217
    가. 탈형이상학적 자연 이해 ⋯ 217
    나. 탈형이상학의 자연철학 ⋯ 226
    다. 탈형이상학의 생명철학 ⋯ 250

제9장 형이상학의 도래 ⋯ 279
    가. 도래하는 형이상학적 사유 ⋯ 279
    나. 형이상학의 새로움을 위하여 ⋯ 283

참고문헌 ⋯ 290
찾아보기 ⋯ 300

1
형이상학은 무엇을 말하는가

가. 형이상학의 현재

1. 형이상학의 위기

1) 형이상학이 잊히고 가려져 왔던 역사는 철학사에서 드물지 않게 나타난다. 현대사회에서 형이상학이 처한 현실을 가장 잘 설명한 철학자라면 서슴없이 칸트(Immanuel Kant: 1724-1804)를 꼽아야 할 것이다. 그가 살았던 유럽은 근대(modern)라는 새로운 시대가 꽃피고 자연과학과 기술이 발전하면서 그 이전 시대와는 비교할 수 없을 정도로 물질적 풍요와 신세계가 주는 새로움에 들떠 있던 시간이었다. 그럼에도 불구하고, 아니 오히려 그랬던 시대였기에 형이상학은 잊히고 가려졌다. 이렇게 풍요롭고 현란했던 시대, 그러나 그만큼이나 시대의 아픔과 역기능이 크게 드리웠던 시대에 사유의 천재였던 칸트는 이런 고백과 함께 형이상학의 필요성을 역설했다.

"형이상학이 모든 학문들의 여왕이라 불리던 시절이 있었다. … 그러나 지금은 형이상학에게 온갖 멸시를 표시하는 것이 시대의 유행이 되어서, 내쫓기고 버림받은 형이상학이라는 노녀(老女)는 헤쿠바처럼 탄식하고 있다."[1] 그래서 그는 모든 경험으로부터 독립해서 어떻게 보편적인 인식이 가능한지를 이성 능력 일반에 대한 비판을 통해 추구함으로써 형이상학이라는 학문이 가능하기나 한 것인지 묻고, 이 학문의 "원천과 범위 그리고 한계를 규정하려" 한다. 이 모든 작업을 칸트는 이성의 "원리로부터 수행"하려 했으며 그 결과물이 우리가 보는『순수이성비판』이다.[2]

이러한 칸트의 사유 작업은 계몽주의 근대를 근거 짓는 철학으로 기능했다. 이러한 형이상학적 작업에 근거한 시대정신을 근대성(modernity)이라 규정한다. 근대성은 18세기 이래 서구 문화와 근대 체계가 세계를 담지하는 규범으로 작동하면서 보편성을 띠게 되었다. 세계의 모든 체제는 물론, 학문 체계까지도 서구의 근대성이 준거로 자리한 것이 지난 세기였다. 우리가 사는 이 시대는 이 근대성이 과잉으로 작동하는 시간이며, 그에 따른 한계와 모순들이 일상적으로 드러나고 있다. 후기 자본주의 시대를 사는 현대인들은 문화적 다양성은 물론, 과학기술과 경제 성장에 따른 급격한 변화의 물결에 휘둘려 미처 자신의 존재를 돌아볼 여백을 가지지 못하고 있다. 이런 문화적 지형 안에서 실존하는 개인에게 형이상학이란 난해할 뿐 아니라, 무척이나 곤혹스럽게 다가온다. 형이상학적 질문은 그 자체로도 대답하기 어려울 뿐

---

1   임마누엘 칸트,『순수이성비판』, 백종현 옮김, 아카넷 2006, 166쪽.
2   I. 칸트,『순수이성비판』, 168쪽: 이 책은 Kritik der reinen Vernunft(KrV.)라는 제목으로 1판(A)은 1781년, 2판(B)은 1787년 출간되었다. 그 외 칸트는『실천이성비판』,『형이상학 서설』,『윤리형이상학 정초』,『자연과학의 형이상학적 기초』,『윤리형이상학』,『형이상학의 진보』 등의 형이상학 관련 저서를 집필하여 형이상학을 새롭게 정립한다는 명확한 문제의식에 따라 철학을 전개했다.

아니라, 이 시대에 그 삶의 자리를 찾지 못하고 있다. 인류 역사 이래 가장 오래됐으며 근원적인 질문, "나는 누구인가", "삶과 존재는 무엇인가" 등은 물론 진리와 초월성의 문제 따위는 철저히 외면될 뿐 아니라, 질문의 지평(horizon) 자체가 문제시되고 있다.

오늘날에도 여전히 우리가 자명하게 받아들이거나 또는 적어도 다수가 공감하고 따를 수 있는 형이상학적 지평, 진리 이해의 틀은 있기나 한 것일까. 그에 따라 이 세계와 사회를 체계화하는 규범이나 원리는 어떻게 가능할 것인가. 또는 사람 사이의 관계를 규정하고, 한 공동체의 구성원이 합의하는 인간 행위의 기준과 "척도"를 논의할 자리가 존재하는 것일까. 아마도 이 시대를 사는 우리들은 진리, 신(神) 또는 도(道)나 존재 등으로 표현되는 영원한 규범, 보편타당함의 자리를 자본과 물질로 대변되는 소유할 수 있거나 조작 가능한 것으로, 또는 그 외 어떤 찰나적인 것으로 대신하고 있지 않은가. 과연 그러한 것들이 인간에게 어떤 의미를 주고 있으며, 없어서는 안 될 본래적인 것으로 받아들여지기나 하는 것일까. 아니면 이러한 논의 자체를 지나간 시대의 헛된 논의나 공허한 이야기로 간주하지는 않은가.

2) 학문적으로도 인문학이 위기에 처해졌다는 말은 일상적인 이야기가 되었으며, 대학의 기능과 역할은 심각한 도전을 받으면서 변화를 강요받고 있다. 인간을 이해하는 본질적 학문인 철학의 위기는 더욱 심각하며, 형이상학이란 말은 듣기조차 힘든 말이 되었다. 우리 사회와 문화는 물론, 학문계에서조차 철학은 무시되고 잊혀져 가고 있으며, 그 본질적 특성이 왜곡되고 있다. 철학 내부에서도 철학의 종말 내지 변용에 대한 논의는 새로운 말이 아닐 정도이다. 사정이 이러하니 철학의 본질이라 할 수 있는 형이상학과 존재론이 처한 현실은 더 말

할 나위가 없을 정도이다. 이런 현실을 극복하고 인간의 본질적 특성인 형이상학을 복원하기 위해서는 무엇보다 먼저 존재의 의미에 주목하고 그 본연의 특성을 이 시대의 소리에 맞게 새롭게 정초해야 한다. 그 작업은 존재론으로 드러나고 그렇게 이어질 것이다. 오늘날 잊히고 왜곡된 철학 본연의 의미와 철학함의 과제에 미루어볼 때, 존재론을 새롭게 정립함으로써 형이상학을 회복하고 이러한 사유와 씨름하면서 철학하는 것은 인간 본성에 따른 지성적 과정임에는 틀림이 없다.

철학의 의미가 왜곡되고, 철학함이 사라지는 현실은 의미의 위기를 초래한다. 오늘날 이 땅의 현실은 경제 만능의 문화에 젖어 오로지 일면적으로 성장과 소유, 결과에만 주목하는 자본과 물화(物化)의 논리에 철저히 매몰되어 있다. 전 지구적으로 확산되고 일반화된 자본주의가 우리의 사유 전체를 경제와 자본에 종속시키고 있다. 플라톤 이래, 존재하는 모든 것의 근거와 원인, 의미에 대해 사유하던 존재론은 논의의 지평에서 사라지거나 왜곡되었으며, 그 의미는 기껏해야 경제란 이름으로 환원되거나 그렇게 과잉 대표될 뿐이다. 또한 과학·기술의 지식과 힘은 인간 삶을 다만 형이하학적 층위에 제한시키고 있다. 형이상학적 이야기들은 우리의 일상에서 사라지고, 거추장스러운 것으로 외면되고 있을 뿐이다.

그럼에도 결코 거부할 수 없는 것은 의미에 대한 이해와 결단 없이 인간은 인간으로 존재하지 못한다는 사실이다. 존재 의미를 이해하고 해석하는 사유 작업을 일컬어 존재론이라 말한다. 그것은 인간이 자신의 존재와 자신의 존재를 둘러싼 사실과 현상 전체에 대해 사유하는 학문이다. 존재론은 철학이며, 철학은 그 어떤 모습으로 드러나든 인간의 본성, 진리와 선, 아름다움을 향한 근원적 이해가 타당하게 이루어지는 터전이다. 존재 이해 없이 인간은 인간으로 존재하지 못한다.

그와 함께 존재론을 넘어서는 그 이상의 문제나 또는 그를 향해 나아
가려는 인간의 본성을 보지 못한 채 인간이 인간답게 살아갈 수는 없
지 않은가. 현대 철학에서는 말할 것도 없이, 지금 이 시대의 사회와
문화에서 형이상학적 질문과 형이상학 담론은 어떻게 가능할까.

2. 존재론과 형이상학

1) 형이상학의 핵심 주제인 존재론은 결코 서구 철학의 특정한 역사와
관점에 따른 학문이거나 이것을 우리의 철학으로 변용한 수입 학문이
아니다. 존재론이 아리스토텔레스나 스콜라철학, 또는 하이데거의 철
학을 재론하는 것은 더더욱 아니다. 오늘날 존재론에 대한 오해는 무
척이나 널리 퍼져 있다. 여러 유형의 반(反)형이상학적 경향은 물론 최
근의 언어 분석철학 등에서 보듯이 존재론은 실체적으로 존재하지 않
는 어떤 개념이나 현상에 대한 무의미한 논의로 이해하는 경향이 흘러
넘치고 있다. 현대 철학에서 형이상학의 위치는 매우 불투명해졌다.[3]

  형이상학의 근원에 대한 폐기를 목적으로 하는 부정적 형이상학의

---

3   이런 경고와 지적은 수도 없이 거론되고 있다. 또한 이러한 현대의 허무주의적 상
황에도 불구하고 철학은 여전히 이 시대를 극복할 노력을 기울이고 있다. 조셉 오웬스
는 이런 문제를 지적하면서 이렇게 말한다. 존재에 대해 말하고 이해하는 것은 분명
존재자에 어떤 개념도 덧붙이거나 새롭게 이해하도록 이끌지는 못한다. 그래서 존재
를 하나의 빈사적 완전성으로 환원시키려는 철학 조류가 있는 것이 사실이다. 그들은
"존재를 하나의 사실로 인정하지 않으면서 그것이 철학적 탐구에서 아무런 소용도 없
고, 따라서 철학적 논의에서 배제되어야 한다고 주장"한다. 이런 주장의 한계를 비판
하면서 그는 현대 문화에서 "형이상학을 위한 적절한 자리를 전망"하기 위한 논의를
위해 토마스 아퀴나스의 형이상학을 존재론적 관점에서 새롭게 해석한다. 이 책이 비
록 그런 형이상학적 관점을 따르지는 않지만 그는 형이상학의 왜곡과 위기를 개탄하
면서, 이를 넘어서기 위해 존재해석을 통한 형이상학이 필요하다고 강조한다. 조셉 오
웬스, 『존재해석』, 이재룡 옮김, 가톨릭대학교출판부 2003, 「성 토마스와 형이상학의
미래」, 213-269쪽 참조.

모티브는 극단적 맥락주의의 형태를 띠고 있다. 가까운 예로 미국의 신실용주의 철학자 R. 로티의 철학을 언급할 수 있다. 그는 철학이 자연의 근거를 해명하는 학문이었던 역사는 지나갔다고 생각한다. 오늘날 철학은 "자연의 거울"에 관한 주체철학적 구도를 해체함으로써 자연에 대한 어떠한 인식론적 이론은 물론, 영원하며 보편적인 진리의 가능성을 거부하는, "우연한 맥락에로 침몰"해 가고 있다.[4] 이제 철학은 개별 언어, 문화, 역사의 관점, 즉 개별적 민족 언어와 자문화중심의 다양한 문화 세계와 역사를 해명하는 학문으로 자리할 수 있을 뿐이다. 이런 변화는 철학에서의 언어학적 전환에 따라 나타났거나, 현대사회에서 일반화된 문화적 상대주의를 비롯한 문화적 상황을 일면적으로 이끌어 간 결과이기도 하다.

2) 한국 철학에서도 이런 경향은 쉽게 찾아볼 수 있다. 예를 들어 한석환은 "'존재론'이라는 표제 아래 진행되는 철학적 논구를 근본적으로 되짚어" 봄으로써, 과연 '존재론적 논의'가 한국 철학적 맥락에서 여전히 어떤 의미를 지니는 철학적 작업인지 질문한다. 그에 의하면 "한국어의 논리에 따라 철학하게 되면 이른바 '존재' 문제 같은 것은 유의미하게 제기되지 않는"다. 그것은 얼핏 보기에는 철학적 문제인 것 같지만 사실 "실체가 없는 가짜 문제"이다. 왜냐하면 우리말에는 "단일한 술어 자체가 없"기 때문이다. 그래서 "이 땅에서 한국어로 생산되는 거의 모든 존재론 논의는 허공에 떠" 있을 뿐이며 심오한 듯하지만 "실은 아무것도 다루는 게 없는 가짜 담론, 속 빈 강정"이라고 말

---

4   R. Rorty, *Consequence of Pragmatism, Essays: 1972-1980*, Minealplis Univ. Press, 1989, p. 37-59.

한다.[5] 한국어의 맥락에서 존재론이란 허상에 지나지 않는다는 주장은 사실일까. 우리 존재를 사유하는 철학은 어디에 자리할 수 있을까.

이 주장이 철학적 명제로 참이라면 이 땅에서 이루어지는 온갖 종류의 존재론적 철학은 헛된 망상이거나 있지도 않은 사실을 설정한 뒤 이를 논의하는 허수아비 논쟁에 휘둘리고 있는 셈이다. 당연히 그의 주장에 정당한 측면이 있는 것도 사실이다. 존재 물음이 우리의 철학적 지평에서 "유의미하게 논의될 수 있으려면 적절한 방식으로 새롭게 문제화되어야 할 것"이란 말은 전적으로 올바른 주장이다. 사실 이런 주장은 존재론을 논의하는 철학자들이 치열하게 제기하고 철학적 사유 작업을 전개했어야 할 문제였다. 그의 주장처럼 존재론을 말하는 이들이 이런 노력을 다하지 못했다면, 그것은 철학자로서 무척 부끄러운 일임에는 틀림이 없다. 이러한 종류의 주장은 존재론에 대한 몰이해 내지 일면적 이해를 도외시하고 본다면 일견 타당하다. 그럼에도 그가 보지 못하는 것은 존재 사건의 필연성과 존재 의미의 불가피함이다. 그 불가피함을 다만 언어적 층위에 국한시킴으로써 그는 철학적 단면을 남김 없이 보여 주고 있다. 그래서 지금 해야 할 질문은 다시금 존재론의 철학이 사유하는 존재 의미에 관계된다. 존재를 둘러싼 사유의 대결은 계속되어야 한다. 그것이 우리의 존재 지평에서 이루어져야 함은 새삼 거론할 필요도 없는 당위적인 사실이다.

분명 한국어에서 '있다'는 말은 유럽어와 같지 않다. 문법구조의 차이에서 계사(copula)가 다른 용례로 쓰이는 것은 사실이다. 그럼에도

5　한석환, 「'존재론'의 신기루―'존재'가 우리에게도 유의미한 철학적 문제인가?」, 『대동철학』 52집, 2010.9. 대동철학회 편, 117-138쪽; 한국어로는 '존재론'이 성립하기 어려우며, 그래서 존재론적 철학은 "서양 철학자들이 붙들고 씨름하는 철학적 화두"에 지나지 않기에 그것은 우리의 철학적 주제일 수가 없다. 135쪽.

존재론은 존재의 "동일성과 차이"에서 이해된다. 존재의 보편성은 동일성에 자리하지만, 존재자를 통한 존재 드러남은 차이로 재현된다. 즉 있는 것(존재자)은 개별적이며 그래서 차이가 있지만, 그것이 있다(존재)는 사실에서는 동일하며 보편적이다. 그러기에 동일성과 차이의 사유는 존재론적 형이상학에서는 매우 중요한 의미를 지닌다. 유럽 철학과 한국 철학은 이런 관점에서도 동일성과 차이, 보편성과 개별성을 내포한다. 경험과 철학적 지평의 차이에도 불구하고 철학의 보편성은 분명하다. 이는 인간이란 존재의 동일성과 차이에 상응한다. 존재자와 존재의 동일성과 차이를 사유하는 존재론은 언어 경험의 차이에도 불구하고, 아니 바로 그런 차이 때문에 그 안에 담긴 동일성과 차이를 사유하는 것이다. 형이상학은 동일성과 차이의 지평을 떠돌아다닌다.

3) 철학사적 맥락에서 이해한다면 존재론은 아리스토텔레스에 의해 맨 처음 정초되었다. 그는 존재자(Seiendes)를 존재자로서 논의하는 철학, 또는 존재(Sein)를 다루는 학문으로서 형이상학을 정립하면서, 이를 존재론에 대한 질문으로 연결 지어 논의하였다. 물론 이 존재론은 일차적으로 계사(copula), 즉 주어와 술어 관계를 나타내는 "is"(being)의 의미에 따른 것이다. 이런 맥락에 국한하여 이해한다면 존재론은 당연히 유럽 철학의 언어적이며 역사적인 경험과 그에 대한 철학적 사유에 기반하는 것이 사실이다. 그럼에도 이 땅의 철학이 "존재한다"는 사실을 사유하지 않은 것은 아니다. 오히려 이 철학 전통은 있음(being)을 됨(becoming)으로 사유했다.

형이상학이 비록 존재론을 근간으로 할지라도 그것이 곧 존재론은 아니다. 존재론(ontology)이란 말은 17세기에 와서야 고정된 용어로 나타난다. 이 말은 1613년 고클레니우스(R. Goclenius)가 편찬한 『철학사전』(*Lexicon philosophicum*, Frankfurt)에서 처음 썼다고 한다. 이후 여러 다른 방식으로 사용되던 이 말은 볼프가 출판한 책 『제1철학 곧 존재론』(*Philosophia prima sive ontologia*, Leibzig/Frankfurt 1730) 이후 지금과 같은 의미로 정착된다. 이처럼 용어로서의 존재론은 후대에 정착되지만 그 주제와 의미를 묻는 철학은 이미 그 초기에서부터였으며, 그 시작에서 이미 철학은 존재에 관한 학문이었다. 그러기에 존재 연구의 역사는 곧 형이상학의 역사로서, 철학사 전체라고 말해도 좋을 것이다. 예를 들어 라이프니츠는 형이상학의 근본 물음을 단적으로 "도대체 왜 없지 않고 존재하는가"의 질문이라고 정의했다.[6]

　일반적으로 형이상학을 존재론으로 논의하는 일반 형이상학과 존재론적 관점에서 구체적인 주제를 고찰하는 특수 형이상학으로 구별한다. 예를 들어 신(神)과 인간 영혼의 문제, 세계의 본질과 인간 본성, 악의 문제 등은 일반적인 존재 물음을 넘어 구체적인 주제를 통한 형이상학적 탐구이기에 이런 논의를 특수 형이상학이라 부른다. 형이상학은 다만 존재자의 존재근거를 밝히는 데 그치지 않는다. 그것이 일반 형이상학의 영역에 속한다면, 그 외 인간의 초월적 특성에 근거해야만 해명할 수 있는 모든 철학 주제가 형이상학에 속한다. 일반 형이상학과 특수 형이상학이란 구분을 넘어 우리는 인간의 초월성과 관계되는 문제를 형이상학의 토대 위에서 해명해야만 한다. 그런 관점에서 형이상학은 인간의 근본적인 학문이며, 인간 실존과 결코 분리하여 논의할 수 없는 철학 사유이다.

　역사의 시작에서부터, 그것이 신화적 언어로 표현되었든 또는 예술

6　G. W. 라이프니츠, 『자연과 은총의 원리(*Principes de la nature et de la grace*)』, Gerhardt판 전집 제 6권 602쪽: M. 하이데거, 「'형이상학이란 무엇인가'의 들어가는 말」, 『이정표1』, 146쪽 재인용

적 표현으로 드러났든 인간은 자신을 둘러싼 존재하는 모든 것을 보면
서 그 근원에 대한 질문을 제기했다. 그것이 어떤 신적인 힘이나 초월
적 현상에 의지하지 않고, 자신이 지닌 내적인 이해 능력에 뿌리를 둔
뒤 그에 따라 스스로 그 근원에 대해 질문하고 나름대로의 답을 찾아
가려 했던 학적 노력을 철학이라 부른다. 그 지성적 능력이 유럽에서
보듯이 로고스(logos)나 이성(ratio, Vernunft)이든, 또는 동아시아의
사유 경험에 따라 어떤 다른 이름으로 규정했든 그 명칭은 본질적이지
않다. 분명한 것은 인간이 존재하는 수많은 존재자는 물론, 사건과 현
상, 자연과 생명, 역사와 사회를, 나아가 자신의 존재를 사유하면서 그
를 넘어서는, 최종 근거와 궁극의 원인에 대해 질문했다는 사실이다.
그 학문이 형이상학이란 이름으로 나타났다. 하이데거의 말처럼 "형이
상학은 철학의 한 분과가 아니라, 철학 자체가 형이상학"이다.[7] 인간은
존재하는 모든 것, 사물과 사건, 역사와 자연, 자아와 타자, 세계와 현
재를 넘어 그것이 존재한다는 의미에 대해 질문할 때 그것을 존재론으
로 제시한다. 그러한 존재론이 서구 언어의 경험에서 'metaphysics'란
이름으로 나타났다. 이 학문은 결코 특정한 언어적 경험에서 주어지거
나, '그들만의' 지평에 머무르지 않는다.

4) 형이상학을 철학자들은 다양하게 묻고 대답했다. 그 물음의 역사
는 문제의 역사다. 그 역사는 형이상학의 지평과 주제를 사유한 문제
의 과정이다. 그래서 철학사는 곧 문제사이기도 하다. 이 역사를 한 권
의 책에서 모두 살펴볼 수는 없다. 중요한 것은 존재는 본질적으로 진
리란 사실이다. 나의 존재를 해명하는 것은 나의 본질을 드러내는 것

---

7 M. Heidegger, *Was ist Metaphysik*, Frankfurt/M 1969 참조.

이며, 그러기에 진리(眞理)다. 존재자가 그러한 존재자로 드러나 우리에게 의미로 다가오는 그 때가 바로 진리의 순간이다. 그래서 존재는 진리가 이뤄지는 사건이며, 지금·여기 현재에서 진리가 존재 자체로 드러나 이뤄지는(현성되는) 것이다. 이 사건이 언어로 재현되기에 존재는 일차적으로 언어적 경험과 함께한다. 그 경험의 차이가 곧 본질의 차이를 말하는 것은 아니다. 현대 철학에서 언어를 통해 형이상학을 수행하는 까닭도 여기에 있다. 그와 함께 존재가 드러나는 이 순간을 시간성에서 사유한다면, 언어와 시간은 존재 사건의 중요한 토대가 된다.

이해하는 존재인 인간에게 무엇이 무엇으로 드러나는 순간, 존재자가 존재자로 드러나는 순간 존재가 열려 밝혀진다. 존재론은 이러한 시간과 사건을 이해하고 해석하는 과정, 인간이 지닌 이러한 이해의 과정에 대한 학문이다. 철학이란 이런 사건을 이해하고 해석하는 의미론이기에 그것은 인간의 본질에 따른 근원적 작업이다. 인간은 이해하는 만큼 존재하며, 그 이해가 자기의 존재이기 때문이다. 이 이해의 순간은 존재자가 존재하는 시간이기에 이를 존재 사건이라 부른다. 존재론은 이 순간과 사건을 이해하려는 학문이다. 존재에 대한 이해와 그 의미에 대한 근원적 결단 없이 인간이 전개하는 모든 이해와 해석은 공허할 수밖에 없다. 존재론은 결코 서구 철학을 무분별하게 수입하여 그들의 문제를 그들의 언어로 대신 사고하는 신기루가 아니다. 그러한 생각은 존재론을 이해하지 못하는 일면적 사고일 뿐이다.

존재론의 형이상학은 이러한 존재 의미를 바탕으로 하여 인간과 세계, 진리 문제를 논의한다. 존재가 드러나는 사건으로서 언어와 예술, 역사를 이해하는 것이 존재론적 형이상학의 작업이다. 실재(実在)로 표현되는 언어와 예술, 역사와 세계는 존재자적이지만, 그를 통해 존재자가 드러난다는 의미에서 그것은 존재 사건이다. 있는 것은 존재자이지만 그 있는 것의 있음은 존재다. 인간은 존재를 이해함으로써 존재를 열어 밝히는 "존재자"이다. 인간은 존재자이지만 존재자를 드러내기에 존재이기도 하다. 그래서 하이데거는 『존재와 시간』(*Sein und Zeit*, 1927)에서 존재자이지만 존재를 드러내는 것이 인간이기에 이를 "현존재"(Dasein)란 말로 규정한다. 예를 들어 역사란 과거의 사건을 기록한 존재자적인 것이 아니라, 본질적으로 존재 이해에 따른 인간의 존재 사건이다. 언어와 예술, 역사와 이해는 사물적이지만, 그것이 존재자를 드러내는 사건으로 이루어질 때 그것은 존재이기도 하다. 말해진 언어가 존재자적이라면, 말함으로 존재자를 존재하게 하는 언어는 존재이다. 존재 의미는 인간으로서의 보편성에 자리하면서 동시에 실존으로서의 인간이 지니는 본질적 차이에 자리하는 것도 분명한 사실이다.

존재론은 동일성과 차이의 문제를 본질로 한다. 존재론적 형이상학을 통해 우리는 존재 이해의 동일성과 차이를 성찰할 수 있게 된다. 존재 망각의 시대에 존재의 의미 자체를 보지 않으려는 이 시대에 존재자가 존재하게 되는 사건과 의미에 주목하고 그에 근거하여 인간과 세계, 이해와 진리는 물론 언어와 예술, 역사를 해명하는 철학 작업은 아무리 강조해도 지나치지 않을 만큼 중요하다. 있는 것이 있게 되는 그 사건의 의미를 사유하는 것은 근대성의 과잉으로 위기에 치닫는 현대 문화와 학문을 위한 구원의 계기가 될 것이다. 그것은 또한 서구 철학의 중요한 논거 가운데 하나인 일원성의 원리를 넘어서는 계기가 되기도 한다.

인간은 어떤 경우도 존재자의 층위에 머물러 있지 않고 그것의 "있음"에로 초월해 간다. 인간은 단적으로 초월적 존재이며, 그러기에 그는 철학적 존재이다. 존재자에 머물러 있는 인간은 존재론적으로 존재하지 못한다. 존재를 보지 못하는 현대 문화가 공허한 까닭이다. 존재론적 존재인 우리는 그에 대한 근본적인 이해와 결단을 바탕으로 사유의 씨름(Auseinander-setzung)을 전개해 간다.[8] 철학은 사유하는 경건함이며, 그 사유는 존재의 의미에 관계하기 때문이다. 존재론적인 사유는 지금 여기인 현재의 시간과 사건에서 이해하고 해석하는 행위를 사유의 새로움으로 이끌어 갈 것이다. 그러기에 존재론적 사유 없이 철학은 자신이 가야 할 길을 찾지 못한다. 인간은 존재자의 영역을 넘어 존재 지평으로 초월한다. 초월성과 씨름하는 존재가 인간이다.

나. 형이상학 개념의 형성

1. 형이상학 개념

형이상학이란 학문은 그리스 철학자 아리스토텔레스(Aristoteles, BC 384-322)에게서 유래했다. 아리스토텔레스가 죽은 뒤 그의 철학 작품을 정리하던 로도스 섬 출신의 철학자 안드로니코스(Andronikos von Rhodos)는 자연학(『ta physica』)을 다룬 아리스토텔레스의 저서 이후의 작품을 『ta meta ta physica』라는 제목으로 분류했다. 이 말은 자연학(또는 물리학)을 넘어서는 영역을 다룬 분야를 "meta physica"로 규정했다는 뜻이다. "metaphysica"는 이후 경험과 감각적인 것, 사물적인 것을 넘어서는 영역에 대해 생각하고 해명하는 철학을 가리키는 말

---

8 구약성서 〈창세기〉 32장에서는 야곱이 엘(하느님)과 밤새 씨름을 했다는 서사가 실려 있다(32 ; 23-28). 신적 존재와 씨름을 벌였다는 것은 곧 인간의 형이상학적 본성을 종교적으로 표현한 말이다. 이 대목은 히브리 사유의 형이상학적 단초를 엿볼 수 있는 귀중한 예이다.

로 쓰인다. 전통적 형이상학은 아리스토텔레스의 규정에 따라 이러한 내용과 범주를 지칭한다. 그럼에도 불구하고 이런 관점에서 이뤄지는 사유 작업은 모두 넓은 의미의 형이상학이기에 형이상학은 아리스토텔레스적 체계를 넘어선다.

형이상학은 철학의 하부 주제 가운데 하나가 아니라, 철학을 이해하는 근본 태도에 관계하는 것, 철학 그 자체가 바로 형이상학이다. 인간의 이해 일반 즉 세계와 역사, 자연과 문화, 삶과 초월적 영역에 대한 이해와 해석의 틀에 대해 논의한 근본적 사유가 형이상학인 것이다. 이에 따라 플라톤의 철학은 물론 서구 철학의 시작으로 볼 수 있는 자연철학자 파르메니데스나 헤라클레이토스의 철학도 형이상학적 관점에 따라 규정할 수 있다. 또한 자연(우주)의 본질을 밝히고 이에 근거하여 인간 본성까지 해명하려 했던 동아시아의 철학은 물론, 역(易)과 도(道)의 철학, 불교의 철학과 성리학(性理學) 등도 명백히 형이상학의 영역에 속한다.

철학이란 그 시작에서부터 인간의 지성으로 존재의 근원과 의미에 대해 질문하고 대답하고자 했다. 그래서 철학은 근본적으로 존재론이며, 그 자체로 형이상학적이다. 또한 존재의 의미와 근원에 대해 질문하고, 자신의 존재를 올바르게 이끌어 가고 실현하기 위해 근원적으로 노력하는 인간을 그 자체로 형이상학적 존재라고 정의해야 할 것이다. 인간은 본질적으로 형이상학적 존재(homo metaphysicus)다. 형이상학적 과제와 지평을 벗어난 인간은 존재하지 않는다. 다만 이런 사실을 명시적으로 인식하고 주제적으로 형이상학적 작업을 수행하는지, 아니면 비명시적이며 비주제적으로 살아가는지의 차이가 있을 뿐이다. 형이상학은 존재에 관한 학문이며 존재(有)를 존재로서, 존재의 근거로서 존재 자체를 고찰하며 존재의 특성, 원리 등을 고찰하는 학문이다. 사실 서구 철학의 첫 문제는 이미 고대 그리스철학에 나타났다. 그것은 모든 사물(존재 혹은 존재자)의 기원을 묻는다. 이런 기원 문제 는 어떤 원인이 사물을 있게 하는지의 문제였다. 따라서 그리스철학 이후 오늘에 이르기까지 형이상학은 모든 존재(존재자)의 궁극적 근거 를 규명하는 학문이다.

인간이라면 누구나 형이상학적 지평에서 살아간다는 사실은 삶과 생명의 의미, 존재에 대해 막연하게나마 질문하고 대답하지 않는 사람 이 없다는 것만 봐도 분명히 알 수 있다. 철학자들은 이런 과정을 속류 형이상학이라 말하기도 한다. 현대사회의 위기는 어쩌면 이러한 형이 상학을 도외시하고, 반(反)형이상학이나 몰(沒)형이상학을 형이상학으 로 착각하는 데서 비롯되는지도 모른다. 물리학자 스티븐 호킹(S. Hawking)은 그의 저서 『위대한 설계』(*The Grand Design*, 2002)에서 철학이 질문하는 자연의 근거에 대한 대답을 현대의 물리학이 제시하 고 있기에 이제 "철학은 종말에 처해"졌다고 선언했다. 이는 일면적 지 식으로 저지른 커다란 오해이다. 자연과학이 물질적으로 제시하는 대 답은 형이상학이 묻는 질문을 전혀 이해하지 못할 뿐 아니라, 그 근원 적 의미에 대해서도 어떠한 타당성 있는 답을 보여 주지 못한다. 이런 태도는 과학주의(scientism)에 물든 전형적인 몰형이상학적 관점을 반 영하고 있다.

2. 플라톤의 형이상학적 기원

플라톤(BC 427-347)은 직접적으로 형이상학을 언급한 적이 없다. 그 럼에도 그의 철학은 이후 서구 형이상학의 전범으로 작용한다. 형이상 학이 있는 것의 제일원인과 최종 근거에 대한 해명이며 그에 근거하여 세계와 존재, 존재자 일반에 대한 이해에 관계하는 근본적 사유틀이라면, 그의 철학은 서구 철학의 원형을 이루는 결정적인 형이상학일 것이다. 이런 영역에 관계하여 존재의 근원을 해명하는 플라톤의 철학은 대표적으로 "이데아"(Idea)설에서 찾아볼 수 있다. 『국가』 제7권에서 플라톤은 〈동굴의 비유〉를 통해 선(agathon)의 이데아를 설명한다.[9] 이 세상은 마치 동굴에 갇힌 죄수들이 동굴 벽에 비친 그림자를 실제 사물처럼 여기는 것과 같다. 영원불변하는 실제 세계는 동굴 위에 있는 이데아 세계이며, 인간이 바라보는 사물들은 실제 세계를 비추는 가상에 지나지 않는다. 우리가 감각적으로 인식하는 모든 존재자는 이데아의 반영(mimesis)에 불과하다는 것이다.

이에 비해 참된 세계, 영원불변하는 세계와 실재(to on)는 인간의 감각 영역과 그를 넘어서는 그 이상의 것으로 존재한다. 인간 이성은 이 세계의 기억을 간직하고 있지만 몸에 갇혀 그 세계의 기억을 다만 회상(anamneis)할 수 있을 뿐이다. 철학은 이 세계를 향한 인간 이성의 열정적 노력이다. 인간은 자신의 이성을 훈련하여 이데아 세계를 인식하고 그 세계의 참됨을 깨닫는 삶을 살아야 한다. 그것은 관상적인 삶(theoretikos bios)을 통해 이데아 세계에 참여하고, 실천적인 삶(praktikos bios)으로 다시금 이 세계로 되돌아와 참된 진리를 깨우쳐 주는 길이다. 진정한 철학의 길은 이러한 열정과 실천으로 "참여와 분여"의 삶을 사는 데 있다.

유럽 형이상학은 그 이전의 자연철학을 체계화하고 이를 존재론적으로 정립한 플라톤에 이르러 비로소 정형화된 형태로 드러난다. 플라톤의 형이상학은 개체적이며 변화하는 자연 사물과 그런 존재자의 세

---

9 플라톤, 『국가』, 박종현 역주, 서광사 1997. 이 책은 S.R. Slings가 편집한 플라톤의 저서 *Politeia*(*Platonis Republica*), Oxford 2003을 대본으로 한 번역이다. 제7권 447쪽 이하 참조.

계를 가능하게 하는 영원하고 보편적인 본질 세계에 대한 구분이란 특
성을 지닌다. 감각으로 지각되는 것은 다만 그림자의 현존재이며 외견
상 나타남, 즉 현상적 현실, 본질적으로는 존재하지 않는 세계(me on)
이다. 이에 반해 '이데아'(Idea) 세계는 참된 존재(ontos on)의 영역이
다. 인간 정신은 이런 '이데아'의 세계를 위해 있는 것이며 초감각적
실재를 향해 감각적 존재를 초월해야 한다. '이데아'들의 지식은 이 세
계에 대한 우리 지식의 규준이다. 그러므로 철학은 초감각적 실재에
대한 학문 즉 보편적이며 필연적인 '이데아'들과 가시적(可視的) 세계
와 그 원인들, 그리고 그 모형들에 대한 학문이다.

　플라톤은 이 세계를 '이데아'의 반영(mimesis)으로 이해하고, 그 최
고의 원형을 선(善)의 이데아(agathon)로 제시한다. 철학은 이 이데아
에 대한 열정(pathos)을 지닌 학문이며, 이를 추구하는 사람이 바로 철
학자다. 지상의 삶은 이 영원한 본질 세계를 향한 과정이다. 플라톤이
이 세계와 존재를 이데아 세계에서 분여(分與)된 것으로, 철학을 이 세
계를 향한 참여(參與)의 열정으로 이해할 때 이는 결국 이원론적 세계
관과 관념론으로 이어지게 된다. 이런 철학이 이후 서구 형이상학의
근본 토대를 형성한다.

　이데아(Idea) 세계는 모든 존재자의 형이상학적 근원인 형상(eidos)
이며, 사유에 의해서만 파악이 가능한 순수 실재이다. 사물의 원형이
며 형상인 이데아, 최고의 이데아를 직관하는 것은 감각을 통해 얻는
단순한 지식이 아니라 참된 지식에 의해서만 가능하다. 그러기에 플라
톤에게 있어 진리는 이 선의 이데아를 직관하는 것이며, 진리의 준거
역시 여기에 있다. 플라톤 형이상학의 핵심 주제는 선(좋음)이란 무엇
인가에 대한 질문과 이에 대한 참된 앎에 있다. 한편 『향연(Sympo-
sium)』에서 플라톤은 철학적인 가치문제와 행복의 원천을 에로스

(eros) 개념과 연결 지어 논의한다. 플라톤 철학의 본질적 특성은 존재
론적인 진리 추구에 있다. 선의 이데아와 인간의 본질적 특성인 선에
의 추구는 아름다움과 함께 진리 문제로 드러난다. 그러기에 철학은
인간의 원형적이며 고유한 본성인 참된 지식을 추구하는 것이며 이는
선의 이데아를 직관함으로써 이루어진다. 이런 생각이 후대 라이프니
츠에 이르기까지 진선미란 주제로 서구 형이상학의 본질적 주제로 자
리하게 된다. 진리란 존재자가 있어야 할 그대로 있는 것, 자신의 존재
로 존재하는 것이다. 존재자의 있음은 그 자체로 진리이며, 그래서 아
름답고 좋은 것이다. 이런 관점에서 라이프니츠는 서구 철학을 진리에
관계되는 철학과 함께 윤리학과 미학으로 정형화했던 것이다.

플라톤의 형이상학은 후대의 해석을 거치면서 형상과 실체개념은
물론, 철학적 삶과 이성(logos와 nous) 개념으로 심화되어 서구 형이
상학의 원형이 된다. 그러기에 영국철학자 화이트헤드(A.N. White-
head)는 "서구 철학사는 플라톤 철학에 대한 각주"에 지나지 않는다고
말했다. 그의 철학은 히브리적 사유와 결합하여 그리스도교 신학과 철
학을 해명하는 데 결정적인 원천을 제공했다. 그 이후 서구 철학은 영
원의 철학(philosophia perennis)으로, 모든 존재의 선과 실재에 대한
이해는 물론, 목적론과 진리 이해의 근간이 된다.

3) 아리스토텔레스의 형이상학

『형이상학』(Metaphysica)의 근본 동기는 아리스토텔레스의 말처럼
인간이 자신의 "본성에서부터 알기를 원하는 데"서 시작한다.[10] 그 앎

---

10   아리스토텔레스, 『형이상학』(Metaphysica), 김진성 역주, 이제이북스 2007;
980a "모든 인간은 본래 앎을 욕구한다." 필요에 따라 Horst Seidl(hrsg.)가 편집한 아
리스토텔레스의 Metaphysik, Hamburg 1982-1984를 참고함.

은 사물에 대한 지식, 본질적으로는 그 의미와 존재근거에 대한 앎이
다.[11] 예를 들어 이 말을 생명에 적용한다면, 생명에 대한 단편적인 지
식을 넘어 생명의 의미와 존재근거에 대한 앎을 원한다는 뜻으로 해석
할 수 있다. 근원적 앎을 원하는 인간은 있는 사물, 형이상학적 용어로
는 존재자에 대한 지식을 추구한다. 그래서 아리스토텔레스는 형이상
학을 "존재자를 그것이 존재자인 한에서", 즉 존재자를 존재자(on hei
on)로 탐구하는 학문(『형이상학』, 1003a 21)이라고 정의한다. 그 말은
존재하는 모든 것을 그 근원, 즉 존재에서 탐구한다는 뜻이다. 이런 까
닭에 형이상학은 필연적으로 존재론(ontology)이며, 존재론을 벗어난
형이상학은 자신의 본질을 망각한 형이상학일 뿐이다. 존재자를 존재
자로 다루는 존재론의 학문은 곧 존재자의 "제일원리와 최종 근거"를
해명하는 철학이다. 그러기에 형이상학은 이 개념을 존재자성이나 본
질, 또는 존재로 개념화하면서 발전하고 전환되기도 하며 새롭게 변형
된다. 이에 대한 이해의 흐름이 곧 형이상학의 역사이며 철학사의 근
간이기도 하다.

　형이상학은 이런 관점에서 철학의 가장 중요하고 기초가 되는 학문,
즉 제일철학(prote philosophia)이다. 형이상학은 존재자의 "제일원인
들과 근거에 대한 연구와 그에 대한 학적인 지식"(『형이상학』, 981 b)
이다. 그 학문은 존재 자체와 존재에 본질적으로 속해 있는 모든 것을
탐구하는 학문이다(『형이상학』, 1003 a). 형이상학을 제일철학으로 부
른 까닭은 이 학문이 존재자의 최종 근거를 해명하려는 학문이기 때문
이며 그러기에 아리스토텔레스는 이를 신학적 학문(theologike ; 1026

11　이후 아리스토텔레스는 개별 학문과는 별도로 학문(episteme)의 유형을 이론에
관계되는 학문(theoretike)과 제작에 관계되는 학문(poietike) 또는 실천에 관계되는
학문(praktike)으로 구분한다. 『형이상학』 1025 b.

a)으로 이해했다. 형이상학을 사유한 철학의 역사를 모두 밝힐 수는 없지만 전 14권으로 편찬된 아리스토텔레스의 저작 『형이상학』에서 다루는 문제를 살펴보면 형이상학의 주제와 방향을 짐작할 수 있다.

형이상학적 존재인 인간의 앎은 근본적인 원인에 대한 앎이다. 그 원인을 아리스토텔레스는 네 가지 방식으로 설명한다. 그것은 실체, 즉 있다는 것의 본질(ousia)과 있는 것의 재료가 되는 것(基體), 나아가 사물이 존재하게 되는 운동의 근원과 그것이 무엇을 위해(목적) 있는 선함(좋음)이다. 이 네 가지는 개별적으로 실재하는 모든 존재자, 사물과 사건이 있게 되는 생성과 운동의 원인이 된다.[12] 이처럼 그는 『형이상학』 1권 1장에서 형이상학을 규정한 뒤 3장에서 이른바 사물의 원인을 밝히는 주장을 이어간다. 이후 소크라테스 이전의 자연철학자들에 대한 논의와 함께 6장에서 플라톤의 철학을 설명하고 이어 8-9장에서 이들에 대한 비판적 논의를 펼친다.

『형이상학 2권』은 이 철학을 진리에 대한 논의와 연결 짓는다. 형이상학이 추구하는 앎은 진리에 대한 이론(993 a)이다. 이어 3권에서는 실체(ousia)와 그 본성에 대한 논의 및 그 원리에 대해 다루고 있다. 4권에서는 개별 학문에 맞선 형이상학의 본성을 중심으로 실체와 공리, 논의를 전개하는 논리에 대해 설명한다. 5권에서는 철학 개념들, 즉 원리, 원인, 자연과 본성, 실체 등의 개념에 대해 설명한 뒤 6권에서는 제일철학의 성격과 대상에 대해 논의한다. 이어지는 7, 8, 9권의 논의는 실체에 대해 하나의 통일체로 엮은 부분이다. 『형이상학』 7-8권에서 다루는 질료 형상의 문제와 함께 9권의 가능태-현실태 문제에 대한 논

---

12 존재자의 근원적인 원인에 관한 앎을 이처럼 사물의 본질과 물질의 바탕이 되는 것, 운동의 원인과 목적이란 네 가지 방식으로 규정한다. 존재자의 4대 원인설이 여기에서 비롯되어 이후 서구 형이상학의 토대로 작동하게 된다. 『형이상학』, 983a.

의가 그것이다.

『형이상학』 10권에서 아리스토텔레스는 존재(on)와 일자(hen) 개념 및 그에 뒤따르는 개념들을 해명한 뒤, 11권에서 자연학에서 논의했던 부분들을 발췌하여 원인과 본성, 우연과 운동, 등의 이론으로 연결한다. 12권에서 아리스토텔레스는 "존재하는 것"(ti to on)의 질문을 실체에 대한 질문(tis he ousia)으로 고찰한다. 이것은 움직이지 않으면서 모든 것을 있게 하는 실체에 대한 철학이다. 아리스토텔레스의 형이상학이 플라톤 철학과 결정적으로 다른 것은 구체적으로 존재하는 사물과 존재자의 실재적 존재 원리를 철저히 규명하고 논의했다는 데 있다. 『형이상학』을 통해 아리스토텔레스는 가능태(dynamis)와 현실태(energeia)에 대한 철학적 사유를 전개하지만 이는 이후에도 지속적으로 철학의 장에서 새롭게 해석되고 보완되거나 수정되었다. 때로는 논의가 오해되기도 하고 달리 해석되면서 우리가 보는 형이상학의 계보사를 형성한다.

12권의 실체에 대한 논의는 사물이 생성되는 운동을 해명하면서 이를 가능태로서의 존재자 자체를 구체적으로 현실화하는 것이라고 말하는 해명(『자연학』, 201 a)으로 확대된다. 운동은 본질적으로 순수한 작용이면서 또한 현실적이다. 이렇게 운동과 생성을 설명하는 중요한 용어인 "energeia" 개념은 플라톤의 형이상학을 보완하거나 그의 "idea" 형이상학이 보지 못하는 실제적이면서 현실에서 생성하고 작용하는 원리에 대한 해명이다. "에네르게이아"는 작용을 미치는 현실이며, 실현된 현실이기도 하다. 그와 함께 목표에 도달하여 완성에 이른 완성태 개념으로 "entelecia"를 제시하기도 한다. 그 외 13권과 14권은 플라톤 철학을 이어가는 실체에 관한 철학을 다루고 있다. 그는 형상을 현실태(energeia) 개념과 연결 지어 설명하기도 하며 가능태(dynamis)와 질료 개념을 연결 지어 해명하기도 한다.

이처럼 형이상학은 개별 존재자에 대한 단편적이거나 감각적 지식
이 아니라, 그 근원과 본질적인 존재 의미를 묻는 철학이다. 형이상학
은 존재 의미, 최고의 존재와 최고의 원리는 물론 진리의 최종 근거를
묻는 질문으로, 근원적 존재를 그 근원에서부터 추구하는 학문이다.
이 철학은 존재자의 근거와 목적은 물론, 보편적 인식과 타당성에 대
한 질문으로 이어진다. 그것은 철학사에서 보듯이 'idea'와 'arche',
실체(substantia)와 형상(eidos), 근거율과 원인론, 본질과 실존, 초월
과 내재, 보편과 개별의 문제, 동일성과 차이란 개념 등을 논의하는 학
문으로 발전하게 된다. 이 질문은 또한 신과 영혼의 문제로, 죽음과 죽
음 이후의 삶, 우리의 존재 자체에 대한 질문으로 이어진다.

이런 관점에서 아리스토텔레스는 형이상학을 최고의 존재에 대한
질문으로 귀결된다고 말한다. 그 학문은 최고의 존재자인 신(theos)에
대한 질문이기도 하다. 이런 까닭에 변신론(theodicy)과 악의 문제, 또
한 영혼의 문제와 함께 이를 통해 이루어지는 현대의 영성(spirituali-
ty) 논의에도 형이상학은 결정적인 근거로 기능한다. 이후 서구 형이상
학의 계보사는 형이상학적 질문이 근원적 일자, 존재 자체(ip sum es-
se), 최고선(summum bonum), 최종 목적(finis ultimus)등으로 발전
했다. 제일원인과 최종 근거에 대한 물음은 존재의 초월적 근거인 일
자(一者 unum), 진성(眞性 verum), 선성(善性 bonum) 개념으로 전개
된다.

철학사에서 보듯이 형이상학은 그 전개 과정에서 개념과 논리에 대
한 학문을 필요로 하거나, 윤리학과 인식론, 미학의 근거로 작동하거
나 또는 개별 주제를 정립하고 정초하는 토대로 작동하게 된다. 학문
으로서 형이상학을 부정하는 철학적 경향조차도 형이상학적 판단과

근거 위에서 움직인다는 측면에서 철학 그 자체가 형이상학이란 말은 결코 틀린 말이 아니다. 관건이 되는 것은 그러한 주장이 형이상학이란 개념을 어떻게 이해하고 규정하는지에 대한 문제이다. 형이상학은 분명 그리스 철학의 맥락에서 그 개념이 정의되었으나 넓은 의미에서 이를 넘어서는 보편적 철학이다. 그 까닭은 형이상학이 본질적으로 인간의 존재적 본성에서 유래하기 때문이다.

다. 형이상학 개념의 전환

1. 철학 밖의 형이상학 개념

1) 그리스 형이상학이 존재자의 존재를 밝히는 작업으로, 존재의 근원을 본질적으로 해명하는 철학으로 정립되었다면 이 학문이 인간의 초월적 특성을 바탕으로 하는 종교성과 만나게 되는 것은 필연이다. 그런 과정에서 형이상학이 전환하고 변형되는 것은 형이상학의 퇴락이 아니라 오히려 형이상학의 발전이며 근원을 해명하는 철학으로서 이 학문의 본질적 특성이라고 말해도 좋다. 이 형이상학은 그리스 철학과 함께 서구 정신의 또 다른 근원인 그리스도교와 만나고 이를 해명하는 철학으로 전환한 것은 필연적인 사건일 수밖에 없다. 앞에서 보았듯이 형이상학은 신학적 학문이다. 물론 여기서 말하는 신은 그리스도교적으로 말하는 인격적 신, 아브라함과 이삭과 야곱을 통해 인간 역사에서 역사하시는 하느님, 우리 실존의 하느님과 직접 연관되지는 않는다. 오히려 이 개념은 최고의 존재자를 지칭하는 일반명사인 신(theos)인 셈이다. 이미 플라톤이 세계를 만들어 내는 조물주로서 "Demiourgos"(*Timaeus*)를 거론하지 않았던가. 철학자의 신 개념은 최고의 존재자, 모든 존재자의 근원에 대한 질문이다. 이 질문이 때로는 그리스도

교의 하느님과 동일시되기도 했으며, 또는 다른 개념으로 쓰이기도 했다. 이에 대한 비판이 파스칼(B. Pascal)이 "철학자의 신이 아닌, 아브라함과 이삭과 야곱의 하느님"이라 말한 것이며, 존재로 환치된 신이 아닌, 위격적이며 인간과 함께 자리하는 하느님에 대한 고백으로 이어진다. 하이데거가 말하듯이 "그 앞에서 무릎 꿇고 기도할 수 있는 하느님, 춤추고 노래하며 찬미하고, 우리의 고통을 호소할 수 있는 하느님"에 대한 고백으로 이어지는 것이다.

초기 교회 예수 사건을 체험하고 역사의 예수를 신앙의 그리스도로 고백했던 헬레니즘 문화권의 지식인들은 그들의 신앙 체험을 신학화하고, 신앙공동체인 교회를 통해 선언하고 이어가길 원했다. 그들이 절실히 필요로 한 것은 이 체험과 사건을 체계화하고 일반인들이 알아들을 수 있는 언어로 재현하는 일이었다. 여기에 그들은 그리스 철학, 더 구체적으로는 이렇게 형성된 형이상학의 체계를 원용하였다. 그래서 그리스도교 신앙은 처음부터 이런 형이상학과 만나면서 이를 통해 자신의 체험을 언어화하는 데 성공했다. 맨 처음 가장 성공적으로 원용되었던 형이상학이 플라톤의 체계이며, 그의 이데아설과 철학이었다. 또한 이런 작업을 수행했던 신앙의 선지자들을 우리는 교부(church fathers)라 부른다.

그들의 작업과 철학이 없었다면 지금과 같은 그리스도교 신앙은 불가능했을 것이다. 이 형이상학과 철학에 대한 이해 없이 지금의 그리스도교를 이해하기란 지극히 어렵고, 절름발이 같은 이해에 만족할 수밖에 없게 된다. 하느님의 존재, 그리스도론, 창조와 구원, 교회론과 은총론은 물론, 성사론에 이르기까지 신학은 형이상학에 근거한 철학 없이 결코 올바르게 정립하거나 설명할 수도 없다는 사실은 자명하다. 당연히 철학 없이도 신앙은 가능할 수 있지만, 올바르게 믿기 위해서는 올바르게 이해해야만 한다. 그래서 중세 교회는 "믿기 위해서 이해해야 한다"(intellego ut credam 혹은 credo ut intellegam)는 명제를 제시하면서 신앙과 이성의 관계(fides et ratio)는 물론, 실천적 영역과 형이상학이 밀접히 연관됨을 잘 알고 그렇게 표현했다.

　2) 형이상학의 역사는 인간 지성의 역사이며, 가장 근본적이고 본질적인 영역에 대한 질문의 과정이다. 그러기에 형이상학은 난해하고 낯설며, 접근하기 어렵다는 느낌을 지우지 못한다. 그럼에도 이는 인간이라면 자신의 존재에서부터 묻거나 대답하지 않을 수 없는 분야이다. 삶에는 목적이 있는 것일까(목적론). 세상에는 어떤 원인과 결과가 있는가(인과율), 신은 존재하는가, 존재한다면 어떤 특성을 지니는가? 전능하고 전선한 신의 존재에도 불구하고 세상에는 왜 불가피한 악이 자리하는가?(변신론; Theodicy) 영혼의 존재와 사후의 삶은 어떠한 것일까. 신학적으로도 삼위일체론을 설명하기 위해서, 예수의 신성과 인성 문제는 물론, 영성신학의 핵심 질문 가운데 하나인 무(無)의 문제와 초월성의 체험 등을 해명하기 위해서도 형이상학적 사유 체계는 결정적 의미를 지닌다.

　또한 형이상학적 작업을 전개하는 인간의 지성 문제, 사물을 인식하는 인간의 지성은 어떻게 생겨났고 어떻게 작용하는가?(인식론과 선험적 이성)의 질문은 인간의 본질적 숙제 가운데 하나이다. 이 문제를 우리의 관심사와 연결 짓는다면 생명의 유래와 목적은 무엇이며, 그 의미는 무엇일까? 하는 질문도 형이상학의 영역에서 다루어진다. 생명을 존중하고 생명을 유지하기 위한 윤리는 이런 질문에 대한 대답에서야 비로소 올바르게 근거 지어질 수 있는 것이다. 윤리학은 형이상학을 떠나 어떠한 정당한 의미도 지니지 못하며, 또 최종적인 근거와 타당성을 이끌어 내지도 못한다.

2. 동아시아의 형이상학

1) 형이상학은 동아시아인에게는 어떻게 성립된 것일까. 동아시아에
도 형이상학은 있었던 것일까. 이른바 19세기 이래 서세동점의 시기는
우월한 기계문명과 군사력을 바탕으로 동아시아 세계를 침탈한 제국
의 시간이었다. 문제는 이 시기 수많은 동아시아 지식인들이 자신의
전통과 고유한 철학을 버리고 서둘러 서구의 철학을 수용하기에 급급
했다는 점이다. 동아시아 세계에서 서구 철학을 앞서 수용한 것은 가
장 먼저 서구화의 길을 걸은 일본이었다. 이들은 수많은 서구의 철학
과 문명을 동아시아 문화권으로 유입하고 또 그들의 용어로, 당시 학
문 언어였던 한자로 번역하였다. 그래서 흔히 서구의 근대를 수용한
우리의 근대를 번역된 근대라고 말하기도 한다.

  여하튼 이 과정에서 일본학자 니시 아마네는 그의 저서 『백일신론』
(百一新論, 1874)에서 유럽어 'philosophia'를 '철학'으로, 'metaphysica'
를 '형이상학'으로 옮긴다. 이 말은 『주역 계사편』의 구절, "형태를 넘
어서 있는 것은 도라 하고, 형태를 띠고 있는 것은 그릇이라 한다"(形而
上學者 謂之道, 形而下者 謂之器)에서 따온 것이다. 이 말은 감각적인 것
을 넘어서 있는 분야를 가리키니, 얼핏 아리스토텔레스의 정의에 부합
하는 듯하다. 그러나 여기서 문제가 생겨난다. 형이상학의 용어와 이
해의 역사가 동아시아의 그것과 같지 않거나 이 사이에 놓인 차이가
매몰되는 현상이 발생하는 것이다. 번역 과정에서 계보학적 관점에서
생기는 모순과 착각이 자리하게 되며, 이는 생각의 왜곡을 초래했다.
그래서 어떤 이들은 우리의 근대를 '착종된 근대'라고 부르기도 한다.
여하튼 이런 문제를 성찰하고 새로운 사유의 체계를 찾아가는 것 역

시 학문하는 우리의 학적 과제임에는 틀림이 없다.

동아시아의 형이상학적 체계는 유럽과는 다른 관점과 내용으로 전
개되었지만, 초월적인 영역에 관한 문제를 거론하는 형이상학 본래의
관심사는 전혀 다름이 없다. 동아시아적 형이상학은 별개의 주제로 다
루어야 할 것이다. 예를 들어 11세기 이래 송(宋)을 중심으로 전개되었
던 성리학(性理學)은 초기 유가 철학의 핵심적 내용을 격의(格義)불교
와 도가(道家)와의 대결을 통해 새롭게 정립된 유가적 형이상학이었
다. 이 성리학이 조선시대의 사상 체계를 지배한 것은 물론, 사회 체계
와 신분 질서를 규정하고 윤리 덕목까지도 결정했던 역사를 생각해 보
면 형이상학의 의미를 절감하지 않을 수가 없게 된다.

3. 형이상학 개념의 변용

1) 근대 형이상학의 전환

근대의 형이상학은 고대철학과 스콜라철학의 존재론적 맥락을 벗어
나 형이상학의 논의를 사물 존재자에 대한 인식의 문제로 전환시켰다.
근대 형이상학은 단적으로 인식론을 위한 의식과 주체의 철학, 나아가
선험철학(Transzendental philosophy)으로 규정된다. 이러한 전환은
철학의 문제를 존재의 근거와 내용에 대한 논의에서가 아니라 인식의
확실성에서 찾았던 데카르트에서 이미 준비되었다.[13] 데카르트의 철학
적 문제의식은 명확히 인식주체에 의한 인식론적 명확성과 타당함에
맞추어져 있었다. 명석판명(distinta et clara)한 지각과 그를 통한 존재
론적 근거 정립의 철학은 이런 전환을 잘 보여 준다. "생각한다. 그러

---

13 R. Descartes, *Discours de la methode* 1637; *Meditationes des prima philoso-
phia*, 1641, *Principiaphilosophiae* 1644는 인식론적 형이상학의 대표적인 저작이다.

기에 존재한다"(cogito ergo sum)의 명제는 인식과 의식의 주체에서
존재론적 근거 정립을 도출한 결정적인 전환을 잘 표현하고 있다. 이
는 명백히 형이상학의 인식론적 전환이라 불려야 할 것이다.

인식론이 된 형이상학은 존재자의 존재자성을 표상작용의 현존성
(Anwesenheit)으로 이해하기에 존재자의 존재는 여기서는 다만 대상
성이나 객체적 존재자의 인식 가능성에 머무르게 된다. 이에 따라 존
재자의 존재인 진리는 인식의 확실성이 되고, 존재자성인 "ousia"는
"의식적인 지각과 사유의 대상성"으로 변하게 되어 사물에 대한 인식
론적 지식이 진리를 대신하게 된다. 근대의 형이상학은 결국 "증대하
는 본질적 무능력, 자신의 고유한 본질과 근거를 이해하지 못하는" 무
능력함을 드러낼 뿐이다.[14] 그 형이상학은 대상의 형이상학, 주체와 객
체의 형이상학이 되며, 결국 근대 문화의 특성이 된 경험주의적이며
실증주의적인 지식의 시대를 낳게 된다. 여기에 존재 진리를 망각한
형이상학의 오류와 한계가 자리하며, 그에 기반한 현대 문화의 위기가
생겨나게 된다.

2) 근거 해명의 형이상학
전통적인 형이상학, 아리스토텔레스적 체계와 정의를 벗어나는 형
이상학의 변형과 전환은 근대라는 새로운 시대에 생겨났다. 이 시대의
형이상학은 분명 전통 형이상학의 틀 안에 있으면서도 자연의 근거를
묻는 자연학 이후의 형이상학을 넘어 이를 새롭게 이해하게 만든다.
데카르트적 형이상학이 여전히 존재론적 토대에 근거하면서도 이를

---

14 M. Heidegger, Überwindung der Metaphysik, in *Vorträge und Aufsätze*, S.
70-71.

이해하는 인간의 인식론적 관점을 논의하고 있다. 그럼에도 이렇게 시작된 형이상학의 인식론적 전환은 형이상학을 사물 존재자의 존재 원리를 묻는 질문에서 존재자에 대한 인식과 이해의 문제로 바꾸어 놓았다. 선험 이성(Vernunft)과 인간의 인식 이성(Verstand)을 구분하면서 이에 대한 비판과 가능성을 논의한 칸트의 형이상학은 분명 아리스토텔레스적 문제의식을 넘어선다. 칸트 이후 형이상학은 한 걸음 더 나아가 존재자의 원인과 근거 질문이나 인식론적 근거 질문이란 맥락을 벗어나 인간의 이해 지평, 이해의 체계 일반에 대한 해명, 사물 존재자를 이해하는 초월적 지평에 관계하는 형태로 나타난다.

F. 니체의 "힘에의 의지", 맑스의 자본 개념과 융엘(E. Jügel)의 노동 개념은 물론, 현대의 경제 개념은 이런 관점에서 형이상학을 새롭게 이해하도록 만든다. 하이데거 역시 존재자의 존재 의미를 드러내는 것이 형이상학이라고 말한다. 그러한 형이상학의 체계는 더 이상 전통적 개념에서 이해될 수 있는 것이 아니다. 그러기에 이러한 특성을 전통적 개념과 구분하여 체계로서의 형이상학이라 규정해 보기로 한다. 즉 존재자의 근거를 해명하고 그 원리를 밝혀내는 근거 정립의 형이상학과 인간이 세계와 자연, 역사와 존재를 이해하고 해석하는 체계로서의 형이상학을 구분할 필요가 있다. 형이상학은 분명 전통적 의미를 지니고, 그에 관계하는 학문이지만, 그와 함께 인간의 이해 일반을 체계화하고 그 근거를 근원적으로 정립하는 학문이기도 하다.

철학의 역사에서 보듯이 형이상학에 대해 수많은 다양한 견해와 의견 차이가 있을 뿐만 아니라, 심지어 형이상학이 필요하지 않다고 선언하는 사람들도 있다. 인간은 물질적 영역에서 살아가며 감각할 수 있는 것만이 존재한다고 주장하는 철학자들, 또는 신적 존재에 대해서 부정하는 사람들까지 너무도 다양한 생각들이 자리한다. 이런 반(反)

형이상학 또는 몰(沒)형이상학 역시 형이상학의 정의에 따라 본다면 형이상학이라고 말해야 할 것이다. 형이상학은 물질적 세계의 원리와 감각적 영역의 본질을 이해하고 해명하는 근원적인 사유 체계이기 때문이다. 오늘날 과학주의(scientism)와 기술 시대에 과학은 진리 주장의 전권을 소유하면서 인간의 삶을 그 학문틀에 의해 규정한다. 이런 주의나 주장이 과잉으로 치닫는 현실은 분명 몰형이상학이 지배하는 시대의 것이다. 그러기에 형이상학을 전통적인 근거 정립과 해명의 층위를 넘어 세계 체계 이해의 영역과 관련지어 그 개념을 확장하려는 사유는 중요할 수 밖에 없다. 이를 통해 몰형이상학 시대의 한계를 넘어서고 새로운 형이상학적 사유, 초월적 지평을 드러낼 형이상학적 사유를 정초해야 할 것이다.

3) 해석의 형이상학

존재자로서 존재자를 해명해 온 역사를 나열하면서 하이데거는 그것이 어떻게 표상되든 존재자는 궁극적으로 존재의 빛 안에서 나타난다고 말한다.[15] 그것은 물질이나 에너지로, 또는 생성이나 생명, 표상과 의지, 실체나 주체, 때로는 가능태로 해석되어 왔다. 철학사를 관통해 왔던 이러한 형이상학적 원리들에 대해 언급하면서 하이데거는 형이상학의 본성을 시대해명과 연관지어 설명한다. 시대를 해명한다는 것은 "형이상학에 의해 각인된 세계의 붕괴와 형이상학에서 유래하는 대지의 황폐화"를 넘어 새로운 형이상학적 사유를 통해 새로운 세계를 건립하는 근거를 정립하는 작업과 같다.[16] 이제 필요한 것은 이러한 서

---

15   M. 하이데거, 「'형이상학이란 무엇인가'에 들어가는 말」, 『이정표1』, 한길사 2005, 126쪽.

16   M. Heidegger, Überwindung der Metaphysik, S. 68-69.

구 형이상학 역사의 운명적 과정을 견뎌 내면서 이를 그 본질에서부터 초월적으로 극복하는 과정이다. 그것은 존재자의 존재를 존재 의미로 사유하는 것이며, 존재 의미가 드러나는 현재의 지평에서 다시금 이 사유를 펼쳐 가는 데서 시작된다. 그것은 형이상학을 그 본질에서부터 사유하는 것이며, 형이상학이 이행되는 과정을 진지하게 경험하는 길이기도 하다.

서구 형이상학의 역사에서 귀결된 철학의 종말을 사유의 종말로 받아들일 수는 없다. 오히려 이를 사유의 이행, 즉 형이상학의 사유가 새로운 근원으로 바뀌어 가는 과정으로 이해하고, 이를 위한 철학적 사유에 철저히 매진하는 것이 이 시대 철학의 과제일 것이다. 그래서 하이데거는 진리의 본질이 과학기술 시대의 확실성이 된 시대, 기술적 인간이 세계를 지배하고 황폐화하는 시대의 위기를 넘어 "죽을 자인 인간으로 하여금 사유하도록" 함으로써 존재의 집으로 나아가도록 하는 데 철학의 과제가 있다고 말한다.[17]

인간 실존을 해명하는 철학은 궁극적으로는 형이상학적 근거 위에 서야 비로소 올바른 의미를 지닌다. 영혼은 존재하는 것일까? 존재한다면 그 의미는 무엇이며 이때 존재한다는 것은 무엇을 뜻하는 것일까? 그것은 마치 사물처럼 있는 것일까, 아니면 살아 있는 동안 삶과 존재 안에 생겨나고 활동하는 어떤 것일까? 죽음은 우리에게 어떤 의미를 지니는 것일까? 죽은 뒤의 삶은 과연 실재하는 것일까? 이런 문제는 형이상학적 판단과 결단 없이는 결코 해명할 수 없다. 우리 존재의 깊이를 사유하는 학문은 형이상학이며, 그에 따른 삶과 실존도 역시 형이상학적이다. 존재의 심연에 관한 학문, 죽을 자들을 위해 죽음

---

17 M. Heidegger, Überwindung der Metaphysik, S. 79, 94-95.

에 대해 말함으로써 삶을 살게 하는 사유가 바로 형이상학이다. 죽어가는 모든 이를 위해 그 죽음의 의미를 누가 말할 수 있는가? 문학과 예술이 이를 아름다움의 이름으로 재현한다면, 철학은 이 문제를 사유와 철학사에 대한 형이상학적 결단을 통해 해명한다.

형이상학의 사유는 현실을 그 근원에서부터 해명하는 작업이며, 현실을 뛰어넘는 초월을, 또 그 존재의 근원을 현재에서 해명하는 사유이다. 그래서 그 학문은 기원에서 유래하여 초월을 지향하면서 현재로 도래한다. 지금 여기에서 구체적 실존과 삶을 영위하는 우리 존재는 사물의 근원에 대한 질문을 넘어서는 존재 해명의 사유를 필요로 한다. 그것이 바로 현대사회에서 변형되고 현재에 뿌리내린 해석의 형이상학이다. 이러한 형이상학은 해석을 필요로 하며, 이를 우리는 존재론적 해석학으로 정립할 수 있다.[18]

---

18   이에 대해 신승환, 『해석학-새로운 사유를 위한 이해의 철학』, 아카넷 2016, 제4장-6장 참조.

2

형이상학 근본 문제

가. 형이상학적 사유의 기원

1. 형이상학의 존재론적 기원

초기 그리스철학은 무엇보다 먼저 자연의 근거에 대한 질문을 제기하면서 형이상학적 사유의 길을 열었다. 이오니아학파(Ionia)의 자연철학은 끊임없이 변화하는 현상적 자연을 넘어 불변하는 최종 원리와 본성에 대한 질문과 대답을 이끌어 갔다. 이후 엘레아(Elea)학파를 거쳐 형이상학적 사유로 이어진 철학은 이렇게 준비되고 전개되었다. 그 질문은 곧 존재자를 존재자이게 하는 보편적 원리와 존재근거에 대한 것이었다. 근대성의 내재적 원리를 고찰하기 위해서는 먼저 서구 2,500년의 철학사를 존재와 생성이란 관점에서 정리해야 할 필요가 있다. 그것은 철학의 근본 문제를 존재와 생성이란 두 사유 터전에 따라 재구성한다는 의미이다. 서구의 철학 체계는 파르메니데스(Parmenides) 이래 존재론적 동일성에 기반한다. "존재와 사유는 동일"하다는 파르메니데스의 정식이 이를 잘 설명한다.

   동아시아의 철학이 우주론에 근거하여 인성론과 가치론에 중점을 두었다면, 서구 철학은 그 시초에서부터 존재의 문제와 씨름했다. 그것은 때로는 근원(arche)이란 이름으로, 때로는 존재자의 존재로, 때로는 존재자성으로 제기되었지만 플라톤의 언급과 같이 언제나 "존재를 둘러싼 거인들의 싸움"(『소피스테스』)으로 이해할 수 있다. 일찍이 라이프니츠가 말했듯이, "도대체 왜 없지 않고 도리어 어떤 것(사물)이 존재하는가"[1] 라는 질문은 존재와 무를 둘러싼 서구 철학의 얼개와 내용을 가장 잘 드러낸 명제일 것이다. 이에 반해 헤라클레이토스(Herakleitos)는 모든 것을 변화와 생성의 관점에서 파악했다. 그에 의하면 동일한 것, 변화하지 않은 것이란 있을 수 없다. 존재하는 것은 오로지 끊임없는 변화함 안에서 이루어지는 생성과 소멸의 놀이일 뿐이다.

   이후 서구 철학사의 주류는 존재를 영원불변의 이데아(Idea), 어떤 실체 또는 본질로 파악하는 관점에 따라 이루어졌다. 이런 관점에서 관건이 되는 것은 철학의 역사가 존재를 일면적으로 실체론적이며 이성중심론적으로 설정함으로써 야기되는 문제다. 존재 의미를 추구하는 문제 설정이 그 자체로 잘못된 것일 수는 없다. 존재론은 인간의 존재근거는 물론이고 사물의 현상적 차원을 넘어서는 본질 문제를 철학 내적인 관점에서 고찰하는 체계이기에 더욱 그러하다. 문제는 그러한 철학이 근대에 이르러 합리적 이성의 범위나 인식 이성의 체계를 넘어서는 영역을 부차적인 것으로 간주하거나 심지어 소외시킨 역사에 있다. 그러기에 이러한 한계를 넘어서려는 탈근대의 형이상학은 이런 역

---

1 G.W. Leibniz, 『자연과 은총의 원리』, Gerhart판 전집 제 6권 602쪽 7항.

사를 문제시한다. 그 형이상학은 근원적 사유 세계를 간직한 신화와 예술의 철학, 생성의 철학, 생명의 해석학에 주목한다. 그 배경에는 전통적인 서구 존재론이 생성의 사유를 감추고 일면적인 실체론적 본질론에 갇혀 있었다는 문제의식이 자리한다.

2) 한편 동아시아 사유는 우주의 근원적 생성의 원리를 밝히고, 인간의 모든 이해 체계를 이 원리에 따라 해석하려 했다. 동아시아 사유를 도(道)론으로 규정하는 것은 이러한 근본 동기에서야 올바르게 이해된다. 그럼에도 전통적인 "도"에 대한 해석은 지극히 실체론적 관점에 따라 인성론과 연결되었다. 예를 들어 현대 신유학의 철학자 방동미가 노자 철학에서 "도" 개념을 "일체의 언어와 문자를 초월하고 일체 개념을 초월하여, 초월 세계에 깊이 감추어져 우주 속의 근본 비밀과 근본 대상"이 된다고 말함으로써 본질적인 실체로 파악한 것은 이러한 전통에 충실한 해석이다.[2] "도는 일체에 편재해 있다"는 표현은 이 실체론적 전통을 잘 나타낸다. 도의 철학은 "본체론상에서 우주의 일체 존재를 이해하는 것 이외에, 초본체론상에서 우주의 근원"을 이해하려는 의도에서 형성된 것으로 "이 근원의 최후는 가치"이다. 그것은 철학을 가치의 철학으로 규정하는 것이다.[3]

동아시아 철학을 실체론적 철학으로 해명하려는 작업은 반시대적이다. 전통적인 도의 해석은 서구 근대 철학의 영향에 따라 노자 철학이 지닌 도의 생성 측면과 그 초월적 의미를 상실하고 있다. 노자 철학을 가치론적 관점에 따라 해석하는 것은 플라톤주의에 의해 형성된 서구

---

2 方東美, 『原始儒家道家哲學』, 남상호 옮김, 서광사 1999, 55-58, 243-337쪽 참조.
3 방동미, 앞의 책 293-298, 318쪽 참조.

근대 철학의 끝이 가치철학으로 흐른 역사를 되새겨 보게 만든다. 신
칸트주의가 결국 리케르트(H. Richert) 등의 가치철학으로 귀결된 역
사, 최고의 가치를 몰가치화하려는 니체 철학을 살펴보면, 이러한 해
석이 지니는 문제는 명백하다. 따라서 노자의 철학을 실체론적 존재론
에 따라 가치론적으로 해석하는 것은 탈형이상학(postmetaphysics)적
사유 의도에 정면으로 대치된다. 인간 본질과 우주의 본질을 진선미의
최고 가치와 연결하여 해석하는 것은 실체론적 존재론의 철학에 따른
이해일 뿐이다. 이러한 관점에 비추어 본다면 동과 서의 철학 사상은
전통 형이상학을 극복하는 관점에서 읽어야 한다. 그 과정은 탈형이상
적 맥락을 필요로 하는 작업이다.

2. 형이상학의 생성론적 기원

1) 본질론의 존재론에 비해 새롭게 다가올 사유는 철학사에서는 주류
를 벗어나 있으며, 철학사의 근대적 완성이란 관점에서는 그러한 체계
를 넘어서 자리한다. 그것은 실체론적 본질 철학이나 또는 전통적인
존재론의 영역을 넘어 생성의 형이상학으로 형성되어야 할 것이다. 바
꾸어 말해 실체론에 근거한 존재론을 생성의 형이상학적 관점에 따라
해석한다는 의미이다. 이러한 '존재론적 해석학'은 예술과 철학의 결
합이란 특성, 자연과 삶, 다원적 문화 전체를 차이의 보편성에 근거하
여 해석하는 철학이다. 그것은 인식 이성이나 과학기술의 사유를 넘어
실재를 그때마다의 존재 의미에서 해석하는 사유 체계이다. 예를 들어
서구 근대성의 극복과 연관하여 현대 철학이 이룩한 미학적 전환이나
또는 철학적 관점을 불변하는 실체에서 생성의 사유 체계로 해석하는
것이 그 대표적인 경우다.

　존재 문제를 불변하는 근원성 또는 실체성에서 찾으려 하는 전통

형이상학의 이해 체계는 결국 근대에 이르러 단지 기하학적 세계관과 이성 중심의 논리적 체계, 존재를 최고의 존재자로 해석하는 관점을 형성했다. 이것은 존재를 일면적으로 이해하는 것, 바꾸어 말해 존재에서 생성을 배제하거나 적어도 존재와 생성을 대립적으로 파악하는 사유 체계이다. 이에 비해 생성의 철학은 합리론적 이성의 세계, 진리의 막다른 길에서 벗어나기 위해 생성의 놀이와 예술이 지니는 힘에 주목한다. 이러한 철학적 해석이 지니는 탈근대적 요소가 본질철학으로서의 플라톤 철학에 대한 비판이라면, 그에 대한 생성-존재론적 해석은 서구 근대성의 관점에 따른 해석을 넘어서는 철학으로 형성된다.

생성의 사유는 한편으로 생명철학의 관점에 따른 이해에서 비롯된다. 주역 철학으로 대변되는 고대 중국철학의 출발은 근본적으로 생명의 창조와 성장, 변화와 순환의 과정을 해석하고 이를 우주론상의 의미와 결합하여 해석하는 생명철학으로 이해할 수 있다.[4] 이러한 관점에서 도의 철학을 해석하는 것은 노자를 중국철학사상 처음으로 천지 만물의 존재와 운동의 원리를 "도"의 개념에 따라 밝히고자 한 철학으로 이해하게 한다.[5] 노자의 도는 천지 만물과 인간사까지도 주재하는 상제(上帝)보다 더 근본적인 것으로 모든 존재자의 존재, 생성·변화의 근거가 된다. 그럼에도 도는 결코 인격천의 개념으로 이해될 수 없다

---

4 "生生之謂易(繫辭傳 上 5)"; 방동미, 앞의 책 232-236쪽 참조. 중국 철학은 "사람의 생명으로 사물의 생명을 체험"하고 이로써 전체 우주 생명을 체험하는 것이다. 그는 중국철학을 하나의 생명을 중심으로 한 본체론이라고 주장한다. 232쪽.

5 천도개념은 궁극적으로 신화적 요인에서 출발하여 철학적 원리로 승화된 개념이다. 그것은 고대 동북아시아인들이 지녔던 天神 관념에서 유출되고 발전, 변형되었다. 노자의 도론은 이러한 천도관에서 분화되었다. 方立天, 『문제로 보는 중국철학 - 우주·본체의 문제』, 이기훈, 황지원 옮김, 예문서원 1997, 102-108쪽 참조.

(『도덕경』5장: 天地不仁, 以萬物爲芻狗).[6] 도(道)란 만물의 생성 근원이며, 시간적인 관념이나 또는 능동적인 창조의 개념을 염두에 둔 어떤 실체가 아니다. 그것은 실체란 의미에서는 무와 같은 것이다.(40장: 天下萬物生於有, 有生於無)[7] 이것은 유·무의 어우러짐이란 생성의 원리에 따라 그의 철학을 이해하려는 노력이다. 노자 철학을 계승·발전시켜간 장자는 제물론(「齊物論」/『莊子』)에서 "天地與我竝生, 而萬物與我爲一"이라고 하여, 우주의 본체론적 생명의 창조력을 인간의 본성에 연결하여 이해하고 있다. 나아가 이러한 원리의 표현으로 예술을 이해하기에 예술 역시 철학함의 한 과정으로 이해된다.

생성 철학의 중요한 전거 가운데 하나는 예술철학이다. 고대 동아시아 철학은 "모두 '천지가 만물을 덮어주고 실어주는 공의 아름다움에 근원을 두고, 만물의 도리에 통달'(「知北遊」/『莊子』: 原天地之美, 而達萬物之理)하려고, 예술적 정조로써 철학적 지혜를 발전시켜 철학 사상 체계"를 이루어 낸다.[8] 이렇게 서구 근대성의 극복과 연관하여 현대 철학이 이룩한 미학적 전환이란 측면에서 동아시아 사유 체계를 해석할 수 있다. 서구 전통 형이상학은 존재의 문제를 불변하는 근원성 내지 실체

---

6 人格天 개념에는 天道와 人道를 동일시하는 사유의 허실이 포함되어 있다. 自然天과 달리 天意란 개념은 작위적인 측면에서의 하늘이다. 그것은 人格天으로 드러난다. 그럼에도 이 하늘 개념은 히브리적-그리스도교적 사유에서 이해된 세상을 주재하며, 결코 인격적인 본성을 지닌 신앙의 하늘은 아니다. 노사광, 『中國哲學史 – 古代篇』, 정인재 역, 탐구당 1986, 28쪽, 42쪽, 420-422쪽 참조.

7 『노자』에 대한 뛰어난 주석을 남긴 왕필은 道論이란 "궁극적으로 무를 근본으로 하는 철학 체계(以無爲本)"이라고 말한다. 이는 노자 철학을 "무위자연의 도와 주역의 변화와 時義, 그리고 簡易의 관념을 종합하여 도출한 근원적 一者로서의 無관념을 철학적 원리"로 하는 철학으로 규정하는 것이다. 임채우, 「왕필의 생애와 사상」/『왕필의 노자』, 예문서원 1997, 29-43쪽 참조.

8 방동미, 같은 책, 30, 35쪽 참조.

성에서 찾으려 했다. 그러한 이해 체계에는 기하학적 세계관과 이성 중심의 논리적 체계, 존재를 최고의 존재자로 해석하는 관점이 자리한다. 이것은 존재를 일면적으로 이해하는 것, 바꾸어 말해 존재에서 생성을 배제하거나 적어도 존재와 생성을 대립적으로 파악하는 사유 체계이다. 이러한 서구 형이상학, 가깝게는 근대의 철학을 비판하는 니체도 같은 맥락에서 자신의 철학을 서구 형이상학의 기반인 플라톤적 철학을 넘어 예술과 몸적 원리(생리학)에 토대를 둔 철학에서 찾으려 했다.

3. 형이상학의 초월론적 기원

철학의 근본 문제를 존재와 생성이란 원리로 나누어 이해할 때 이 두 체계는 초월의 의미를 규정하는 형이상학에 의해 그 관계가 결정된다. 초월성에서 존재론적 원리를 근거 짓지 못할 때 철학은 단순한 감성의 영역 또는 사물과 사건에 대한 분석과 해석, 기껏해야 논리분석론에 머무르게 될 뿐이다. 이것은 궁극적으로 반(反)철학으로서의 철학에 지나지 않을 것이며 결국 철학의 종말을 초래하게 된다. 근본적으로 철학이 존재의 의미를 규정하는 인간의 초월성에 근거하여 인간의 대자적 이해 체계와 자기 이해를 형성해 가는 학문이라면, 결국 이러한 초월성을 어떻게 규정하느냐에 따라 철학의 방향과 의미가 결정될 것이다. 따라서 근원에서부터 이해된 철학은 이러한 초월성을 정의하는 철학, 초월 형이상학에서야 올바르게 설정된다.

나아가 형이상학은 또한 인간의 현실적 삶과 생명, 문화의 영역에서 출발하고, 그 자체를 지향함으로써 완성된다. 이러한 지향과 완성은 내재적이면서 초월적이다. 그것은 초월의 세계를 선험적으로 전제하지 않고, 존재론적 의미의 내재적 결정에 의해 설정되는 형이상학을 의미한다. 결국 존재론적 해석학의 지평은 이러한 형이상학에 바탕하여 제시되어야 한다. 이때만이 존재와 생성이란 이분법 또는 존재와 생성을 대립적으로 파악하는 철학의 일면적 체계를 극복할 수 있게 된다.

　그것은 가치론이나 인성론은 물론 윤리학과 인식론적 사유를 넘어선다. 근대의 사유는 이러한 초월 형이상학을 인식론적 이원론의 철학으로 제한하여 이러한 체계에서 자연과학과 정신과학을 분리하고, 지식과 초월론에 관계되는 세계를 분리시키거나 또는 대립시키는 오류를 범하게 된다. 이러한 한계를 벗어나는 작업은 그들의 철학적 문제 제기와 논의의 지평을 벗어나는 데서 시작될 것이다. 이것은 존재와 이성의 일면성을 극복하고 예술·윤리·철학에 존재론적 근거를 제공하는 형이상학으로 이해된다. 이 초월의 철학을 우리는 넓은 의미에서 근대까지의 전통적인 서구 형이상학을 넘어서는 체계로 해석할 것이다. 따라서 철학을 현재의 형이상학적 관심에 따라 해명하려는 시도는 존재의 문제를 최고의 존재자로 이해하거나 본질과 근거율의 논의, 또는 '이성'의 관점에서 철학을 논의하는 층위를 넘어선다. 그것은 오히려 예술과 삶, 또는 생명의 형이상학을 지향한다. 존재를 불변의 실체로 해석하는 전통에 맞서 생성의 의미를 밝히려는 철학적 시도는 초월론 없이는 불가능하다. 그럴 때 결국 철학은 부차적인 분과 학문이나 철학사에 대한 설명에 머물게 될 뿐이며 나아가 예술과 삶, 생성의 해석학은 궁극적인 존재론적 의미와 지향성을 상실하게 될 것이다.

나. 형이상학과 진리 문제

1) 형이상학과 진리론
전통적으로 철학은 진리를 앎에 대한 인식론적 요구와 인간 행위의 타당성을 제시하는 근거로 이해했다. 진리는 서구 사유의 시초 이래 "존재와 사유의 동일성"(τό γάρ αὐτὸ νοεῖν ἐστίν τε καί εἶναι)[9]이란 명제로 발전 내지는 변형되었으며, 진선미(眞善美)의 일치로, 인간 자유의 근거로, 또는 인간 행위의 최종 근거로 이해되었다. 이러한 존재론적, 합목적론적 진리관은 중세를 거쳐 근대에 이르기까지 다양한 형태로 변화해 왔지만 어떤 경우에도 진리는 대체될 수 없는 궁극의 근거이며 목표였다. 그러나 수많은 종교적, 초월적 진리 이해의 노력에도 불구하고 인류는 여태껏 이 궁극의 근거와 기준을 타당하게 이끌어 내는 데는 성공하지 못했다.

그런 의미에서 인간은 여전히 "길" 위에 머무르는 나그네이며 중간자이고, 그 길 위에 선 자로 숙명 지어진 존재이다.[10] 우리의 질문은 '하나이며 영원불변하는 초월적 진리란 과연 존재하는 것일까' 하는 것이며, '만일 존재한다면 그것은 어떤 모습으로 제시될까' 하는 것이다. 그 질문은 또한 "진리란 도대체 인간에게 인식 가능한 것으로 드러나기나 하는 것일까"라는 인식론적 문제를 동반한다. 특히 이러한 논의는 오늘날 탈규범과 탈중심의 시대, 다양성의 시대에 "이미-벌써" 깨어진 전통을 체험하지만, 새로운 규범은 "아직-아니"라는 갈등의 상황에 처해진 현대인으로서는 절실한 질문일 수밖에 없다.

이러한 문제 지평에서 여기서는 철학적 사유에 있어서 가장 첨예한 문제인 진리물음의 이해 가능성에 대해 해석해 보려 한다. 이를 위해서는 구체적으로 서구 전통적 형이상학과 그로 대변되는 서구 학문 전

---

9   K. Held, *Heraklit, Parmenides und der Anfang von Philosophie und Wissenschat*, De Gruyter 1980 ; M. Heidegger, *Einführung in die Metaphysik*, Tübingen 1953, §50.

10   Blaise Pascal, *Pensée sur la religion*, 1670.

통, 실증주의적 또는 자연과학적 학문 전통 안에서의 진리관에 대해 비판하고, 서구 철학의 이성 전통에 담긴 일면성을 극복하는 작업이 필요하다. 그것은 예술에서의 진리, 즉 예술에서의 존재 드러남이란 주제로 이어지며 후기 산업주의에 자리한 현대인의 삶의 상황, 좁게는 탈근대주의 조류에 상응하는 탈형이상학적 진리관을 하나의 시론으로 제시할 수 있다. 이러한 모색은 현대의 위기와 그 기술 문명의 근거에 대한 비판과 오늘날 새로이 대두되는 탈이성 중심주의, 탈인간 중심주의 내지는 다원성 안에서의 철학, 구체적으로 신화학과 예술 철학, 나아가 생성의 사유 전통에 입각한 진리 모형의 통합항에 주목한다.

2) 진리 추구와 현존학문

철학은 그 시작에서부터 문제 제기의 역사이며, 그 제시된 문제에 대한 고뇌와 사유의 역사였다. 인류의 첫 시작에서 신화적인 세계관을 넘어 근본원리에 입각하여 이 세계를 이해하려는 노력, 이성(logos)에 의해 세계를 바라보고 해석하려 했던 노력이 철학이었다면, 철학은 매 시대마다 바로 그곳, 그 순간에 나와 우리가 지닌 문제에서 거듭 새롭게 출발한다. 따라서 철학의 역사는 문제의 역사, 고뇌의 역사이며 사유 과정이기에 이러한 문제와의 대결에서 철학은 인간이 나아갈 길을 가리키는 지향성을 지닌다. 철학의 지향성은 진리를 맡아 그것으로 인류의 나아갈 바 길과 사유의 틀을 짜 준다는 의미에서, 주술적 의미에 따른 미리 말함(豫言)이 아닌 진리를 맡아 지닌 예언(預言)의 기능을 지닌다. 철학은 인류 전체가 지닌 사유의 틀, 문화와 사회의 해석의 틀, 근본적인 패러다임에 대한 서사이다.

이러한 문제 전반이 철학의 지평이며, 이에 대한 그 시대의 응답, 거대한 사유의 흐름 안에서 앞선 사유의 거인들과 씨름하면서 세계를 바라보는 전망을 형성하는 것이 철학이다. 그러기에 철학은 이러한 문제를 '진리'란 이름에서 추구하였으며, 그 추구의 길에서 구도의 과정, 영원의 철학(philosophia perennis)으로 자신을 이해한다. 철학에는 이해의 관점과 인식의 관점이란 문제가 중요한 의미를 지닌다. 오늘날 철학에서 진리문제는 서구 전통 형이상학에 대한 비판과 현대 서구의 학문 체계를 형성한 근대성(modernity)을 비판하고 그 "존재-신-론"적 사고[11]에 대응하는 존재 사유의 학문을 정초하는 계기와 토대가 된다.

하이데거의 『존재와 시간』(Sein und Zeit, 1927)은 전통 형이상학에 대한 해체의 시도를 시간이란 지평에서 존재 의미를 새롭게 해석함으로써 시작한다.[12] 이는 존재 드러남의 장으로서 존재론적 우월성을 지닌 인간 현존재에 대한 현존론적 분석에서 그 실마리를 찾는다. 이 철학을 하이데거는 현존학 내지는 근원학이란 이름으로 규정한다.[13] 철학은 언제나 현재의 사유이기에 그것은 현존의 형이상학이다. 현재라는 시간과 공간의 특성을 해명하고 그 안에 실존하는 인간의 존재이해를 분석하는 것이 그 철학의 본질적 과제다. 현존 학문이란 용어는 현존재 분석에 따라 형성된 것으로 초기의 하이데거에서 집중적으로 발견된다.[14] 『존재와 시간』 이후, 더 구체적으로 소위 "전회" 이후의 그의 관심은 존재 역사에 입각해 기술과 예술, 언어와 시작(詩作)의 문제로

---

11   M. Heidegger, *Identität und Differenz*, Pfullingen 1957 참조.

12   이를 하이데거는 "기초 존재론(Fundamentalontologie)"이라 부른다. 이 시도는 전통 형이상학을 새로이 정립하기 위해 해체 작업과 존재론의 의미를 위한 "기초 정립"이란 두 축으로 이해된다. M. Heidegger, *Sein und Zeit*, Tübingen 1927, S. 7, 11, 13.

13   흔히 이 개념을 실존으로 번역하지만 이는 사르트르(Sartre)가 명명한 실존주의와는 논의의 맥락이 같지 않다. M. Heidegger, Brief über den Humanismus in *Wegmarken*, Frankfurt/M 1967 참조.

14   M. Heidegger, GA Bd. 21; GA Bd. 24, op. cit., *Sein und Zeit* 등 참조.

옮겨지지만, 그의 궁극의 철학적 주제 자체가 바뀐 것은 아니다. 하이
데거는 여전히 존재 문제와 이와 연관된 진리 문제에 그의 본래적 관
심을 기울이고 있다. 전회란 이러한 의미에서 현존적 존재론으로부터
존재 역사적 사유로의 이행을 의미한다. 존재 역사적 사유의 본질은
형이상학의 기초, 존재 이해의 근원과 유래(Ursprung und Herkunft)
에 관한 것이다.[15] 근원철학은 이러한 의미에서 인간과 세계, 자연과
신, 역사와 세계에 대한 유래를 찾으려는 노력이다. 낭만주의 시인 노
발리스(Novalis)의 말과 같이 철학은 도처에서 고향을 찾으려는 노력,
귀향에의 가슴앓이이다.

다. 잊힌 근원과 형이상학의 도래

현대 철학의 가장 중요한 과제는 형이상학의 방향모색에 있다. 형이상
학이란 철학의 한 분과 학문이 아니며, 형이상학 자체가 바로 철학이
다.[16] 그러나 계몽주의와 근대주의 이래 밀어 닥친 실증주의의 물결로
오늘날 철학에서 형이상학은 그 대상과 주제, 나아가 그 존립 근거마
저 박탈당하게 되었다.[17] 오늘날 형이상학은 근본에 있어서 위기에 처
해 있다. 그러나 형이상학은 인간의 근본적 사건이며 진리를 향한 인
간의 본성 가운데 하나이기에, 형이상학의 종말은 인간성의 위기, 인
간에게 의미를 박탈하는 종말이기도 하다. 그러기에 우리는 종말을 넘

---

15   M. Heidegger, Der Ursprung des Kunstwerkes, in *Holzwege*, Frankfurt/M
1950; GA 4, GA 51, GA 40 1976ff. 등 참조.

16   M. Heidegger, Einleitung zu »Was ist Metaphysik«(1949), in *Wegmarken*,
Frankfurt/M 1976 참조.

17   M. Müller, *Existenzphilosophie im geistigen Leben der Gegenwart*, Heidelberg
1964 참조.

어 새로움을 지향하는 형이상학의 도래를 꿈꾼다. 철학은 진리와 씨름하고 있기에 존재론을 포함한 모든 철학의 문제는 궁극적으로 진리의 관점에서 그 문제 영역들을 탐구하고 있다. 철학은 질문을 제기하는 문제의 흐름이며, 그에 대한 사유의 역사이기에, 이러한 논의의 동기는 생명과 예술의 철학, 자연에 대한 과학적 이해를 넘어서는 새로운 자연철학적 사유로 나아간다. 그것은 진리 이해의 새로움을 향한 전환이며 그 질문과 대답의 새로움은 전통 형이상학을 넘어서는 형이상학의 도래를 지향한다.

헤겔에 따르면 형이상학은 근대주의에서 완성된다. 따라서 하이데거는 근대주의 철학을 형이상학의 완성이란 시대적 에포케(epoche)로 묘사한다. 서구 형이상학의 사유 도정은 존재 역사의 발전이면서, 한편으로는 오류의 역사였다. 이 역사의 철학적 특성을 바티모(G. Vatti-mo)는 형이상학의 본질이 "과학-기술학적 합리성의 형태"로 나타나는 데 있다고 설명한다.[18] 형이상학의 전환은 이러한 잘못된 전개를 극복하기 위한 근원에 대한 앎을 성취함으로써 이루어진다. 이를 위해 현대 철학은 형이상학을 존재 역사적으로 전환해야 한다. 그것은 한편으로 전통 형이상학의 극복이면서 다른 한편으로 현재라는 실존적이며 해석학적 지평에서 형이상학을 새롭게 정초하는 길이기도 하다.

지금 우리에게 필요한 형이상학은 전통 형이상학 이후의 형이상학을 위한 철학적 사유이며 그 형이상학은 현재 우리의 실존과 삶의 지평에서, 그 해석학적 현재에서 모습을 드러낼 것이다. 형이상학의 새로운 정초는 결코 형이상학의 전통이나 근대적 형이상학을 단순히 폐

---

18   G. Vattimo, *Jenseits vom Subjekt, Nietzsche, Heidegger und die Hermeneutik*, Wien 1986, S. 50.

기하는 것이 아니라, "근원적이며 엄밀한, 존재에 속한 사유"에로 돌아
섬을 의미한다. 왜냐하면 이러한 시대, 탈근대의 시대는 서구 역사의
흐름과 그 완성인 근대성에 의한 형이상학의 죽음 내지는 "초월적 세
계에 대한 확실한 죽음"을 선포하는 시대이기 때문이다. 이러한 확증
에 따르면 현대 이후의 지식 형태는 "결코 플라톤적 관념론이거나 그
리스도교적 신앙, 또는 헤겔적 자의식"이 아니다.[19] 오히려 그것은 현
재라는 해석학적 지평에서 어떻게 인간의 존재 경험과 존재 성찰에 따
라 인간에게 가장 본질적이며 필연적인 초월적 사유를 정초하느냐의
문제로 이어져야 한다.

---

19   M. Frank, *Einführung in die frühromantische Ästhetik*, Frankfurt 1989, S. 33.

3

형이상학의 주제와
사유의 역사

가. 존재자와 존재 개념

1. 개념으로서의 존재자

1) 그리스 철학적 전통에서의 형이상학은 존재자의 제일원리와 최종 근거를 밝히는 데 그 과제가 있다. 이 형이상학은 인간을 형이상학적 존재로 규정하는 데서 보듯이 인간이 지닌 존재 일반과 세계 일반을 해명하는 이해 체계로서의 형이상학과는 일정 부분 구별된다. 존재자와 존재란 용어는 우리말에서는 일상적으로 쓰이지 않는다. 이는 유럽 전통에서도 다르지 않다.[1] 그럼에도 불구하고 이 단어는 형이상학의 가장 중요한 개념 가운데 하나임에는 틀림이 없으며 그 함의를 규명하

---

1 에머리히 코레트, 『전통 형이상학의 현대적 이해─형이상학 개요』, 김진태 옮김, 가톨릭대학교출판부 2000. 73쪽; 우리는 "존재감이 없다", 또는 "존재의 이유" 등의 말을 일상적으로 쓴다. 이는 형이상학적 용어라기보다는 일정 부분 유럽 문화의 영향일 것이다.

는 데 형이상학의 과제가 달려 있음도 분명한 사실이다.

존재자의 존재 개념이 형이상학의 핵심 주제임에는 틀림이 없다. 존재는 무엇을 말하는가. 형이상학적 관점에서 사용하는 존재(being, sein)란 말은 문법적 측면에서 이해할 수 있다. 이 말은 일차적으로는 계사 개념에서 찾아볼 수 있다. "소크라테스는 철학자이다"라고 말할 때 존재(is) 개념은 연결사(copula)로 사용되고 있다. 우리말로 표현하면 "는(이/가)... 이다"의 용법이다. 그에 따라 이 개념은 두 번째 의미를 지니게 된다. 즉, 이 말은 주어를 서술함으로써 존재자의 존재를 드러낸다. 이때 존재란 말은 존재자의 있음을 밝히는 개념이다. 세 번째 존재 개념은 동일성에서 이해된다. 존재의 있음과 존재의 존재 양식을 드러내는 말은 철학적 관점에서 동일성과 차이란 형이상학적 개념을 가능하게 한다. 동일성과 차이 개념은 존재론을 통해 그 존재의 보편적 지평과 함께 개별적 존재자의 차이를 드러내는 데로 이어진다. 마지막으로 존재 개념은 진리와 연관된다. 즉 주어에 대한 진술의 참됨을 표현한다. 존재자의 존재 방식을 표현하는 존재란 단어는 이처럼 가장 먼저 존재자의 존재근거를 설명하는 개념이다. 이어 존재 개념은 주어인 존재자를 서술하면서 존재하는 것의 동일성과 차이의 원리를 설명한다. 마지막으로 존재는 존재자의 진리를 가리키는 말로 쓰인다.

2) 형이상학에서 사용하는 존재자(on, ens, 存在者)란 용어는 무엇보다 먼저 보편개념이다. 존재자로서 존재자를 사유하는 형이상학은 있는 사물 전체를 존재자란 이름으로 보편화한다. 그러기에 존재자란 말은 개별 사물을 추상화하여 존재자 일반으로 개념화한 것이다. 형이상학은 보편개념을 사유한다. 존재자의 사물적 근거와 원리를 추구하는 학문이 17세기 이래 자연과학으로 귀결되었다면 형이상학은 그 존

재자의 있음 자체에 대해, 즉 그 존재에 대해 묻는다. 그러기에 형이상
학은 개별 존재자에 관한 철학이 아니라 존재자의 존재에 관한 철학
이다.

학문의 계보사(genealogy)에서 자연과학과 철학의 분리 내지 구별
은 형이상학을 존재자의 존재에 대한 사유를 지향하게 하는 결정적인
계기가 된다. 변화된 학문의 지형은 존재를 최고의 존재자로 바라보
지 않고 존재자의 존재로 사유하게 만든 것이다. 학문이 또한 과학적
으로 일면화될 때 존재에 대한 사유는 잊혀지게 된다. 존재 망각성이
란 이런 관점에서 이해된다. 존재자가 있다는 사실의 의미와 내용을
사유하는 존재론적 형이상학은 분명 존재자로서의 존재자에 대한 사
유와 일정 부분 같은 맥락을 지니면서도 다른 한편 구분되는 것도 사
실이다.

2. 존재와 초월

1) 존재 개념은 초월적 특성을 지닌다. 존재는 개별 존재자의 존재 양
태나 속성을 뛰어넘어 그 존재자의 있음 자체를 묻기에 그 질문은 존
재자의 모든 조건성을 뛰어넘는다. 이런 관점에서 하이데거는 『존재와
시간』(1927)에서 "존재는 단적으로 초월"이라고 말한다.[2] 형이상학이
다루는 존재에는 "가장 근본적인 개별화의 가능성과 필연성"이 자리하
고 있다. 이러한 존재의 초월론적 특성을 밝히는 형이상학은 본질적으
로 초월론적 인식이며, 하이데거에 의하면 현상학적 해석학과 인간의
현존재적 실존 상황에 대한 분석에서 시작된다. 존재론에 관계하는 형
이상학은 개별 존재자에 대한 탐구가 아니라 존재자를 그 존재에서 파

---

2 M. Heidegger, *Sein und Zeit*, S. 38

악하는 작업이다.[3]

　존재의 초월성과 함께 우리는 형이상학을 수행하는 주체의 초월성에 대해서도 말해야 한다. 형이상학을 수행하는 인간의 존재성은 초월성에 바탕한다. 자신의 존재론적 특성에 따라 존재 의미를 드러내는 인간을 현존재라 이름한다면 현존재의 존재론적 특성이 초월성임은 두말할 필요가 없다. 초월성은 형이상학적 존재인 인간의 내적 가능성이다. 그 존재자는 이런 가능성을 통해 존재의 진리를 사유한다. 이를 통해 형이상학에 담긴 자유와 초월, 무(없음)의 의미가 드러나게 된다.

　인간은 자신의 존재론적이며 초월적 특성에 바탕하여 진리를 사유하고 이로써 형이상학을 수행하는 존재자이다. 그러기에 현존재의 존재는 진리에의 사유와 형이상학을 통해 성취된다. 이런 성취를 통해 현존재는 근본적으로 자유로우며, 자신의 자유와 존재 성취를 가능하게 한다. 그럴 때만이 인간은 개별 존재자와의 관계에서 자유로울 수 있다. 진리에의 사유는 현존재에 자유와 존재 성취를 가져다 준다.[4] 인간 현존재의 존재 의미는 이러한 초월론과 존재론적 진리론에 의해서야 올바른 의미를 지니게 되며, 그러한 근본적 관계 맺음이 없을 때 인간은 실존적 공허와 의미 상실성에 빠지게 된다. 인간이 처한 이러한 실존적 상황이 우리 시대의 허무주의를 추동하는 근본 원인이 된다.

　철학사를 통틀어 진리 문제와 의미 문제는 언제나 핵심적 주제였다. 그럼에도 진리와 의미는 현상적이거나 대상적인 진리가 아니라는 범

3　M. Heidegger, *Sein und Zeit*, §§5-7: S. 39.

4　M. 하이데거, 『철학입문』, 392: "철학은 '명시적인 초월함'으로서 그때마다 자신의 세계-내-존재를 그의 기반과 기반 확보에 따라 묻는 동기부여의 근원적인 가능성을 준다. 초월을 일어나게 하는 철학함은 현존재를 해방시킨다. 해방은 현존재의 자유이며, 자유는 오직 해방에만 있다."

위에서 거듭 초월론적이며, 존재론과 연관 지어질 때 올바르게 이해될 것이다. 이것을 철학은 그 첫 시작에서는 '자연(physis)과 근원'이란 이름으로, 때로는 최고의 존재자 내지 존재의 근원으로, 때로는 신(神)이나 이성, 또는 역사라는 이름으로 주제화했다. 인간은 자연과 자신을 조화롭게 하기 위해 초월적 성격을 발전시키지 않을 수 없다. 역사의 흐름 안에서 인간은 의미에 대한 성찰과 초월성에 대한 선험적 결단을 통해 자신의 생물학적 조건을 넘어서려는 존재이다. 자신의 이러한 존재적 상황에 대한 되돌아봄(re-flexion)은 철학의 근본적 특성이며 동시에 진리에 입각한 초월론의 기본 정서가 된다. 그럼에도 그 초월론이 인간의 가장 깊은 실존에서부터 시작되기에, 그것은 내재적이기도 하다. 내재적 초월론의 특성은 여기에 자리한다.

2) 전통적으로 존재자의 초월적 특성을 초월주(Transzendentalien)라 부른다. 이 초월주 개념을 수용하는 인간의 존재 이해 역시 그의 초월성(Transzendenz) 때문에 가능하다. 이 초월 개념을 어떻게 규정하느냐가 형이상학의 방향을 결정한다. 예를 들어 칸트는 이 개념을 "transzendent"와 "transzendental"로 구별한 뒤 인간의 인식능력, 지성(Verstand)의 반성 능력을 거친 개념에 선험론적 반성이라는 특별한 의미를 부여한다.(KrV. B 352) 이런 칸트의 규정은 인식의 초월적 특성을 가리키기에 존재론적 초월 개념보다는 인식 이성의 초월성을 강조하는 개념이다. 따라서 이 개념은 굳이 선험성 내지 초험성이라 불러야 할 것이다.

어떤 경우이든 초월성 개념은 모든 존재자를 넘어서 무와 존재에로 '넘어서는' 인간의 존재론적 본성을 의미한다. 이 '넘어섬의 사건'은 인간 현존에 있어서는 근본적인 존재론적 조건이며 동시에 필연적 사건으로 받아들여야 한다. 존재론적 진리는 본질적으로 현존재가 존재자의 층위를 넘어서는 초월에 근거해서만 가능하다. 그러기에 존재론적 진리는 초월론적이다.[5] 그와 함께 하이데거는 존재자가 존재에 의해 개방되기 위해서는 초월과 함께 '없음'(無)이 사유될 수 있어야 한다고 말한다.[6] 여기서 보듯이 형이상학을 통해 존재의 초월적 특성과 함께 이를 사유하는 인간 지성의 초월적 본성이 개념화되기에 형이상학은 근본적으로 이런 초월성에 바탕한다.

3. 존재의 초월적 특성

1) 형이상학의 과제가 존재자의 존재에 대한 제일원리를 묻는 데 있다면, 그 과제는 무엇보다 존재자와 존재 개념에 따라 방향이 결정될 수밖에 없다. 계보학적 관점에서 유럽 형이상학은 전통적으로 존재의 초월적 특성에 따라 이를 존재자 자체의 일자성(一者性 또는 一性)과 진성(眞性) 및 선성(善性)으로 주제화했다.[7] 이 주제는 이미 플라톤의 선(善)의 이데아를 일성과 진성, 선성(agathon)의 원리에 따라 규정할 때부터 아리스토텔레스를 거쳐 근대 철학에까지 이르는 유럽 철학의 전통이다. 그럼에도 분명한 것은 이 주제가 특정한 철학적 조류에 따른 것이라기보다 인간 본질과 실존에 따라 필연적으로 주어졌다는 사실이다. 유럽 철학은 영원하며 본질적인 세계, 탁월하고 좋은 존재는 진리이며, 그러기에 아름다운 것(美)일 수밖에 없다는 인식에 따라 이 문

5　M. 하이데거, 『철학입문』, 208, 210-211.

6　M. 하이데거, 『철학입문』, 385-386.

7　존재의 초월적 특성을 일성, 진성, 선성으로 구별하여 논의한 아래의 책 참조. 바티스타 몬딘, 『토마스 아퀴나스의 철학 체계 - 오늘날의 토마스 읽기』, 강윤회, 이재룡 옮김, 가톨릭출판사 2012, 161-184; E. Coreth, *Metapysik: Eine methogisch-systematische Grundlegung*, Innsbruck, Wien, München, 1964, 323-324.

제를 통합적으로 고찰해 왔다. 이는 인간존재의 해명에서는 물론, 인간이 펼쳐 가는 철학 작업에 따라 필연적 과제로 나타났다.

　2) 존재자 자체를 일자(to hen)적 특성에 따라 논의하는 사유는 존재자의 보편성에 근거한다. 존재하는 모든 사물과 사태가 지니는 존재론적 동일성은 존재자의 일자성 때문에 가능하다. 존재하는 모든 사물과 사태는 개별적으로 존재하지만, 그것을 사유하는 형이상학은 보편성에 근거한다. 개별성(individuum)은 더 이상 나눠질(dividuus) 수 없는(in) 개체이며 고유한 존재자이다. 이 개체적 하나인 존재자의 특성은 존재의 일자성에 자리한다. 그럼에도 개체성은 개별 존재자가 지니는 차이와 타자성을 떠나 이해할 수 없다. 존재론적 동일성과 차이는 개별 존재자를 해명하는 형이상학적 사유의 보편적 지평이면서 또한 개별자가 이 보편성에서 지니는 의미를 드러낼 지평으로 작동한다.

　존재자는 같음이 있기에 다름으로 드러날 수 있으며, 그 다름은 또한 자신의 같음/동일성 때문에 가능하게 된다. 같기에 다를 수 있으며 다름은 곧 같음이 없으면 불가능하다는 의미이다. 그래서 코레트는 존재로서의 존재에 담긴 차이성과 동일성이란 특성을 이렇게 표현한다. "존재자의 차이성은 오직 한정하는 원리인 본질에 근거할 수 있을 뿐"이다.[8] 동일성과 차이의 사유는 존재자의 일자성에서 사유된다. 이런 관점에서 존재자의 일의적(univocal)이거나 다의적(equivocal)인 특성을 넘어서는 유비(analogy) 개념이 의미를 지니게 된다. 존재자가 지니는 의미의 동일성과 보편성이 일의성에서 가능하다면, 그 차이와 타자와의 관계, 존재자의 다양성은 그의 다의성에서 사유될 것이다. 그

8　E. 코레트,『전통 형이상학의 현대적 이해―형이상학 개요』, 김진태 옮김, 가톨릭대학출판부 2000, 185. 그 외 76-83 참조.

에 비해 존재자 자체 내지 존재 개념은 유비적으로 이해된다. 형이상
학적 관점에서 유비 개념을 사유할 수 있는 것은 존재자의 초월성과
함께 인간의 근본적 초월성 때문에 가능하다.

3) 존재자는 그것이 존재하는 한 그 자체로 이해되고 인식될 수 있
다. 앞에서 언급했듯이 존재(~is) 개념은 사물이 있다는 사실을 말하
며 그런 한에서 참된 것이다. 이런 특성을 존재자의 진리성, 진리라고
규정한다. 이 진리성은 존재자가 있다는 한에서의 진리이면서 또한 인
간이 이 존재자를 인식한다는 측면에서 논의하는 진리이기도 하다.[9]
존재자의 오류는 인식과 판단의 층위에서 논의되는 것이지 존재적 측
면에서는 거짓된 존재자란 있을 수 없기 때문이다. 그런 관점에서 존
재자의 진성은 존재론적이며, 존재자의 진리를 인식한다는 측면에서
진성은 인식론적 맥락도 함께 지니게 된다.

존재자의 존재론적 특성을 진선미(眞善美)와 함께 성(聖)스러움과
연결 지어 사유하는 형이상학은 철학적 사유의 발전과 함께한다. 존재
자는 존재하는 한 진리이며 그러기에 본성상 탁월함을 지닌다. 이를
선성이라 말한다면 그런 까닭에 이는 아름다운 것이며, 그와 관련 지
어 성스러움을 논의하는 전통이 형성된 것이다. 아름다움(美)을 개관
적으로 규정하는 정의는 없다. 다만 그 존재자의 진성과 선성에 미루
어 그러한 본성의 탁월함이 그 아름다움(美性)을 가능하게 한다. 이제
성스러움은 존재자의 본성인 진선미란 특성이 함께할 때 필연적으로
주어지는 개념이 된다. 이 성스러움은 존재자의 존재론적 특성이며,
이를 사유하는 인간 본성의 본질적 원리이기도 하다.

---

9 E. 코레트, 『전통 형이상학의 현대적 이해―형이상학 개요』, 191-209.

성스러움은 일상을 초월하는 영역에서 유래하지만 이는 또한 우리의 일상에서 체험되고 일상을 통해 드러나게 된다. 존재론적 사유는 초월적이면서 또한 내재적이며, 인간존재의 동일성과 차이에 근거한다. 또한 이 사유는 존재자의 탁월함과 선함을 내포한다. 악의 문제 역시 형이상학의 중요한 주제가 되는 까닭도 여기에 있다. 나아가 행위의 선함과 실천 영역의 정당성을 말하는 윤리 개념 역시 존재의 본성과 함께하는 형이상학적 토대에 자리할 수밖에 없게 된다. 칸트에서 잘 드러나듯이 실천이성과 도덕 개념은 형이상학에서 근거가 정립된다.[10]

나. 존재론적 사유와 형이상학

1. 본질 세계와 영원불변성의 형이상학

1) 플라톤이 철학적 맥락에서 직접 형이상학을 언급한 적은 없다. 그럼에도 불구하고 플라톤은 유럽 철학에서 가장 중요한 형이상학적 사유를 제시한 철학자로 꼽힌다. 흔히 거론되듯이 유럽 철학을 플라톤에 대한 주석의 역사라고 말해도 좋다면 플라톤 철학이야말로 유럽 형이상학의 원형을 제시한 철학임에는 틀림이 없다. 아리스토텔레스가 직접 형이상학을 언급하고 개념적으로 이를 규정했다면 그 역시 플라톤 철학의 영향에 따라 이런 사유에 이르렀음은 분명한 사실이다.

플라톤 철학의 형이상학을 가장 잘 드러내는 부분이라면 무엇보다 그의 이데아(Idea)에 대한 사유를 꼽을 수 있다.[11] 그에 따르면 지상의

---

10   I. Kant, Grundlegung zur Metaphysik der Sitten, 1785, in *Akademie-Aus-gabe, Kants gesammelte Schriften*, Bd Ⅳ, Berlin 1902 참조.

11   플라톤, 『국가-政體』, 박종현 역주, 서광사 1997, 제 7권 태양의 비유와 선분의

사람들은 마치 지하 동굴에 갇힌 죄수와 같다. 그들은 태어날 때부터 동굴 벽면에 비친 그림자들 외에 본 것이 없다. 그래서 그들은 "자신들이 [벽면에서] 보는 이것들을 사물들(실재들: ta onta)로 지칭할 것"이다(『국가』 515 b). "만약 인간이 이 사슬에서 풀려나 실제 사물의 모습을 보게 된다면 그 눈부심에 경탄을 금치 못할 것이다. 이 비유에서 플라톤이 펼쳐 가는 논의는 세계의 근거와 원리를 해명하는 세계 해명의 철학적 작업이다. 이 세상은 마치 동굴 벽면에 비친 그림자처럼 실제 사물이 반영된 것(mimesis)에 지나지 않는다. 참다운 세계는 태양이 빛나는 이데아(Idea)의 세계에 있다. 그 세계를 플라톤은 선(善: agaton)의 이데아로 이름한다. 그 세계는 그림자처럼 변하는 이 세상과는 달리 영원불변하는 세계이며 참다운 세계이다.

  선의 이데아는 참다운 진리의 세계이며 시간의 지배에서 벗어나 영원불변하다. 이 참다운 세계는 플라톤의 말처럼 눈부시게 아름다운 세계이기도 하다. 여기서 후대 형이상학의 원리인 진리와 선, 아름다움(美)이란 요소가 개념화된다. 이처럼 플라톤은 선의 이데아에서 비로소 진리와 미의 원리를 이끌어 내고 있다. 이데아 세계를 향한 열정을 지닌 자, 이들은 참으로 지혜를 사랑하는 자이며 이를 플라톤은 철학자라 불렀다(『국가』 제7권 540d). 이들은 선의 이데아, 본질 세계를 향한 상승의 열망과 함께 이렇게 깨달은 세계와 지성의 앎을 지상의 죄수들에게 알리려는 열망으로 다시금 지상으로 하강한다. 진정한 철학은 "실재(to on)를 향한 오름"이다(『국가』 제7권, 521c). 진선미로 드러나는 참된 세계는 변화와 시간의 굴레에서 벗어난 영원불변하는 세계, 생성과 변화에서 자유로운 세계, 존재자처럼 있지 않는 세계(me

비유: 514a-541b.

on)이다. 그것은 본질 세계이다.

　동굴의 비유를 통해 플라톤이 말하고자 하는 바는 인간이 감각적으로 지각하는 세계의 본질에 대한 질문이다. 철학하는 우리를 동굴에 갇힌 죄수에 비유하는 것은 인간이 자신을 속박하는 온갖 무지와 억압의 결박에서 풀려나 사물의 본질을 있는 그대로 바라보아야 한다는 요구를 담고 있다(『국가』 제7권, 515c). 후대 철학에서 말하는 본질직관 개념은 여기서 기인한다. 영혼은 이데아 세계, 본질적 세계, "지성에 의해서야 알 수 있는 영역"을 향한 상승(anodos)의 열정을 지니고 있다(『국가』 제7권, 517b-c). "혼은 언제나 높은 곳에서 지내기를 열망"한다.(『국가』 제7권, 517d) 이런 과정이 바로 철학자들이 지닌 본질 세계에 대한 앎으로 이어가는 상승과 하강의 도식이다.[12]

　2) 영혼의 상승과 하강 도식을 통해 보게 되는 것이 최고의 이데아인 선(善)의 이데아(to agaton)란 말은 본질을 찾아가는 철학이란 결국 모든 진리와 아름다움의 원천이며 원인(aitia)에 대한 앎과 깨달음을 추구한다는 뜻이다. 여기서 보듯이 이데아에 대한 깨달음은 곧 지성에 의한 앎(noesis)에 따른 것이기에(『국가』 제6권, 511b, d) 이 길은 곧 인간의 인간다움을 달성하는 과정이기도 하다. 신비주의 전통은 논리적이며 체계적인 길을 넘어서서 궁극적 진리에 도달하려는 노력이기에 여기서 말하는 지성 개념은 근대 형이상학의 인식 이성을 넘어서는

12　『국가 7권』 519 d: 이런 영혼의 상승(epanodos)과 하강(katabainein) 도식이 후대 신비주의 신학은 물론, 신학적 철학의 토대가 되었다. 철학은 다만 논리적 분석이나 지식의 근거를 넘어서는 영혼의 깨달음과 본질직관은 물론, 그런 세계와의 일치를 내포하고 있다. 그와 함께 철학은 이를 세계에 알리는 영혼의 하강이란 개념도 지니고 있는 것이다.

존재론적 이성일 수밖에 없다.

그래서 형이상학적 학문은 이 그림자에 얽매인 이들이 자신을 묶는 결박에서 풀려나 "실재들(ta onta) 가운데서도 최선의 것(to ariston) 의 관상(thea)으로 이끌어 올리는 힘"이다(『국가』 제7권, 532c). 지성 에 의한 앎이나 관상을 통해 형이상학적 학문을 설명하는 까닭은 형이 상학의 진리는 다만 논리적 학문에 머무는 것이 아니라, 인간의 내적 능력 전체가 통합적으로 작동할 때 가능하다는 의미이다. 그가 말하는 진리에 대한 이해가 관상(theoria)에 의한 것이란 말은 이런 뜻을 지닌 다. 그래서 플라톤은 "지성에 의한 앎"을 존재(본질, ousia)에 관한 것 (『국가』 제7권, 534a)이라고 말한다. 그 앎은 인식론을 넘어서 있다.

이런 앎은 본질적으로 존재론이다. 좋음(善) 자체(to agathon auto) 는 원형(paradeigma)이기에(『국가』 제5권, 472c) 이를 직관하게 되면 이를 바탕으로 모든 사물을 이해하는 "원형/본보기(paradeigma)"를 얻게 된다(『국가』 제7권, 540a). 플라톤의 형이상학은 지성에 의한 앎 자체(『국가』 제7권, 532a)에 이르러 "지성에 의해서야 알 수 있는 것의 끝에" 도달하는 것이다(『국가』 제7권, 532b). 이처럼 영원불변하는 세 계를 향한 철학, 생성(genesis)하고 변화하는 세계를 벗어나 존재(본 질/ousia)를 포착하는 것(『국가』 제7권, 525b)이 플라톤 형이상학의 핵심이다.

2. 존재자의 형이상학

1) 아리스토텔레스에 의하면 형이상학은 존재 자체(to on he on)를 논 의하는 철학이며 존재에 본질적으로 속해 있는 모든 특성을 고찰하는 학문이다(『형이상학』 1003 a 21). "존재자로서 존재자에게 고유한 것 이 존재하며, 그것에 대한 참다운 점을 탐구하는 것"(『형이상학』 1004

b)이 형이상학으로서의 철학이다. 존재자의 근원에 대한 질문은 존재자의 존재 자체에 대한 질문이며 이것이 아리스토텔레스에게는 존재하는 사물의 "제일원인과 근원"에 대한 질문 (『형이상학』 982 b 2; 1025 b 등)으로 나타난다. 이러한 존재자의 원리를 그는 네 가지 요소로 제시한다. 그 근거와 원인은 형상(ousia/morphe)과 질료(hyle), 운동의 원인과 목적이란 요소이다(『형이상학』 1권 3장). 형상(ousia)은 그 이전의 철학, 플라톤 철학에서도 거론되었으나 이제 이 개념을 실체 개념과 연결하여 이해한다. 존재란 말은 다의적이기에(『형이상학』 1003 a) 이 개념을 이해하기 위해서는 유비적 방법을 사용해야 한다. 유비 개념은 개념의 일의성과 다의성을 넘어, 관계 지어진 다의성 또는 "어떤 것에 의한" 서술을 말한다.

　개별 존재자를 질료 형상론의 관점에서 설명하는 이 이론은 존재자를 현실태와 가능태의 관점에서 이해하는 길을 열어 준다. 현실태(energeia)는 실재론적 관점에서 현실적인 존재자(Dasein)를 지칭하지만 가능태(dynamis)에서 현실태로의 이행이란 관점에서 이해할 수도 있다. 이럴 경우 현실태를 지칭하는 개념 'energeia'는 충분히 현실태의 생성이란 관점을 포함할 수 있게 된다. 물론 이 현실태는 순수 현실태(entelecheia) 개념과는 구별된다. 이처럼 현실태와 가능태, 또는 그 관계개념에 대한 이해에 따라 운동과 생성 개념은 달리 해명될 수 있을 것이다. 이러한 이해의 변화는 현대 철학에 이르러 생성의 형이상학에 이르는 길을 가능하게 한다.

　존재하는 모든 사물의 존재근거(arche)를 묻는 존재론적 형이상학의 전통을 바이스마(B. Weismahr)는 "우리에게 나타나는 모든 것의 통일적 근거"로 개념화하고 이것이 파르메니데스 이래 "존재란 말로 표시"되었다고 말한다. 이 형이상학은 아리스토텔레스에서 보듯이 "세계 내 사물들의 내면적 원리에 관한 이론"일 뿐 아니라, 나아가 "일체의 현실의 초월적이고 가장 일반적인 원인"에 대한 철학적 반성까지도 포함한다. 그래서 형이상학은 "최초의 포괄적이고 동시에 고전적인 이론들"은 물론 그 "이래로 존재론적 연구"까지도 포함하는 학문이다.[13] 이후 철학사는 형이상학을 이러한 존재론적 연구 전체를 다루는 일반 형이상학과 함께 영혼론, 우주론, 인간의 마음 전체를 다루는 합리적 심리학과 철학적 신론을 논구하는 특수 형이상학으로 구별하기도 한다. 특수 형이상학은 곧 세계와 영혼, 최고의 존재자로서의 신에 대한 철학적 반성 등의 주제로 구체화된다. 이에 비해 일반 형이상학은 특수 형이상학의 근거와 전제를 가장 일반적이며 본질적인 영역에서 다루는 형이상학을 가리키는 개념이다.[14]

서구 철학의 전 역사를 라이프니츠가 규정했듯이 "왜 존재자가 있으며, 무는 없는가?"라는 질문으로 이해한다면, 이 역사는 결국 형이상학적이며 존재론적일 수밖에 없다. 그럼에도 형이상학은 존재자의 근본원리를 규명하는 철학과 함께 세계와 인간, 자연과 영혼 등 모든 것을 이해하고 해명하려는 인간의 근본적 이해의 체계로 나타난다. 예를 들어 현대 철학에서 형이상학을 새롭게 규명하려 했던 하르트만(N. Hartmann)은 종래의 형이상학을 "입장의 형이상학"이라 부른 뒤, 세계 이해의 체계를 해명하려 했던 자신의 형이상학적 노력을 "문제의 형이상학"(Metaphysik des Problems)이라고 불렀다.[15]

---

13 벨라 바이스마르, 『존재론 - 일반적 존재론으로서의 형이상학』, 서광사 1990, 14쪽.

14 스콜라철학 개념을 독일어로 옮긴 볼프(Ch. Wolff)는 존재자 자체에 대한 보편적 철학을 제일철학 또는 보편 형이상학으로, 합리적 우주론과 합리적 심리학, 합리적 신학을 특수 형이상학으로 이름 짓기도 한다.

15 김정선, 소광희, 이석윤 공저, 『철학의 제문제』, 도서출판 벽호 1994, 179-180

2) 존재자 인식과 형이상학

근대 세계가 시작되면서 형이상학적 사유는 인식하는 주체와의 관계에서 새롭게 규정되었다. 먼저 R. 데카르트는 "나의 생각함"(cogito)에서 표상하는 자아와 표상된 것 사이의 관계를 주체와 객체의 도식으로 설정하며 여기서 인식의 올바름, 정합성의 문제를 도출한다. 이제 인간은 표상하는 주체로 자리하면서, 세계와 존재자 전체는 공동으로 표상된 것으로 설정된다. 세계를 표상하며 설정하는 인간은 인식 주체로 자리한다. 존재하는 모든 것은 표상의 주체 앞에 설정된 것이며, 주체와의 관계에 따라 규정된다. 그것이 주체의 자의식이든, 선험적 자아(自我)이든, 경험 주체이거나 관념론적 주체이든 큰 틀은 이러한 관점에서 결정된다. 이 도식에서의 존재자는 하이데거의 말처럼 근대에 이르러 표상 안에서 대상(object)이 되며, 이로써 존재자는 '부품' (Bestand)으로 자리하게 된다. 표상이 객체적 사물(Gegenstand)로 제시되는 세계상이 근대의 완성이며 여기에 근대 문화의 위기가 자리한다. 이러한 문화에서는 존재하는 모든 것은 측정되고 계산될 수 있는 것이며, 인간에 의해 장악될 수 있는 것(Verfügbarkeit)으로 규정될 뿐이다. 존재의 특정 방식으로서 표상은 기술의 근대 세계에서 양적인 거대함이 된다.

존재자에 대한 물음은 실재성(實在性)에 관한 질문과 그 근거에 대한 질문으로 이어진다. 철학은 언제나 실재하는 사물, 개별 존재자를 넘어 그것의 근거에 대해 질문했다. 그것이 때로는 근원(arche)으로, 때로는 본질 개념으로, 또는 존재란 이름에 따라 이해되었지만 근본적

참조. N. 하르트만은 이를 "인식 불가능한 문제 영역에 접근하기 전에 먼저 그 기초로서 다루는" 범주론(範疇論)으로 규정했다.

으로 그 질문은 사물이 아니라 사물의 존재성에 관한 것이었다. 중세를 거쳐 근대 철학에 이르러 이것을 실체 개념으로 상정했을 때 그것이 의미하는 바는 여기에 있다. 실체(實體) 개념은 아리스토텔레스의 "ousia(또는 hypostasis)" 개념과 이에 대한 라틴어 번역 "substantia"란 용어로 사용된다. 그것은 모든 사물의 근본이 되는 요소로서 자립적으로 존재하는 것, 자신의 존재를 위해 더 이상의 다른 존재 원리를 필요로 하지 않는 존재이다. 이러한 실체관에 따라 서구는 물체를 개체로 구별된 것, 그 안에 놓인 근본적인 원리에 따라 이해되는 개별 존재자로 상정한다. 개별 존재자의 존재근거를 묻는 질문이 존재론이며, 그 존재근거와 현상으로 드러난 존재자의 관계에서 재현 개념은 정합성 문제, 진리의 문제로 전환된다. 또한 이러한 실체론에서는 현존재로서의 인간을 단지 객체적 사물에 대한 주체로 환원시킬 뿐이다. 존재자를 인식하는 토대로 설정된 형이상학은 철학의 주제를 주체와 객체의 도식(subject-object schema)으로 전환시키게 된다. 이런 흐름은 철학사에서 보듯이 근대 철학에서 절정에 이른다.

근대 철학의 인식론적 형이상학을 체계화시키는 데 성공한 칸트는 형이상학을 존재론과 이성적 자연학, 이성적 우주론과 이성적 신학이란 네 가지 부문으로 분류한다(Krv. B. 874-875). 어떻게 분류하든 형이상학은 근본적으로 인간이 자신의 이성으로서 인식하는 모든 학문의 체계적 통일을 서술하는 철학이다(Krv. B. 873). 그래서 그 형이상학이 그가 개념 분류한 것처럼 사변적이거나 이성적인 사용의 형이상학, 또는 자연형이상학이거나 윤리형이상학일망정(Krv. B. 869) 그 모두는 인간의 지성적 능력인 반성 행위에 의해 가능하게 된다. 형이상학은 이런 학문을 가리킨다. 그것이 무엇이든 순수한 개념에 의한 이성 인식, 즉 이성을 매개로 해서 이루어 가는 본질적 이해에 자리한다는 사실은 형이상학이 형이상학일 수 있는 근본적인 이유이다.

이런 까닭에 칸트는 형이상학은 경험과 추론에 의해 반성된 지성이 아니라 선험적으로 지닌 이성개념 위에 자리한다고 생각했다. 이런 작업을 그가 『순수이성비판』(*Kritik der reinen Vernunft*, 1781)에서 정립하려 했던 사실은 잘 알려져 있는 바와 같다. 그런 맥락에서 그는 궁극적으로 "인간 이성의 모든 문화의 완성"으로 귀결된다고 말할 수 있었다.[16] 모든 학문과 경험적 지식은 인간의 본질적인 목적을 위한 수단으로서 높은 가치를 지니지만, 이 모든 학문은 이성 인식, 즉 형이상학에 의해 매개될 때, 또 형이상학에 기초할 때 올바르게 정립된다(Krv. B. 878-879).

존재자의 실재성을 묻는 질문이 실재하는 사물, 개별 존재자의 존재 근거를 넘어 그에 대한 인식의 형이상학으로 전환될 때 그 철학은 결국 의식의 철학과 주체의 철학으로 이어진다. 이런 결과가 현대 철학에서 보듯이 철학을 심리철학으로, 심지어 전통적 형이상학을 부정하는 반형이상학적 경향으로 이어진다. 인식론적 형이상학은 인식주체와 인식 이성의 선험성 내지 그 진지라고 주장하는 철학적 언술의 지평에 대해 논의하려 한다. 그래서 마침내 이 형이상학은 존재의 초월적 원리와 근거 문제에 대해서는 침묵하거나 어떠한 정당한 관련도 제시하지 않는 경향으로 흐르게 된다. 이런 경향은 분명 그리스철학에서 유래하고 존재론적 사유로 이어져 왔던 형이상학과는 다른 흐름을 보여 준다. 이런 철학을 형이상학으로 부를 수 있을까. 전통 형이상학적 견지에서는 반형이상학이지만, 인간의 초월적 본성에 따라 바라본다면 분명 형이상학적임에는 사실이다. 그러기에 반(反)형이상학조차도 하나의 형

---

16 I. Kant, *KrV*. B. 878.

이상학적 태도라고 말하는 것이다.

3. 존재-신 개념

1) 진리를 추구하는 형이상학을 인간이 자신의 근원적 모습에로 다가
가도록 하여 그 영혼을 신(神)들에게 돌아가도록 상승시키는 과정으로
규정한 플라톤 철학은 이후 형이상학을 존재와 신론에 연결시켜 이해
하게 만드는 원형이 된다.[17] 이런 사유는 아리스토텔레스가 형이상학
을 규정하면서 신적 존재의 학문으로 정의하게 만든 배경이 된다. 서
구 형이상학은 그 형이상학적 체계를 최고의 존재자인 신 존재와 연결
시켜 규정했다. 사물의 제일원리와 최종 근거를 해명하려는 형이상학
의 노력은 결국 최고의 존재자를 향함으로써 가능하기 때문이다. 그런
관점에서 플라톤적 형이상학은 이후 그리스도교의 역사적 사건과 만
나면서 유럽 철학과 사상은 물론, 그 문화와 사회를 형성하는 중심축
으로 기능하게 된다.

이런 까닭에 유럽 문화를 흔히 그리스 로마의 철학과 체제에 기반한
헬레니즘(hellenism)과 신구약 성서 및 그 신앙 체계를 통해 형성된 그
리스도교의 기반인 헤브라이즘(hebraism)의 결합이라고 말하는 것이
다. 물론 플라톤과 아리스토텔레스적 전통을 통해 형성된 서구의 형이
상학에서 말하는 최고의 존재자인 신과 그리스도교 신앙의 하느님이
동일한 존재는 아니다. 그리스도교의 하느님은 신앙의 대상이며, 인격
적 모습으로 인간과의 만남을 통해 그를 구원으로 이끄는 존재이다.
그러기에 그리스 형이상학의 신학적 학문이 곧 그리스도교의 신론과

---

17   Platon, *Phaidros* 249 c/d. Werke Bd. 5. Bearb. v. Dietrich Kurz, Darmstadt,
1990 참조.

일치하는 것은 아니다. 이 두 흐름 사이의 긴장과 갈등, 그럼에도 그들의 사유의 길에서 있어 왔던 상호 영향사는 매우 중요한 철학적, 신학적 연구 주제임에는 틀림이 없다.

서구 철학은 엄격히 말해 모든 존재자의 근거, 존재자의 존재에 대해 질문하는 존재론이다. 그것은 인간의 모든 시간적이며 다양하게 상호작용하는 체계 안에서 최초의 원인과 궁극의 근거에 대해 질문하면서 그에 대해 영원하고 초월적인 원리를 상정하는 흐름으로 드러난다.[18] 이러한 흐름 안에서 신을 그 존재론적 근거와 상응시키는 것은 당연한 귀결이다.[19] 자신 안에 존재근거를 가진 존재는 우연자와는 반대되는 존재론적 성질을 지닌다. 그는 '무한하고 합성되지 않으며, 단순하고 불변적이고 하나요 유일한 존재' 이다. 내재적이며 초월적인 신은 그럼에도 그의 절대성에 따라 모든 존재자와 전적으로 다르며, 따라서 절대적으로 초월적이다. 아우구스티누스의 고백은 이러한 존재-신론의 명제를 아주 잘 표현하고 있다: "나의 가장 깊은 곳보다 더 깊고, 나의 가장 높은 곳보다 더 높도다."[20]

신의 절대적 초월성과 내재성은 서로를 조금도 훼손하지 않고 동시에 타당하다. 절대적으로 완전한 존재는 모든 존재자 안에 내재한다. 그것이 존재론적 분여의 개념이다.[21] 존재론적 분여의 근본이 되는 측

---

18 R. Schaeffler, *Die Wechselbeziehungen zwischen Philosophie und katholischer Theologie*, Darmstadt, 1980, S.22~30. 319~321. 357~358 참조.

19 신 증명을 존재론적으로 처음 시도한 것은 안셀무스(Anselms von Canterbury)의 『대화체 성찰록』(*Proslogion*) 2장 및 3장이었다. 이 책 서문에서 언급하듯이 이러한 논의가 "신앙은 지성을 필요로 한다."(Fides quaerens intellectum)란 정식을 가능하게 하는 단초가 되었다.

20 Augustinus, *Confessiones*, III. 6. 11(참조:『고백록』, 최민순 옮김, 성바오로출판사, 1965).

21 Thomas v. Aquinas, *Summa Theologiae* I q.8 a.1: "존재는 모든 사물에 있어

면에서 신은 가장 완전하게 모든 존재에 참여함으로써 존재자를 궁극
적이며 절대적으로 초월한다. 이는 존재론적 동일성과 차이성의 원리
에 근거한다.[22] 그럼에도 신 존재에 대한 이해와 참여는 동근원적이다.
현존재의 실현과 존재 드러남은 언제나 존재라는 근거, 초월적 존재에
의해서만 가능하다.[23] 이는 존재와 지식의 동일성과 차이가 초월적 존
재성에 근거하기 때문이다. 이러한 흐름에 따라 신을 영원성과 존재의
근원성에 입각하여 해석하는 전통이 성립된다.[24]

    존재-신론적 전통 안에서야 비로소 헤겔이 신의 존재를 이성적으로
파악 가능하다고 생각한 배경을 이해할 수 있게 된다.[25] 토마스 아퀴나
스에게 있어서는 존재하는 자와 자체 존재자라는 아리스토텔레스 사
상의 결합이 존재-신학을 가능하게 하였다.[26] 이처럼 존재를 신으로 해

가장 내면적이다." "신은 모든 존재자 안에 현존한다. 그것도 가장 내면적으로 현존하
고 있음에 틀림없다."

22 존재자와 존재의 관계성에 따른 토마스의 이론에 의하면, 관계란 존재에 이차적
으로 첨가된 어떤 우유성이 아니라 근본적이며 초범주적인 존재 규정이다. 그것은 '본
질상 상이한 것들의 동일성, 따라서 그들의 고유한 존재 방식에 의해 서로 상이한 자
들의 존재 공동성 또는 상호 내재성'을 의미한다: Bela Weissmahr, *Philosophische
Gotteslehre*, Stuttgart, 1983, 246항.

23 Thomas v. Aquinas, *Summa Theol.*, q.2 a.3; Aristoteles, *Metaphysik* IX 8,
1049 b 24 ff. 토마스는 이를 존재 자체(Ipsum esse), 자존적 존재자로 규정한다.

24 그럼에도 이러한 존재와 신이 동일한 개념으로 받아들여진 것은 아니다. 예를
들어 아리스토텔레스는 신에 관한 진술을 철학적 원리론이란 의미에서 사용한 반면
(*Metaphysik*, K. 7 1064 b 1-3), 플라톤은 최상의 원리를 이데아(Idea)로 상정하고,
단지 창조주로서의 신에 대해서는 신적인 제작자(Demiurgos)라는 개념을 부과하였다
(*Timaios* 37 d.).

25 헤겔은 "신이 파악 불가능하다면, 우리의 모든 노력은 헛된 것이 될 것"이라고
생각한다. W. Weischedel, *Der Gott im Philosophen*, op. cit., Bd.1, XIX~XXIV.

26 가능태(ens in potentia)의 변화 이론, energeia, 또는 actus, 아리스토텔레스의
부동의 원동자를 그리스도교의 신과 동일시한 토마스의 생각에 대해 참조: Th. v.
Aquinas, *Summa theol.*, I q.2 a.3.

석하는 것은 서구 철학의 흐름 안에 플라톤 철학적 배경에서부터 오늘날 신학에까지 유구한 전통으로 자리하고 있다.

2) 존재 신 개념과 로고스

이미 아리스토텔레스가 형이상학을 규정하면서 이를 최고의 존재자인 신에 관한 학문으로 정의한 바 있다. 이때의 형이상학은 존재-신론적 형이상학이라 말할 수 있다. 이런 관점의 형이상학을 전개하는 데 중요한 원리는 인간의 초월적 본성이다. 이 본성은 전통적으로 지성(logos와 nous) 개념으로 제시되었다. 그러나 지성적 능력을 넘어 인간 본성의 총체성에 근거해 말한다면 이는 인격이나 또는 영혼으로 개념화할 수도 있다. 초기 형이상학에서 영혼(Ψυκή)이란 하나의 생명체가 자신의 생명을 생명 존재로 있게 하는 근원적 원리를 가리키는 말이다. 앞에서 봤듯이 영혼의 상승과 하강을 말하는 플라톤은 말할 것도 없이 아리스토텔레스에게서도 영혼이란 형이상학을 수행하는 인간의 본질적 특성이며 존재 원리이다. 아리스토텔레스는 영혼을 "살아 있는 신체의 원인이며 원리"로 이해하며, 그 실체는 "만물의 존재 이유"라고 말한다. 그런 까닭에 "생명은 생물들의 존재 이유이며, 영혼은 그것들의 원인이며 원리"일 수 있는 것이다.[27]

어떤 경우라도 이 전통은 로고스 개념과 밀접히 연관된다. 그 까닭은 인간이 신을 이해하고 형이상학적 사유 작업을 전개할 수 있는 것이 그가 지닌 "로고스(logos)"에 의해서야 가능하기 때문이다. 형이상학의 역사에서 보듯이 이 로고스 개념 역시 철학적, 신학적으로 변형

---

27 아리스토텔레스, 『영혼에 관하여』(ΠΕΡΙ ΨΥΧΗΣ), 유원기 옮김, 궁리출판사 2001, 415b.

되어 다양하게 이해되었다.[28] 그러한 사유의 전통이 그리스도교적인 옷을 입고, 그 문화의 세례를 거쳐 그리스도교적 신학을 형성했기에 그 신학과 존재 이해는 해석의 역사를 지닌다. 그래서 그 이해는 언제라도 다시금 해석되고 철학적 반성을 거쳐 거듭 새롭게 수용되어야 한다.

존재-신론적 형이상학이 신의 존재와 본질에 대한 이해에서 중요한 철학적 근거를 제시하는 것은 사실이지만 그럼에도 이 정의가 바로 그리스도교적 신 체험과 일치하는 것은 아니다. 이런 맥락에서 흔히 거론하는 모세의 질문과 신의 대답(탈출기 3,13~14)이 존재-신론적 형이상학의 성서적 근거는 아니다. 여기서 신을 존재론적으로 해석하는 것은 서구 존재론적 전통에 입각한 해석이지[29] 그것 자체가 이스라엘 역사에서 체험되고 만난, 역사하시는 신에 대한 해석일 수는 없다. 하이데거의 지적처럼 이러한 서구 철학과 존재 신학의 만남과 융합은 존재-신-론(Onto-theo-logie)이란 단정이 가능하게 되는 배경이 된다.[30] 제일원인자, 자체 원인자(Causa sui)로서 최고의 존재자로 해석된 신과 함께 인간은 과연 자신의 실존적 아픔과 고뇌에 대해 동정의 마음을 나눌 수 있을까. 이러한 신에 대한 사유를 감행하는 것은 다가올 사유로서는 부족할 수밖에 없다.

존재-신론의 형이상학에서는 신앙의 원체험과 인격적 신에 대한 역사적 체험이 올바르게 수용되지 못한다. 여기서는 인간과 관계를 맺으

---

28   Wilhelm Weischedel, *Der Gott der Philosophen: Grundlegung einer philosophischen Theologie im Zeitalter des Nihilismus*, Darmstadt 1994, S. 20-21.

29   아주 모범적인 예를 들자면 신을 최초의 원동자, 존재 자체 등으로 해석하는 토마스 아퀴나스의 경우 그의 고전적 전거로서 이 구절을 들고 있다. 참조: *Summa Theol.*, I. q 13 a 11 c.

30   이에 대한 M. Heidegger의 존재론적 해석 및 비판에 대해 참조: *Identität und Differenz*, Pfullingen, 1957, 8. Aufl.(1986), S. 64~66.

며 인격을 나누는 신, 인간의 역사와 삶, 세계와 문화와 함께하는 구원하시는 신 개념은 감춰진다.[31] 형이상학적 사유로 돌아감으로써 새로운 사유의 지평을 열어 가려는 다가올 철학은 최고의 존재자로서 신에 대한 철학이 아니라 그의 이해와 의미의 지평으로서의 존재 진리론이다. 차라리 그 초월성은 존재론적 차이와 동일성의 본질을 사유할 수 있는 전경으로 사유해야 할 것이다.

3) 현대 자연과학과 형이상학의 주제

형이상학은 존재자를 존재자로 고찰하는 학문, 아리스토텔레스의 말처럼 존재자의 제일원리와 최종 근거를 묻는 질문이다. 여기서 문제가 되는 것은 존재자란 무엇인가라는 질문이다. 존재자란 있는 사물 전체를 보편적으로 일컫는 말이다. 그러기에 그 개념은 초월적일 수밖에 없다. 또한 이에 따라 동일성과 차이 개념은 물론, 존재자의 일원성과 다원성이 규정되기도 한다. 나아가 존재자를 보편적으로 인식하거나 해명하는 개념들이 나타난다. 이 개념이 전통적으로는 형이상학적 철학의 중요한 토대가 되었다. 존재자의 특성을 규정하는 실체(substantia) 개념, 본질(essentia)과 실존(existentia), 형상과 질료는 물론, 존재자의 우연한 본성(偶有性) 등의 개념이 그것이다. 나아가 이를 인식형이상학으로 개념화할 때는 인식주체나 객체, 범주, 인식의 선험성과 인식 가능성 등의 개념이 제시되기도 한다.

---

31 현대 철학적 상황에서의 무신론은 사실 이러한 존재론화한 신 개념에 자리하고 있다. 유럽 사유의 역사를 플라톤주의로 파악하고 결국 이는 허무주의로 흐를 수밖에 없다는 니체의 고발이나, 블로흐의 "신 없는 종교"("Atheismus im Christentum", in: E. Bloch, GA, Bd. XIV, Frankfurt/M, 1968), 사신신학의 이론적 배경에는 이러한 흐름과 철학적 해석이 자리하고 있다.

이 모든 형이상학의 계보사적 이해와 개념을 넘어 근대 과학혁명 이후 존재자의 근거나 그 질료적 원리에 대한 질문과 그에 따른 인식의 문제에 대해서는 현대의 자연과학이 그 진리 주장을 대변하고 있다. 그럼에도 존재자의 존재 원리와 그 의미에 대한 질문은 자연과학의 영역을 벗어나 있다. 이런 관점에서 하이데거는 첨예하게 존재자와 존재를 구별한다. 그에 따르면 서구 전통 형이상학은 존재자와 존재의 구별을 망각한 역사였다.[32] 이른바 존재 망각성(Seinsvergessenheit)에 대한 논란에도 불구하고 한 가지 분명한 사실은 존재자와 존재를 구별하는 학적 토대는 보편적 존재자의 실재적 근거에 대한 질문이 형이상학의 고유한 과제라 아니란 사실에 자리한다.

자연과학의 시대 형이상학은 과연 어떠한 해석학적 지평에서 가능할까. 또한 이렇게 정초되는 형이상학은 존재 이해와 함께 인간의 존재론적이며 초월적인 특성을 어떻게 규명하고 이를 개념화할 수 있을까. 이런 관점에서 특히 근대 인식론적 형이상학에 뿌리 깊게 퍼져 있는 존재 망각성에 대한 비판은 물론, 이를 통해 새롭게 존재 이해와 초월, 진리 이해를 가능하게 하는 새로운 형이상학적 사유가 절실히 필요하다. 이런 사유 작업에 실패할 때 우리는 인간을 결코 그 본성에서부터 이해하거나 개념화할 수 없게 된다. 이 본성은 심리적이거나 육체적인 층위가 아니라 명백히 존재론적이며 초월적인 지평에서 유래하는 것임에는 틀림이 없다.

---

32   M. Heidegger, "Was ist Metaphysik", in *Wegmarken*, Frankfurt 1967.

다. 존재와 진리 개념

1. 형이상학과 진리 개념

1) 존재자를 존재자(on he on)로서 다루는 형이상학은 자연학 이후의 학문(ta meta ta physica)이며, 만물의 근거(arche panton)에 대해 사유하는 학문이다. 형이상학은 "존재자를 그 존재에서 표상함으로써, 존재자의 존재를 사유"한다. 그럼에도 전통 형이상학은 존재를 존재자의 존재자성(Seiendheit)으로, 그것을 신적인 존재자로 표상된 최고의 존재자로 설정하여 사유한다. 이로써 형이상학은 "존재 자체를 사유하지 않고 있으며, 존재자와 존재의 차이를 사유하지 못"한다.[33] 전통 형이상학은 존재자의 존재가 최고의 존재가 되는 시대, 그것이 가치든 이데아든, 실체와 진보 또는 이성이거나, 심지어 노동으로 형상화되든 존재자 자체의 사유로 함몰되기에 이르렀다. 이것은 존재자로서의 존재자의 진리가 존재로 여겨지는 시대, 존재 진리가 밖에 머무르는 역사, 유럽 형이상학의 역사가 빚은 필연적 결과이다.[34]

형이상학의 사건은 인간에게는 숙명이며, 존재 사유의 역사적 전개를 따라서 이루어진다. 존재 망각의 역사에서 존재를 사유하는 과제는 "존재의 역사적 운명을 불안 속에서 끝까지 견뎌 나가는 수밖에 다른 도리가 없"을 것이다.[35] 그 작업은 존재의 역사적 보냄을 견뎌 내는 가운데 이루어진다. 형이상학의 극복은 존재 망각의 역사적 경험을 견뎌 내고, 이 물음, "형이상학이란 무엇인가?"를 사유해 가는 데서 가능하

---

33 M. Heidegger, "Brief über den Humanismus", in: *Wegmarken*, S. 320.
34 M. 하이데거, 「"신은 죽었다"는 니체의 말」, 『숲길』, 신상희 옮김, 도서출판 길 2008, 378, 385쪽.
35 M. 하이데거, 『형이상학이란 무엇인가?』, 이기상 옮김, 서광사 1994, 27쪽.

다(『형이상학』 11쪽). 그것은 존재에 귀 기울이면서, 자기 시대에 맞추어 더 사유적으로 된다는 의미이다(『형이상학』 29쪽). 그럼으로써 "존재 자신을 그 진리에 알맞도록 사유하는 하나의 길을 열어"주며, 사유의 도상에 자리하게 된다(『형이상학』 19쪽). 그 길은 존재를 존재자를 넘어서는 무(無)로 규정함으로써 "더 이상 형이상학적으로 사유하지 않고", 대신 "형이상학의 근거에서 사유"하는 것이다(『형이상학』 113쪽). 그 사유는 존재 망각이란 역사적 경험에서 시작하여 인간의 본질에 대한 새로운 성찰로 나아간다. 전통 형이상학의 극복을 말하는 이유는, 그것이 존재가 드러나는 현재에서의 인간에 대한 이해와 존재의 원초적 관련을 가로막기 때문이다(『형이상학』 25쪽).

   2) 존재론적 진리가 현존재에서 드러난다는 말은 진리가 자의적이거나 주관적이라는 뜻이 아니다. 존재로 드러나는 진리는 존재의 동일성에 자리하면서도 존재자를 통한 차이로 드러난다. 존재 진리는 존재론적 동일성과 차이의 맥락에서 이해된다. 여기서 말하는 동일성은 차이를 지니는 동일성이며, 차이에서 이해되는 동일성이다. 차이 역시 동일성에서 이해되기에 그것은 결코 완전한 분리를 의미하는 것이 아니다. 동일성과 차이는 같은 지평에서 이해되는 짝 개념(Pendant-begriff)이다. 진리 이해는 존재자와 존재의 존재론적 차이를 이해할 때 비로소 올바르게 제시될 터전을 마련하게 된다. 진리 이해는 이 차이를 이해하는 행위이며, 존재자를 인식하는 존재론적 지평을 해석하는 작업이다.
   이런 맥락에서 현존재의 진리 행위는 존재에 대한 이해와 해석의 행위와 같다. 이를 수행하는 학문이 곧 철학이다. 철학은 인간이 본질적으로 존재 의미와 이해를 추구하는 동물이며, 그에 따라 해석하는 것이 인간을 인간이게 하는 근원적 행위라고 말한다. 그래서 코레트(E. Coreth)는 이해와 해석의 문제를 "철학적 사유에 있어서 유일한 근본 문제"라고 말하기조차 한다.[36] 하이데거는 존재론적 진리론을 이해와 해석의 지평에서 정초하려 한다. 진리론은 존재론적 해석학에 따라 가능하다. "해석학을 통해 현존재의 역사성을 존재론적으로 역사학의 존재적 가능 조건으로 정리 작업"할 때 그것은 인문학적 작업의 근거로 기능할 것이다. 왜냐하면 그 학문적 작업은 근본적으로 "현존재 분석론인 해석학에 뿌리박고" 있기 때문이다.[37]

　지금 여기서 실존적 삶을 사는 우리에게 과연 진리란 무엇이며 어떤 의미를 지니는 것일까. 아니 진리가 존재하기나 하는 것일까. 아니면 절대적 진리는 존재하지만 그에 대한 이해와 인식이 가능하지 않은 것일까. 혹시 우리는 진리를 잊고 있거나, 그 자리에 다른 어떤 것을 대신 위치시킨 채 그것으로 진리에 대한 생각을 충족시키고 있는 것은 아닐까. 한 가지 분명한 것은 우리의 삶과 생명, 우리 존재가 본질적으로 요구하는 참다움은 존재하며 그에 대한 이해 없이 이 모든 것이 참다운 존재로 자리할 수는 없다는 사실이다. 인간이 진리를 필요로 한다는 말은 형용모순(形容矛盾)이다. 인간의 존재와 삶은 그 자체로 참다운 것이며 참답지 않은 삶은 존재할 수 없기 때문이다. 삶과 존재가 있다는 사실 자체는 자명하며, 이 자명함이 바로 참다움이기 때문이다. 이 참다움을 우리는 진리(ἀλήθεια/veritas/truth)라고 말한다.

　다만 우리는 그 참다움을 잊고 있거나 참답지 않은 것을 참다운 것이라고 여기기에 진리란 말이 문제가 된다. 잘못 생각하거나 잊고 있

36　E. 코레트, 『해석학』, 신귀현 역, 종로서적, 1985.
37　M. 하이데거, 『존재와 시간』, 38; 신승환, 『해석학의 철학』, 아카넷 2016 참조.

을 수 있으며, 설령 다른 것으로 대신할 수는 있을지언정 삶과 존재는
진리이다. 그러기에 우리는 진리와 함께하며 그 안에서 살고 있는 것
이다. 그러니 인간다운 삶을 위해서라면 진리에 대해 말하지 않을 수
가 없다. 더 정확히 표현한다면 잊혀지고 가려졌을지언정 진리는 우리
와 함께하며, 우리의 삶과 존재가 바로 진리란 사실이다. 그 진리를 우
리는 어떻게 이해하고 있으며 무엇으로 규정하고 있는가.

2. 진리에 대한 전통적 정의(定義)

1) 일반적으로 진리에 대한 철학적 주장은 대응설(correspondence
theory)과 정합설(coherence theory), 합의설(consensus theory), 실
용주의(pragmatism)적 진리관 등으로 나누어 볼 수 있다. 대응설은 진
리의 기준을 판단과 실재와의 일치 내지 대응 관계에서 찾는다. 전통
적으로 진리의 본질을 사물과 사물 인식 내지 지성과의 일치(veritas
est adaequatio rei et intellectus)로 규정한 것이 이런 이해를 잘 드러
내고 있다. 그에 비해 정합성의 진리 주장은 진리를 판단과 진술 상호
간의 정합성에서 구하는 이론이다. 이들은 진리 명제들 상호 간의 정
합성을 논의하면서 진리 주장 자체의 진위 여부를 판단하고자 한다.
여기서의 분석과 종합 명제는 물론, 논리적 진술과 분석철학적 진리
주장의 경향은 이런 전통을 잇는 철학적 작업이다. 합의설은 주로 사
회철학적인 맥락이나 관계적 층위에서 진리를 논의할 때 거론된다. 특
정 사회적 맥락과 공동체에서 진리는 권한을 가진 이들이나 구성원들
의 동의와 합의에 따라 진리를 이해하고 규정하려는 경향을 말한다.

그에 비해 실용주의적 진리론은 판단이 가져오는 실용적 결과에 따
라 진리의 준거를 결정하려는 주장이라고 말할 수 있다. 주로 경험론
과 영미 철학 등을 중심으로 전개되었지만 현대의 자연과학적 진리 주

장 등에서 찾아볼 수 있는 경향이 대표적이다. 여기에 피어스(C.S. Peirce), 제임스(W. James), 듀이(J. Dewey) 등의 철학자를 거론할 수 있다. 현대에 와서 실용주의 철학을 전통 철학과의 대결을 통해 새롭게 정립한 리처드 로티(R. Rorty)는 신실용주의 철학을 전개한다.[38] 그는 진리를 밝히는 철학은 결코 자연의 지식을 객체적으로 드러내는 거울이 아니며, 지식의 토대가 되는 선험적 기반은 존재하지 않는다고 역설한다. 그에 따라 철학은 전통적 지식론의 근거가 아니라 인간이 자리한 자민족 문화와 문예학을 해명하는 방향으로 정초되어야 한다고 주장한다. 이런 철학에서 객관적이며 영원불변하는 진리란 말은 다만 수사적 표현에 지나지 않게 된다.

2. 인간은 본성적으로 참된 것을 추구한다. 그래서 철학은 그 시작에서부터 인간의 본성과 진리를 연결 지어 이해한다. 아리스토텔레스가 학문으로서 형이상학을 정립하려 했던 것도 이런 본성에 따른 필연적 귀결이었다. 그에 따르면 진리(참: alethes)는 "있는 것을 있다고 말하고, 없는 것을 없다고 말하는 데" 자리한다.[39] 진리에 대한 전통적 정의는 무엇보다 먼저 인식과 지성의 일치에 따라 규정된다.[40] 이런 진리 이해는 인간의 인식과 진술에 따라 진리를 규정하는 태도이다. 그에 따르면 진리는 표상과 관계된다. 사물이 인간에게 드러날 때만이 인간은 그 사물을 인식하거나 이해하며, 진리는 이러한 표상과 인식의 참다움에 자리한다. 인식은 사물이 인간에게 드러나는 그 표상을 재현하

38   리처드 로티, 『철학 그리고 자연의 거울』, 박지수 옮김, 까치출판사, 1998 참조.
39   아리스토텔레스, 『형이상학』, 4권 7장, 1011b. 27.
40   이는 아리스토텔레스에서 정식화되었지만 이미 플라톤도 『소피스트』, 240 A-241 A 등에서 진리를 이같이 진술하고 있다.

는 것이며, 진리는 이런 과정에서 주제가 된다.

문제는 이러한 표상과 재현을 이해하는 방식에서 차이가 있기에 생긴다. 이와는 별개로 진리를 다만 이런 인식론적 층위에서 정의하는 데 만족할 수 있는가? 진리를 추구하는 인간의 본성적 욕구가 과연 진술과 진술에 따른 명제적 진리에 국한되어 이해해도 좋은 것일까? 이런 진리 이해는 인간의 존재 자체에 관계되는 진리와는 어떤 관계에 있는 것일까? 명제적 진리와 구별되는 존재론적 진리는 어떤 특성을 지니는 것일까? 인간이 사물을 인지하는 데서 문제가 되는 진리가 인식론적 철학에서 논의되는 것이라면, 존재자의 표상 자체와 그 드러남의 터전을 문제 삼는 진리론은 존재론적 맥락에서 제기되는 것이다. 이러한 논의는 진리론이란 측면에서는 동일성을 지니지만 그 내용과 의미에서는 명백한 차이를 지닌다. '진리'라는 동일한 개념 안에 담긴 의미와 지평의 차이는 어떤 성격을 지니는 것일까.

3. 존재론적 진리 이해

1) 진리를 추구하는 인간 본연의 특성은 철학이라 이름하는 학문으로 나타난다. 아리스토텔레스 이래 철학은 그 자체로 진리에 관한 학문이었다.[41] 이때의 철학은 명시적이거나 또는 주제적이기도 하지만, 인간이 보편적으로 진리를 추구한다는 측면에서는 비주제적이고 암시적으로 드러날 수도 있다. 이런 면에서 철학함은 인간 현존재 자체의 사건이며, 형이상학적 사유는 인간의 본질적 특성임에는 틀림이 없다. 존재자와 존재의 존재론적 차이를 망각하고 형이상학적 사유를 배제할 때 존재론적 진리가 자리할 터전은 축소되고 마침내 배제되기에 이르

---

41   M. 하이데거, 『존재와 시간』, 288.

렀다. 학문적 지식은 객체적이며 실증주의적으로 수용되며, 이를 벗어나는 존재론적 진리 이해는 불가능하거나 또는 상대주의적인 것으로 간주될 뿐이다.

하이데거는 현대 자연과학이 자신의 학적 대상에 대한 존재자적 지식은 이끌어 내지만 그 존재론적 의미를 포함하지 못한다는 한계를 지적한다. 이 존재론적 개념은 다만 "자연과학의 근본 개념을 확장시키는 것만으로는 얻어 낼 수 없"다.[42] 인간이 존재자와 존재의 존재론적 차이를 선취하는 본성, 바꾸어 말해 존재론적 차이를 현사실화(Faktizität)할 수 있는 능력은 초월성에 근거하며, 그 행위가 존재론적 진리를 가능하게 한다는 사실은 이미 앞에서 살펴본 바와 같다. 인간은 다만 객체적이거나 실체적 진리의 층위에 머무르지 않고 존재 자체로 초월해 간다.

이것이 진리를 다만 과학적으로 이해하지 않고 존재론적으로 이해하려는 인간의 본질적 특성이다. 인간은 존재자적 지식을 넘어 존재론적 진리로 초월한다. 그를 위한 근원적인 이해와 결단을 드러내는 사유의 씨름이 곧 인간에게 철학이란 이름으로 나타난다. 자연과학이 수행하는 대상 존재자에 대한 지향성은 오로지 이 초월에 근거해서만 가능하다. 그러기에 진리의 본질과 근거에 대한 질문은 곧 존재 의미와 존재론적 초월에 대한 문제에서 결정된다.[43] 현존재의 이러한 초월은 존재자의 진리를 근거 지울 세계 개념을 향한다.

---

42   M. Heidegger, "Vom Wesen des Grundes", in *Wegmarken*, 131.

43   M. Heidegger, "Vom Wesen des Grundes", in *Wegmarken*, 133.

2) 존재 드러남의 진리

진리에 대한 질문은 우선적으로 진리의 본질에 대한 질문으로 제기
된다. 이러한 질문을 하이데거는 철학에서 통상적으로 이루어지는 명
제적 진리와 사태적 진리로 구분하여 논의를 전개한다.[44] 예를 들어 순
금(true gold)이 진짜 금이기 위해서는 금이라 명명한 진술이 참이거
나, 그 금이 '실제적인 금'일 때 참된 금일 수 있다. 참된 진술과 참된
실재 안에 진리가 자리한다. 이런 진리론은 전통적인 진리 개념이며
이를 하이데거는 '합치의 진리론'으로 규정하면서 그러한 진리 이해의
한계를 규명하려 한다.[45] 사물 자체에는 진리와 오류가 없다. 사물에
대한 진술이 진리의 자리이기에 명제 진리란 이런 층위에서 이해된다.
사태 진리 역시 사태에 대한 진술을 바탕으로 하지만 그럼에도 사태
자체에 대한 거짓이 있을 수 있기에 명제 진리와 구분된다. 곧 사태에
대한 거짓된 진술을 넘어 사태 자체를 거짓으로 만드는 경우의 진위
문제이다. 여기서 하이데거는 명제 진리는 더 근원적인 "존재자의 앞
선 술어적 열려 있음"에 근거하여 판단된다고 말한다.

존재자의 앞선 열려 있음은 곧 존재자가 존재자로 자리하는 지평으
로서의 존재를 말한다. 존재자가 존재에 의해 드러나 있음을 이해할
수 있을 때 존재자에 대한 인식과 지식은 비로소 명제 진리의 영역으
로 나타나게 된다. 이것을 그는 "존재의 열려 있음이 우선적으로 존재
자의 드러남을 가능하게 한다"고 말한다.[46] 진리는 결코 인식이나 판단

44 M. Heidegger, "Vom Wesen der Wahrheit", in *Wegmarken*, 175-199.
45 같은 책, 177. "진리적인 것(참된 것)은 참다운 사태든, 참다운 명제든 그에 일
치하는 것"이다: "진리는 진술(logos)과 사태(pragma)의 합치(hymoiosis)이다."
(180).
46 M. Heidegger, "Vom Wesen des Grundes", in *Wegmarken*, 129-130.

에 대한 이론이 아니라, 존재자가 실재하게 되는 존재에 관계되어 주어진다.[47] 이에 따라 그는 진리를 존재자에 대한 발견적 지식과 실존하는 인간 현존재의 존재론적 지평인 열어 밝혀져 있음(Erschlossenheit)으로 구분한다.[48] 명제 진리는 더 근원적인 진리의 지평에 자리할 때만이 진리일 수 있다. 그 지평은 진리에 대한 학적 성찰 이전에 이미 앞서 자리하는 존재론적 진리이다. 사물 존재자의 진리는 먼저 이를 위한 존재 의미를 필요로 하며 그와 함께 현존재의 의미 관계에 따라 진리로 드러난다.

사물과 자연 등 존재자는 그 자체로 참이다. 그것이 인간과의 관계 맺음을 통해 인간에게 존재자로서 드러날 때 우리는 그것을 진리로 인식한다. 그래서 진리는 존재자의 존재이며, 그 본성은 감추어진 것이 드러나는 것, 비은폐성이란 특성을 지닌다.[49] 그 이후에 명제 진리와 사태 진리가 의미를 지닌다. 진리의 자리는 명제가 아니라 현존재이며, 현존재에게 드러나는 존재의 자리인 비은폐성과 그 열어 밝혀짐에 관계된다.[50] 현존재의 열어 밝혀져 있음이 이해를 가능하게 한다는 말은 그 이해에 따라 존재가 이해되고, 존재자가 인식될 수 있기 때문이다. 그래서 하이데거는 존재의 진리는 현존재에 의해 드러나기에 현존재는 진리의 가능성, 존재자의 비은폐성과 함께한다고 말한다. 인간을

---

47   M. 하이데거, 『존재와 시간』, 288.

48   진리를 열어 밝혀짐으로 이해하는 것은 하이데거 진리론의 본질적 특성이다. 이런 맥락에서 그는 서구 철학사의 가장 중요한 개념인 로고스(logos)조차 존재 진리의 드러남과 모음으로 해석하면서 이를 형이상학의 본질적 이해와 연결시킨다. M. 하이데거, 『형이상학 입문』, 박휘근 옮김, 문예출판사 1994 참조.

49   M. 하이데거, 『철학입문』, 111.

50   M. 하이데거, 『존재와 시간』, 307: "진리는 현존재의 열어 밝혀져 있음으로 존재하지 않으면 안 된다. 그것은 현존재가 본질적으로 세계 안에 내던져져 있다는 사실에 속한다."

현존재라 말하는 까닭은 여기에 있다.

진리는 존재자가 드러나는 것, 그 존재 드러남의 진리이며 그러기에 그 진리는 현존재라 불리는 인간의 존재를 필요로 한다. 진리는 인간 현존재를 그 존재에서 자유롭게 만들며, 그 안에 모든 존재자를 존재하게끔(Sein-lassen) 한다. 이런 맥락에서 하이데거는 진리가 곧 인간의 자유와 함께한다고 말한다. 진리는 존재자의 존재가 "열려 있는 터전으로 드러나 있는 것"이기에 이것은 자유롭게 있음, 또는 자신을 자유롭게 내어 줌에서 가능하다. "자유는 진리 자체의 본질"이다. 이 자유란 존재자를 존재하게 하는 것, 곧 존재하게 함으로써 존재자에 관여하는 행위이다. 이 말을 하이데거는 존재자를 그의 존재에서 열려 있도록 하는 것이며, 그렇게 열려 있도록 행동하는 것, 곧 진리 행위라고 이해한다. 존재론적 진리는 존재자를 그의 존재로 드러나도록 하는 행위이며 이렇게 행동하는 인간존재의 특성이 곧 자유이다. 그 자유는 현존재가 자신을 스스로 내어 놓은 것, 진리 안으로 들어가는 탈존(ek-sistent)이다.[51]

3) 진리 개념과 인간존재

현존재의 존재론적 특성인 탈존은 진리와 자유의 관계에 따라 사유되었다. 진리 개념은 진리를 이해하는 인간 현존재의 본성적 특성을 떠나 자리하지 못한다. 이러한 특성 가운데 무엇보다 중요한 것은 초월적 특성이다. 하이데거는 진리란 본질적으로 초월적이라고 말한다.[52] 그 말은 진리가 초월의 내적 가능성에 따라서야 비로소 진리일 수 있

---

51   M. Heidegger, "Vom Wesen der Wahrheit", 183, 185-186.

52   M. Heidegger, "Vom Wesen der Wahrheit", 137.

으며, 존재자의 진리는 이 존재론적 진리에 근거한다는 뜻이기도 하다. 그럼에도 이 특성은 어떤 외적인 초월적 세계를 향한 것이라기보다 자신의 존재 가장 깊은 곳으로 향하는 내재적인 것이며, 초월하는 그 자체에 자리한다. 인간이란 존재 자체가 참된 것이기에 인간은 본질적으로 진리 한 가운데 서 있는 존재이다. 이러한 특성을 하이데거는 탈존(Ex-sistenz)이란 말로 설명하는 것이다. 그래서 하이데거는 자유로서 진리에 뿌리내린 현존재의 탈존성에 따라 인간이 수행하는 모든 진리 행위를 해명한다. 이렇게 현존재가 존재 진리에 따라 존재자를 해명하고 그에 대한 지식을 개념으로 파악할 때 인간의 역사가 시작된다.

인간 존재를 탈존으로 해명하는 까닭은 그가 존재 진리 안에 서 있기 때문이다. 근원적 진리를 이해하는 인간의 존재 양식을 설명하기 위해 하이데거가 전통적으로 인간을 규정했던 "이성적 동물"(animal rationale)을 넘어 존재 진리가 드러나는 특성을 개념화한 것이 이 말이다. 탈존으로서의 인간은 진리의 역사적 운명 안에 자리하며, 그 역사적 과정에 관여하는 존재이다. 인간은 근원적 진리를 회상하거나 본질을 직관하며, 나아가 존재와 미래를 기획하면서 진리를 역사적으로뿐 아니라 역사를 통해 현재로 드러내는 존재이다. 그러기에 이 탈존 개념은 존재 진리에 관여하는 역사적 존재로서의 인간 본질을 규정한 말이다. 탈존은 존재를 드러내는 역사적 과정인 동시에, 그 진리를 시간을 통해 현재화하는 미래 기획의 과정을 현재 안에서 현재화하는 존재의 본성을 가리킨다.

철학적 관점에서 이해하는 진리 개념은 본질적으로 형이상학적 존재인 인간이 드러내는 존재론적이며 초월론적인 사유의 결과이다. 바꾸어 말해 인간의 형이상학적 특성에 따른 과정과 그 결과가 필연적으로 진리로 개념화된다. 그와 함께 형이상학을 펼쳐 가는 인간의 지성적 능력이 "로고스(logos)"로, 또는 철학사에서 보듯이 지성이나 이성 개념으로 규정되어 왔던 것이 형이상학의 역사이기도 하다. 오늘날 반형이상학이나 몰(沒)형이상학적 사유는 이런 이성을 거부하거나 또는 몸의 철학과 인지과학적 철학으로, 또는 심리철학으로 제한하기도 한다. 심지어 이성 자체를 부정하거나 이를 심리 차원으로 환원시키기도 한다. 그때 진리를 이해하고 해명하는 인간의 형이상학적 본성은 어떻게 재현될 것인가. 현대 문화에 너무도 광범위하게 퍼져 있는 자연과학적이며 자본주의적인 유사 형이상학적 사고는 명백히 인간의 존재 의미와 초월성을 사유하지 못한다.

현대 철학사적 맥락에서 탈형이상학이 거론되는 배경에는 이런 계보사가 자리한다. 어떠한 경우라도 진리를 떠난 인간 존재와 삶이 불가능하다면 우리는 다시금 형이상학적 사유를 통해 이 진리를 개념화하고 현대의 삶과 문화, 세계 지평에서 진리 개념을 언어화해야 할 것이다. 형이상학적 존재인 인간은 이 사유에 바탕하여 진리 개념을 정초하며, 이로써 현재를 이해하고 해석해야 한다. 이런 과정을 통해 이 시대에 필요한 존재 의미를 언어화하고 세계와 문화에 다시금 그 의미를 정초할 수 있게 된다. 여기에 현재의 시대 지평에서 요구되는 형이상학의 주제가 새롭게 드러나게 될 것이다.

4

형이상학의 토대

가. 형이상학과 이성개념

1. 이성개념의 철학적 지평

형이상학적 사유는 인간 본성 가운데 하나이며, 이를 통해 세계를 이해하고 해석하며, 존재자를 해명하려는 근본적 사유 작업이다. 그러기에 이를 수행하는 인간의 지성적 능력인 이성은 무엇보다 중요한 형이상학의 토대가 된다. 형이상학을 정초하고, 이를 이해하기 위한 선행작업이 이성 이해에 있음은 두말할 필요가 없다. 그러나 철학사에서 보듯이 인간의 본성을 규정하는 작업은 매우 다양하게 펼쳐졌다. 그 가운데 이성(理性)개념을 중심으로 인간 본성을 정의한 것은 전통 형이상학의 주된 흐름이었음은 너무도 잘 알려진 사실이다. 그럼에도 불구하고 막상 이성이 지니는 의미, 이성의 외연과 내포에 대한 논의는 결코 일의적으로 주어져 있지는 않다. 그와 함께 과연 인간의 본성을 이성이란 단일한 개념으로 정의하려는 태도가 정당한지에 대한 논의 역시 매우 다양하게 전개되고 있다.

인식과 이해의 내적 능력인 "이성" 개념을 철학하는 현재에서는 어떻게 규정할 수 있을까. 인간은 "이해하는 존재"라는 근본적 특성을 지니기에 그를 위한 능력을 고찰하는 작업은 형이상학을 정립하기 위해서는 매우 중요하다. 이성개념을 추론하는 능력으로 규정하는 것은 철학사적 맥락에 따른 것이다. 로고스(logos) 개념과 지성(nous) 개념에 따라 이해했던 이성개념은 존재론적 이성과 신적 이성이란 패러다임을 거쳐, 근대에 이르러서는 인식 이성으로 정초되었다. 그와 함께 계몽주의 근대에 이르면 이 이성개념이 곧 실천이성으로 이해되었으며, 나아가 정치철학과 사회철학을 수행하는 실천적 토대로 작용하게 된다. 이런 이성 이해의 역사가 마침내 현대 철학에서 보듯이 이성에 대한 회의와 불신을 거쳐 이성의 죽음, 또는 "다른 이성"과 "이성의 다른 부분"을 논의하는 해체론적 철학의 주장으로 이어진다.

이처럼 철학사를 통해 이성개념에 대한 이해를 서술하는 작업은 참으로 어려운 일일 수밖에 없다. 이성 이해의 계보학(genealogy) 자체가 지나치게 풍성하여 한 두 편의 글로 마무리하기란 사실 불가능에 가까운 일이다. 또한 철학사 자체가 이성을 이해해 온 역사라고 말할 수 있으며, 학문의 역사 역시 이렇게 이성을 규정해 온 역사에 따라 분화되었다는 사실이 이런 서술을 어렵게 하는 중요한 원인 가운데 하나이다. 그와 함께 인간의 존재적 특성에 미루어본다면 이성 이해의 변화에 따라 철학은 물론, 그에 기반한 학문과 사회 체계, 문화적 전환이 생겨났다고 말해도 좋을 것이다. 이 모두는 이성이라는 인간존재의 가장 큰 특성 없이는 불가능하기 때문이다.

이와는 달리 이해의 계보사를 무시한 채 인간의 사유가 이루어지는 현재적 지평에서 설정하는 특정한 이성 이해에 바탕 한 철학적 작업

역시 가능할 수도 있다. 그러나 이렇게 특정한 시대적 맥락에서 제시되는 주장이 큰 의미를 지닐 것 같지가 않다. 그러한 시도 역시 이성 이해의 역사를 전제하며, 그 역사적 맥락을 떠나서는 어떠한 타당한 이해도 가능하지 않을 것이다. 그 까닭은 현재의 이성 이해 역시 이미 계보사적 이해에 바탕 하여 성립된 것이기 때문이다. 계보사를 떠나 이루어지는 이성 이해 또한 이미 특정한 역사적 귀결을 암묵적으로 전제하고 있지 않은가.

이성 이해를 어렵게 하는 두번째 문제는 그 개념을 해명할 계보사적 맥락의 해석학적 지평이 복잡하게 얽혀 있기에 생긴다. 이해의 역사에서 성립된 철학적 개념은 언제나 그 개념이 자리한 해석학적 지평을 전제한다. 이런 해석학적 지평은 일차적으로 이해의 역사에서 성립되지만, 근원적으로는 존재론적 층위에 자리한다. 이해는 인간의 존재에서 성립되기에 모든 이해는 근원적으로 존재론적일 수밖에 없다. 그러기에 공유하는 존재론적 해석학이란 맥락을 떠나 제시되는 수많은 담론들은 그런 맥락을 벗어난 이들에게는 설득력을 지니지 못하게 되는 것이다. 이런 까닭에 이성개념을 설명하기 위한 해석학적 맥락은 존재론적으로 해명되어야 한다. 이 존재론적 맥락은 거듭 형이상학 전체와 대결할뿐 아니라 그 계보사를 해명할 존재 역사적 지평의 분석을 전제한다. 이성 이해는 형이상학의 계보사와 다층적으로 얽혀 있다.

이러한 맥락을 전제한 뒤 우리의 논의를 위해 여기서는 이성개념이 제기된 원형적 사고와 함께 간략한 계보사를 중심으로 하여 현재란 지평에서 이해할 수 있는 이성개념을 기술해야 한다. 이성 이해를 위한 철학사적 맥락과 이성 이해의 해석학적 지평을 공유하지 않은 상태에서 논의하거나, "현재"라는 철학적 맥락을 떠나 제시하는 이성개념은 결코 어떤 의미 있는 설명도 제시하지 못할 것이기 때문이다. 철학은 언제나 지금, 여기라는 지평에서 이루어지는 현재(present)의 해석학적 사유 작업이다. 그와 함께 이 사유 역시 역사적 과정을 떠나 형성되지 않는다. 해석학적 현재라는 지평에서 이루어지는 이성 이해는 사유의 역사에서 주어진 현재와 함께 해석학적 지평으로서의 현재에서 이루어지는 존재론적 경험 일반을 해명하는 이성 체계에 대한 이해를 요구한다.

2. 이성개념

우리가 사용하는 이성(理性)이란 말은 유럽어(logos, ratio, reason, Vernunft)를 일본의 학자들이 근대 문화를 유입하며 성리학적 맥락에서 쓰이던 용어를 다층적으로 종합하여 번역한 것이다.[1] 이성개념은 일차적으로 유럽의 철학적 지평에서 형성되었으며, 이것을 우리의 철학적 지평으로 옮겨 놓았기에 여기서 생기는 의미의 변용에 대해 주목하지 않을 수가 없다. 로고스(logos) 개념이 라틴어를 거쳐 현대 유럽어로 옮겨지면서 생긴 의미의 변화와 함께, 일본을 거쳐 우리의 철학적 지평으로 삶의 자리를 변화시키는 과정에서 생긴 의미의 변화와 첨가, 혼종되고 전환된 과정에 대한 철학적 성찰은 현재적 지평에서 이성개념을 이해하기 위해서는 반드시 필요한 과정이다. 여기에는 철학의 보편성과 개별성, 동일성과 차이의 문제를 사유하는 과정이 해석학적 전제로 주어져야 한다. 그것은, 이성개념이 매우 다의적이며, 계보

---

1 이런 번역어는 니시 아마네의 『百一新論』(1874)에서 찾아볼 수 있다. 강영안, 『우리에게 철학은 무엇인가』, 궁리 2002, 217-8 참조; 일본을 통해 유입한 이 용어에 대한 설명으로 175 이하 참조. 그럼에도 이 용어는 착종된 의미를 지닌다. 성리학에서 말하는 "성즉리(性卽理)" 개념과 천명(天命)으로서의 성(性) 개념이 축자적으로 엮어진 말이다.

사적 이해에서 보듯이 존재론적 이성과 인식 이성은 물론, 사물의 근거 내지 인간의 숙고하는 능력에 이르기까지 폭넓게 쓰였기 때문이다. 이것이 이성개념을 논의하기 위해 이 개념이 자리한 역사적 맥락과 이해의 지평을 명확히 하는 작업이 선행되어야 하는 까닭이기도 하다.

이성개념이 근대에 이르러 형성되었을망정 동아시아의 철학 영역에서도 이성에 상응하는 개념은 분명 존재한다. 유럽의 철학적 경험에서 유래하는 이성에 상응하는 개념은 무엇일까?[2] 이성개념을 매우 거칠게 "인간의 감각적인 지각 능력과는 달리, 정신적인 능력 전체"를 가리키는 말로 규정해 볼 수 있다.[3] 이에 따라 거칠게 인간의 이해와 인식 행위는 물론, 정신적인 작업 전체를 가능하게 하는 인간의 어떠한 내적인 [정신적] 능력을 이성이라 규정할 수 있다. 그렇다면 동아시아 철학의 맥락에서는 물론, 우리의 현재 안에서 이해되는 정신적 능력은 어떻게 규정할 수 있을까? 이성은 인간의 내적 능력이기에 철저히 내재적이지만, 그 작용에 있어서는 또한 외재적이며 초월적인 지향을 갖는 정신적 능력이다. 그에 상응하는 인간학적이며 존재론적인 경험에 따른 개념은 무엇일까? 또한 인식론적 층위에서 이해되는 이러한 능력은 우리에게는 어떻게 규정되었을까? 아니 그것은 정신적이란 말로 규정할 수 있는 그 무엇이기는 한 것일까?

---

2 〈중용〉(『中庸』)에서는 하늘의 명을 중심으로 철학적 근본원리로서의 도(道)와 학문(가르침과 배움: 敎)에 대해 규정하고 있다: "天命之謂性, 率性之謂道, 修道之謂敎". 천명(天命)으로서의 성(性) 개념이 동아시아의 철학적 맥락에서 가장 중요한 형이상학적 근거이며 제일원리라면 이 개념을 리(理)로 해석한 성리학은 성을 내재화하는 개념 "성(誠)"을 설정한다. 그러기에 이성개념이 유럽어적 맥락에서 성립된 단어의 번역어이지만 이 성(誠) 개념을 통해 볼 때 동아시아적 맥락에서 이성을 이해하기 위해서는 이미 道와 敎, 居敬窮理와 같은 개념을 살펴보지 않을 수가 없다.
3 M. Mullre/A. Halder, *Keines Philosophisches Worterbuch*, Freiburg, 1971, S.293: 정신은 마음과 다른 말이다. 마음의 이성적 능력은 정신과 어떻게 같고 다른가?

나. 고대 "logos" 개념과 존재론적 이성

1. 초기 철학의 logos 개념

흔히 세계에 대한 신화적 이해를 넘어 "logos"적 이해와 함께 철학이란 학적 행위가 시작되었다고 말한다. 이 말의 함의는 인간이 외적인 어떤 원인이나 강력한 힘, 인간을 초월하는 현상에 기대하지 않으면서, 스스로 세계 현상 일반에 대해 이해하려 시도했다는 의미이다. 인간이 자신이 지닌 어떠한 내적인 능력으로 사태 일반을 이해하고 해석하는 존재론적 특성을 구현해 가는 데서 철학이 시작되었다. 이때의 철학은 넓은 의미에서 말하는 학문 일반으로서의 철학이며, 근대적 의미의 분과 학문화한 철학을 가리키지 않는다. 중요한 것은 학문 일반으로서의 철학을 시작한 인간의 내적 능력을 무엇으로 이해했느냐하는 점이다.

"logos" 개념을 처음으로 철학적 맥락에서 사용한 헤라클레이토스는 자연과 우주는 영원히 생성하며 변화하는 가운데 존재한다고 생각했다.[4] 그는 이 영원한 생성의 법칙이며 만물을 근거 짓는 원리를 로고스 개념에서 찾는다. 로고스(logos)는 또한 신의 법칙이기도 하다. 그럼에도 이때의 신적 법칙이란 그리스도교적 맥락이나 또는 어떤 초월적이며 인격적인 신 개념과는 거리가 멀다. 오히려 그것은 생성하는 우주와 자연 사물 모두의 근본적 법칙을 가리킨다. 철학사적 맥락에서 신은 최고의 존재자, 존재 개념의 최상위를 가리키는 개념이었다. 인간은 정신을 가지고 있기에 이를 통해 로고스의 원리와 그 법칙을 이

---

4   H. 딜스/W. 크란츠, 『소크라테스 이전 철학자들의 단편 선집』, 김인곤 외 옮김, 아카넷 2005, 221

해할 수 있다. 로고스가 만물을 있게 하는 법칙이라면 인간의 정신 역
시 로고스에 의해 주어진 것으로 받아들여야 한다. 여기서 우리는 이
성 이해의 중요한 출발점을 만나게 된다. 세계의 근거로 이해된 로고
스와 함께 이를 이해하는 인간의 정신적 능력인 지성(nous)을 설정한
원형적 사유를 만나게 된다. 인간의 지성은 로고스에 근거하면서 이
로고스를 이해할 수 있는 능력을 지니고 있다는 것이다.

　이러한 로고스 개념은 이후의 그리스 철학에서 분명한 모습으로 나
타난다. 피타고라스를 거쳐 자연철학자들의 영향하에서 이후 유럽 철
학의 원형을 마련한 플라톤은 모든 존재자들의 원형으로서 형상(ei-
dos)을 설정하면서 이 형상이 로고스라고 말한다.[5] 또한 로고스는 본
질을 인식하게 할 뿐 아니라 가치 인식의 원천이기도 하다. 이러한 인
식은 "로고스를 통해서"(ava ton logon) 가능하게 되며, 이에 대한 유
비적 방법으로 인간의 모든 인식이 가능하게 된다.[6] 이 원형에 대해
알 수 있는 것은 인간이 지닌 지성에 의한 것이다.[7] 플라톤은 이 원형
의 세계와 로고스에 대해 알고자 하는 열정을 지닌 사람을 철학하는
자라고 말한다. 잘 알려져 있듯이 철학이란 말은 여기서 유래한다.[8]

5　로고스(logos)란 말은 단순히 이성이란 의미를 지니고 있지는 않다. 세상의 이치
를 가리킬 때는 이법(理法)으로, 또는 말과 음성으로, 때로는 설명과 이해 및 이에 따
른 이야기란 뜻으로도 쓰인다. 이 말의 어원을 "모아들이다"라는 의미로 설명하는 하
이데거는 이 해석을 통해 존재자의 존재 의미를 해명하고 있다. M. 하이데거, 『형이상
학 입문』, 박휘근 옮김, 문예출판사 1994, 48–50절 참조.
6　Platon, *Theaitetos*, 186a, 10, 3 참조.
7　플라톤, 『국가. 정체』, 제 7권 517b, 박종현 옮김, 서광사 1997, 453. 또한 이성적
(logos) 논의와 지성적 이해에 대해 언급한 532a, 485 참조.
8　플라톤, 『국가. 정체』, 제 7권, 521c, 462쪽; 철학에 대해 처음으로 말했다고 전해
지는 피타고라스의 언급에 대해 헤르만 달스/발터 크란츠, 『소크라테스 이전 철학자
들의 단편 선집』, 186, 189 참조.

이성 이해는 그 시작에서부터 철학의 본질과 함께한다.

2. 로고스의 철학

플라톤 이래의 서구 철학은 동일성의 원리에 자리한다. 그 원리는 파
르메니데스의 "동일한 것은 사유이며 또한 존재"라는 명제[9]의 해명이
면서, 다른 한편 그에 근거하여 문화와 사회 전체에 이러한 동일성의
원리를 확대시키는 방향으로 펼쳐져 왔다.[10] 그럼에도 이 동일성의 원
리는 인식론적 층위에서는 자연의 존재론적 지위를 인식 객체로 축소
하여 객체성으로 환원시키게 된다. 그러기에 사유와 존재의 같음에서
주어지는 동일성의 원리는 존재론적으로 주체에 대한 것이지만, 인식
론적으로는 주체와 객체의 이원론으로 설정된다.

　이러한 전통과 함께 아리스토텔레스 역시 인간을 인간이게 하는 영
혼의 능력으로 로고스 개념을 수용한다.[11] 그에 따르면 로고스는 이성
과 오성을 포괄하며, "영원하고 신적"인 능력이며, 생겨나거나 죽을 수
있는 것이 아닌 순수한 형태의 현실태(energeia)이다. 아리스토텔레스
에 따르면 이성은 부동의 원동자가 지닌 고유한 생명력이며, 이미 "스
스로 하나의 신적인 것"으로 이해된다. 이성은 인간 안에 있는 "가장
신적인 것"이며, 그러기에 "가장 고귀"하다.[12] 이후 서구 철학의 전통
이 된 인간의 본성에 대한 규정은 여기서 확정된다. 인간은 "로고스를

9　헤르만 달스/발터 크란츠, 『소크라테스 이전 철학자들의 단편 선집』, 284.

10　M. Heidegger, *Identität und Differenz*, Pfullingen 1957, S. 13-15.

11　아리스토텔레스, 『영혼에 관하여』(*Peri physche*), II권 1-2, 유원기 옮김, 궁리
2001 참조.

12　아리스토텔레스, 『니코마코스 윤리학』, 1177 a 15; 아리스토텔레스, 『형이상
학』, 12권, 1074 b.

지닌 존재"(zoon logon exon)[13]이다.

헤라클레이토스와 플라톤 이래 서구 철학의 로고스(logos) 이해는 존재론적으로 이중적이다. 그것은 한편으로는 신적인 본성과 연결 지어져 있었지만[14], 다른 한편 인간의 이성이기도 하다. 신은 살아 있는 이성이며, 인간의 이성은 신적인 본성에서 유래한다. 인간의 정신적 능력은 로고스에서 분여되었거나, 그와 동일한 존재론적 근거를 지닌다. 이러한 전통은 신약성서에까지 이어진다. 〈요한복음〉은 그들이 믿는 하느님의 아들, 사람이 된 신의 본성을 로고스와 연결하여 이해하고 있다.[15]

이처럼 고대 그리스철학이 시작된 개념으로서의 "logos"는 세계의 근본원리(理法)이며, 설명하려는 맥락에 따라서는 이성으로, 또는 창조적 생성의 의미를 지닌 말씀으로도 번역된다. 이 개념에서 파생한 이성개념을 유럽 철학에서는 일반적으로 인간의 정신을 추론적인 사고와 인식 판단에 관계되는 오성(悟性, Verstand)과 오성의 가능성, 정신의 능력 전체를 가리키는 이성(理性, Vernunft)으로 구분하여 생각하기도 했다.[16] 이러한 이성개념은 개념적 분화와 발전을 거치지만, 계

---

13   Ch. Grawe/A. Hügli, "Mensch", in *Historisches Wörterbuch der Philosophie*, hrsg. v. J. Ritter/K. Gründer, Bd 5, Stuttgart u. a. 1980, S. 1071f.

14   W. 바이셰델, 『철학자의 신』, 104-109: 이러한 이해에 그리스도교가 커다란 영향을 끼친 것은 명백하다.

15   물론 이때의 logos 개념은 철학사적 맥락에서의 이성과는 같지 않다. 그럼에도 존재론적 층위에서의 logos 개념은 이렇게 전용되는 것이다. 〈요한복음〉 1. 1: "en arche en ho logos, kai ho logos en pros ton theon, kai theos en ho logos.": "사람이 되신 말씀"에 대해, B. 코르사니, 「말씀」, 『새로운 성경신학사전 I』, 바오로딸 2007, 484-487.

16   이런 전통은 칸트에서 두드러지게 나타난다. 한편 헤겔은 절대정신으로 드러나는 이성과 달리 인간의 유한한 정신적 능력을 오성으로 구분하기도 한다. 여기서는 오성/지성과 이성을 명확히 구분하는 전통적 방법과는 달리 인간의 정신적 능력 전체를

보사적 측면에서는 중세철학을 관통하는 일관된 이해이기도 하다.

전환은 근대 시기에 일어난다. 이성이 자신을 "자연의 빛(lumen na-turale)"으로 이해했던 역사는 근대에 이르러 그 존재론적 성격과 신적 본성을 벗어나 인간의 이성(ratio humana)으로 규정된다. 그 이성은 인식하는 이성, 계산하는 이성이며, 인간존재의 승리를 위한 도구적 이성으로 자리한다. 마침내 자신이 유래했던 자연에서 벗어난 이성은 자신의 존재를 타자화시키기에 이른 것이다. 이제 자연과 존재는 객체화되고 타자화되는 길로 접어들게 되었다.

다. 인식과 계몽의 이성개념

1. 인식 이성

데카르트의 철학적 문제에서 시작되어 칸트에 이르러 종합된 근대의 철학은 이성을 철저히 인식론적 관점에서 이해한다. 참된 인식, 명석하고 판명한 지각에 이르는 것은 이성을 올바르게 이해하고 사용할 때 가능하다.[17] 사유하는 실체는 이성의 본질에 따라 존재한다. 칸트는 철학을 이성을 사용하여 개념을 만들어 가는 인식론의 체계로 이해한다.[18] 여기서 이성은 철학적 작업을 통해 진리를 찾아가는 인간의 내적 능력을 가리킨다.

데카르트적 이성은 인식의 정합성에 치중함으로써 존재론적 도식까지도 이런 원리에서 도출하려 한다. "생각하므로 존재"(cogito, ergo sum)"한다는 명제는 존재론적 이성 이해가 인식의 정합성을 보증하는

이성이란 개념으로 통칭하고자 한다.

17   R. Descartes, *Discours de la Methode*, 1637
18   I. Kant, *Kritik der reinen Vernunft*, A 713＝B741

원리로 전환하였음을 극명하게 보여 주는 도식이다. 이러한 전통은 존재자의 인식을 위해 이성의 범위와 한계를 규정하기 위한 비판적 작업을 전개한 칸트에서 완성에 이른다. 철학은 이성의 범위와 한계는 물론, 이성의 사용 규칙을 밝혀내는 지적 활동이기 때문이다. 칸트의 말처럼 이성에 대한 앞선 철학적 작업은 그를 통해 체계화되는 형이상학을 위한 전제이다.[19] 근대 철학에서의 이성개념은 이처럼 인식론의 범위에서 체계화되었으며, 그 체계는 인식형이상학의 준거가 되었다.

이성개념이 사물을 인식하는 이성으로 제시될 때, 사물 존재자는 표상으로 이해된다. 주체의 생각함(cogito)에서 존재론적 근거를 도출하려 할 경우 이성은 표상하는 자아와 표상된 것 사이의 관계를 주체와 객체의 도식으로 설정하게 된다. 이때의 이성은 인식 정합성의 근거로 자리하게 된다. 인간은 세계와 존재자를 표상하는 주체이며, 존재자는 표상의 객체로 규정된다. 이제 이성은 인식주체인 인간의 자의식이거나, 또는 선험적 자아(自我)의 기반이 된다. 아니면 경험주의 철학에서 보듯이 경험의 주체 또는 관념론적 주체로 정형화되기도 한다.

이성의 본질을 인식론적 층위에서 규정할 때의 문제는 존재자가 객체화된 대상으로 설정되며, 인간의 존재 역시 주체성으로 결정된다는 데 있다. 이제 사물과 자연 및 인간의 존재조차도 존재자를 수용하는 인간의 주체성에 관계된다. 이때 존재의 의미는 정합성의 문제로 환원될 뿐이다. 정합성의 철학은 과학적 학문으로 정점에 이르게 되며, 인

---

19 그의 비판서 『순수이성비판』(*Kritik der reinen Vernunft*, 1781)과 『실천이성비판』(*Kritik der praktischen Vernunft*, 1788), 『판단력비판』(*Kritik der Urteilskraft*, 1790)은 이성의 범주를 규명한 저서이지만, 이를 근거로 하여 전통적인 형이상학의 주제인 진선미 문제를 새롭게 설정하려는 노력이다.

간 이해 역시 주체성이란 관점에서 결정될 것이다.[20] 이때의 주체성은
인식론적 층위에서 의식으로, 또는 그런 맥락에서의 사유로 설정된다.
근대 이후 과잉으로 치닫는 의식의 철학이나 심리학주의는 이런 관점
에서 이해된다. 근대의 이성 이해가 인식론적 층위로 제한되면서 그
이전 시대 로고스 개념이 지녔던 존재론적이며 인식론적 지평의 통합
이 깨어지게 되었다. 이런 한계를 극복하기 위해서는 이성개념에 대한
존재론적 이해가 반드시 필요하다.

   니체의 비판처럼 이런 이성 이해의 역사는 결국 플라톤 사상이 전도
된 결과이며, 필연적으로 모든 것을 무의미로 귀결시키는 허무주의를
초래할 것이다.[21] 또한 이성을 인간의 인식론적 층위로 제한할 때, 이
성은 과학적 영역을 벗어나는 층위에서는 결코 타당하게 작동하지 못
하게 된다. 이러한 생각은 니체, 하이데거와 그 맥을 잇는 오늘날의 해
체론자들은 물론, 프랑크푸르트학파를 비롯하여 서구의 문화와 사회,
철학 전통을 비판하는 철학에 담긴 일반적 이해이기도 하다.[22]

   하이데거는 근대의 이성이 구현된 시대상을 자연과학과 기술 공학
의 세계로 규정하고 이를 신랄하게 비판한다.[23] 그 시대는 '계산하며'
'제작하는' 사고에 따른 것이며, 존재자를 과학적 인식의 객체로 설정
하는 이해 체계에 근거한다. 하이데거는 이러한 객체화를 벗어나는 이

---

20   M. Heidegger, "Brief über den Humanismus", Bern 1947 참조.

21   M. Heidegger, "Nietzsches Wort »Gott ist tot«(1943)", in *Holzwege*, Frank-furt/M, 1950.

22   호크하이머와 아도르노 역시 『계몽의 변증법』에서 서구 사유의 본질을 궁극적으
로 존재자에 대한 객체적 지식의 본질로서의 기술이라고 말한다. M. Horkheimer u.
Th.W. Adorno, *Dialektik der Aufklärung. Philosophische Fragmente*, S. 20.

23   참조: M. Heidegger, "Die Zeit des Weltbildes"(1938); *Einführung in die
Metaphysik*(1935); *Technik und die Kehre*, Pfullingen, 1962(『기술과 전향』, 이기상
옮김, 서광사, 1993) 등.

성을 존재 의미에 대한 '숙고하는 사유'로 규정한다. 그 이성은 존재자를 존재자로 사유하는 전통 형이상학의 체계를 넘어서는 어떤 다른 사유이다. 존재론적 맥락을 지니고 있었던 로고스(logos)의 이성이 인식 이성의 합리성으로 축소될 때 신적 조명에 의한 이성이나, 중세적인 능동 이성이 인간의 이해 영역에서 배제될 것이다. 이런 비판이 존재론적의 이성을 주장하는 배경이다. 그 수천 년간 서구 역사를 지배해 온 이성적 사유를 벗어나는 새로운 사유를 숙고한다.[24] 그럼에도 그것이 고대적 이성 이해로 돌아가지 않는 것은 이성개념이 존재 역사의 운명적 귀결로 주어지기 때문이다. 사유의 복고적 회복은 상상할 수 있지만 가능하지는 않다.

근대에 형성된 학문과 지식 체계는 이성 이해의 변화와 밀접히 연관된다. 데카르트 이래 수학적 방법론과 '명석 판명한 지각'을 지식의 기준으로 생각하던 근대적 진리 이해는 물론, 새로운 방법론과 자연 이해에 바탕한 근대 과학은 지식의 범주와 의미를 변화시킨다. 베이컨의 말처럼 지식은 사물을 지배하고 장악하는 힘을 준다. 그에 따라 학문 역시 객체적 정보와 지식을 찾는 과학적 학문으로 귀결되었다.[25] 이처럼 근대의 의식 체계는 학문(scientia)을 '과학'으로 이해하는 사고를 형성하였다. 그때의 이성은 사물을 "계산하고, 수용하며, 처리하는" 이성이며, 이는 근거율과 인과율의 지배를 받는 학적 체계를 갖추게 된다. 이러한 이성의 원리가 현대 과학·기술의 본질이다.[26]

24 Cf. M. Heidegger, "Nietzsches Wort »Gott ist tot«(1943)", in *Holzwege*, S. 247.

25 자연에 대한 지식은 자연을 정복하고 지배하는 힘이다. F. Bacon, *Novum Organum*, 1620, 제1권 3.

26 M. 프랑크, 『현대의 조건』, 최신한 옮김, 책세상 2002, 67쪽.

이처럼 근대에서 이루어진 이성 이해의 변화는 결국 학문 체계와 지식에 대한 이해까지 전환시키게 되었다. 여기에는 인식론적 이성에 따른 정합성과 방법론의 문제와 함께 지식을 타당성에서 이해하는 체계가 성립된다. 이제 지식은 사물화하고 객체화되기에 이른다. 나아가 사회적 맥락에서는 주체성에 근거한 체계와 함께 이를 담보한 보편적 이성의 원리로 제시된다. 그 뒤에는 서구 철학의 오랜 역사에서 보는 동일성의 원리가 여전히 공고하게 자리하고 있다.

2. 계몽 이성

근대에 이르러 완성에 이른 인식론적 이성은 다른 한편 인간의 본질을 개인으로, 이성을 지닌 합리적 존재로 설정한다. 그에 따라 역설적으로 이성은 인간의 도구로, 도구적 합리성으로 정초된다. 이성을 지닌 근대인은 진보와 계몽의 인간이며, 기계론적 세계에서 존재의 주인으로 자리하는 인간이다. 그는 이성을 소유한 개체로서 사회적인 시민(civil)이며, 문명화(civilization)의 사명을 지닌 존재, 자율성(autonomy)을 지닌 존재이다. 그럼에도 그는 자기 존재를 비우고 절제하는 인간, 존재 드러남과 감추임의 역동성을 이해하는 인간으로 자리하지는 못한다. 존재 진리가 가려지고 망각되는 곳에 더 이상 인간은 자기 비움(kenosis)을 체험하지 못하기 때문이다.

이러한 이성 이해의 도식은 인간을 독립적 이성을 지닌 개체로 설정하며, 이성의 원리를 실현하는 주체로 자리매김한다. 이성 중심주의적 사고는 인간 중심적 담론의 근거가 되고, 이러한 원리에 따라 타자화의 도식을 만들어 내게 된다. 이성의 타자화가 다른 한편 식민이성을 초래한 것이다. 인간 중심주의적 이성은 결국 유럽 중심주의적 맥락으로 식민성을 내재화하게 만든다. 그것은 단순히 정치적 식민주의를 넘어 르네상스 이래 근대의 휴머니즘(humanism)과 자연과 존재를 소외시키는 중심주의로 귀결된다. 근대를 비판하거나 이성의 죽음을 논의하는 수많은 탈근대적 조류가 '근대라는 시대는 결국 존재론을 인간에 대한 철학으로 환원시킨 휴머니즘으로 완성되었다'는 니체와 하이데거의 비판에서 논의의 단초를 찾고 있는 까닭이 여기에 있다.

근대의 이성 이해는 정치사회적 맥락에서는 '계몽주의'의 원리로 설정된다. 그것은 이성의 원리를 보편화하는 계몽 정신으로 드러나며, 이 정신을 사회와 문화 체제의 중심에 위치시키는 시대이다. 이때의 이성은 인간의 오성이며 합리성으로, 나아가 도구적인 이성으로 자리한다. 그와 함께 이성의 보편성은 필연적으로 계몽의 원리가 정초된 서구 문화를 중심으로 하는 서구중심주의를 초래하기에 이른다. 물론 계몽주의는 구체적으로 프랑스 혁명(1789)에서 보듯이 개체의 권리와 자율성에 근거한 계몽의 원리를 정초함으로써 해방과 구원의 표상을 제시한 것이 사실이다. 그럼에도 이 근대는 유럽 이외의 타자를 설정함으로써 계몽되지 않는 세계를 배제하고 차별하는 제국주의의 사상적 토대가 되었다. 현대문화의 허무주의적 경향과 물신주의의 배경에는 이러한 이성의 도구화와 타자화가 중요한 원인 가운데 하나이다.

계몽의 기획은 근대 역사에서 보듯이 실패로 끝나게 된다. 아도르노(Th. Adorno)의 말처럼 계몽이 다시금 주술이 된 시대는 단순히 아우슈비츠를 경험한 독일적 귀결을 넘어서 있다. 이성 이해는 언제나 인간의 역사적 경험과 현재적 해석의 작업은 물론, 초월성을 내재화하고 현재화하는 과정을 떠나서는 결코 타당하게 주어지지 않는다. 이성 이해는 인간의 존재 이해 전체와 관계한다. 이때의 이성 이해는 결코 계몽주의적이거나, 과학적 이성으로 체계화될 수 없다. 헤겔이 정당하게 말하듯이 이성은 존재자를 매개하는 존재의 비매개성을 요구한다. 그것은 조건 지어진 존재자의 층위를 드러내는 존재의 비조건성을 의미한다. 이성 이해는 초월과 역사를 내재화하고 이를 현재의 지평에서 현현하는 현재화의 사유 작업에서야 올바르게 정초될 것이기 때문이다.

라. 이성의 죽음 담론

1. 철학의 역사와 이성의 죽음 담론

이성의 죽음 담론은 서구 근대의 철학과 그에 따른 문화 및 사회 체계에 대한 비판과 함께한다. 현대의 과학기술 문명과 심지어 자본주의조차 그 뒤에는 철학의 첫 시작에서부터 구체적인 역사적 맥락에 따라 각인된 서구의 강고한 이성개념이 자리하고 있다. 존재자를 과학과 기술의 객체로 간주하든, 또는 자본의 대상으로 삼든 이런 체계는 궁극적으로 존재론적 의미를 망각하게 만드는 형이상학적 체계에서 가능하게 되었다. 그에 따라 인식 이성, 도구적 이성, 합리성에 대해 비판하고 심지어 이성의 종말을 선언함은 근대의 기획 자체를 넘어서려는 탈형이상학 논의가 절실해진다. 그러한 맥락에서야 '다른 이성'이나 '이성의 다른 부분'에 대해 논의하는 철학사적 문제의식을 이해할 수 있게 된다.[27] 문제는 이러한 종말 담론이 아니라, 그것을 넘어서는 형이상학적 체계와 그에 따른 새로운 이성 이해의 해석학적 지평을 모색하는 작업이다. 여기에 탈형이상학의 동인이 자리한다.

칸트의 이율배반(Antinomien) 논증[28]에서 보듯이 이성의 근거를 그 자체로 설정하려는 노력은 결코 가언적일 수가 없다. 이성개념을 정초

---

27   K. Gloy(hrsg.), *Vernunft und das Andere der Vernunft*, Freiburg/München 2001

28   I. Kant, *Kritik der reinen Vernunft*, A. 406~532.

하려는 노력은 자기 회귀적이며, 또한 초월적이며 존재론적 지평에 근거해야 할 것이다. 그럼에도 이러한 근거는 선험적으로 주어지는 것이 아니기에 필연적으로 요청(postulate)하거나 결단할 수밖에 없다. 이성의 이러한 특성은 그 자체로 이성의 모순이나 한계라기보다 인간의 존재성에 내재한 모순과 한계에서 기인한다. 그러기에 이성의 자기모순은 이성 이해를 통해서가 아니라 인간의 존재 이해에서 해소되어야 한다. 이성의 자기모순성은 그 자체로 선험적 지평에서야 해소 가능하다.[29] 인간 지성은 지극히 내재적이면서 철저히 초월적이다. 이성의 자기모순은 내재적이며 초월적인 지평으로 지양된다. 그러기에 이성의 자기모순성을 해소할 사유는 존재의 내재적 초월성에서 찾아질 것이다.[30]

서구 철학의 전역사를 이성 중심주의로 규정한 언설은 타당하다. 그러기에 근대를 넘어서려는 현대 철학이 이성 중심의 철학사를 극복하는 데서 그 본질적 과제를 찾는 것도 타당하다.[31] 일반적으로 J. 데리다가 서구 철학을 "로고스중심주의(logocentrism)"로 규정하고 이를 비판했다고 알려져 있지만 그 이전 이미 클라게가 이를 명제화했다. 로고스의 다양한 의미와는 별개로 이 개념을 이성 중심주의로 해석할 때의 문제는 이로 인해 소외되고 배제되는 인간의 총체적 이해 능력이다. 이성 이외의 영역은 무엇일까. 예를 들어 신화와 예술을 이해하는 감수성은 이성의 범위와 한계와는 어떻게 관계될까? 칸트에서 보듯이

---

29   I. Kant, *Kritik der praktischen Vernunft*, A 192.

30   이러한 철학사적 이해를 통해 이성에 대한 신뢰를 더 이상 신의 선함이나 성실성에 근거 짓지 않아도 되기에, 아리스토텔레스 이래 신학적으로 특성 지어지는 서구 형이상학의 오랜 강박증에서 벗어날 길이 열리게 될 것이다.

31   만프레트 프랑크, 『현대의 조건』, 최신한 옮김, 책세상 2002 제2장 참조.

미적 판단력조차 이성에서 이해될 수 있는 것일까. 이성과 감성은 물론, 초월성을 감지하는 능력조차도 생명을 지닌 인간의 본질적 특성임에는 틀림이 없다. 이런 특성은 이성과 어떻게 연관되는가. 또는 근대적 이성 이해에서 보듯이 이들을 열등한 인식(A. Baumgarten)으로 규정하거나 또는 심지어 반(反)진리의 영역으로 간주하여 배제하는 것은 전혀 타당하지 않다.

이성 중심주의가 초래하는 또 다른 문제는 이성 이외의 것들을 대상화하거나 객체화한다는 데 있다. 이런 도식을 통해 이성 이외의 지성적 능력은 타자화될 뿐이다. 이러한 능력들은 특히 인간의 자연적 본성이나 생명성을 근원적으로 이해하는 데 관여한다.[32] 이때 타자화된 이런 능력들은 자신의 존재론적 성격을 상실하고 다만 이성적 주체의 대상이 되고, 마침내 객체화를 통해 사물화되기에 이른다. 그에 따라 자연과 세계를 기계론적으로 사물화하는 체계를 성립시킴으로써 마침내 근대의 기계론적 세계관이 공고히 자리잡게 되었다. 이성 역시 이를 근거 짓는 인식 이성과 도구적 이성으로 한정되었다.

2. 이성의 죽음 담론과 형이상학

이성의 죽음 담론은 형이상학과 관계된다. 근대를 미완성의 기획으로 보는 하버마스는 근대적 이성을 의사소통성으로 재정립하려 한다. 그

---

32 인간의 지성적 능력을 天命과 性은 물론, 그를 따르는 행위에서 이해하는 동아시아 철학의 "이성 이해"는 근대의 그것과 얼마나 큰 차이를 지니는가. 이러한 지성 개념은 인성론적 특성을 배제하고서는 이해되지 않는다. 지성은 근대의 인식 이성과는 달리 천명과 인성의 본질적 특성과 연관되어 이해된다. 그럼에도 근대 이성 이해의 도식에서는 이러한 지성 이해는 어디에서도 자리할 곳이 없게 된다. 이러한 근대 이성은 다만 자연과 타자화된 사물에 대한 이성이며, 인간이 지닌 타자에 대한 지식과 지배의 힘을 제공하는 능력으로 이해될 뿐이다.

는 의사소통적 합리성과 보편적이며 근본적인 이성의 원리에 근거하여 주체와 타자의 소통이 가능한 공동체적 지평을 설정하려 한다. 의사소통적 공동체는 당연히 서구적 역사와 서구 근대의 기획에 담긴 합리성을 전제로 한다. 그러기에 그는 근대의 우월함을 전제하며 미완성에 그친 근대 이성의 정합성을 실현하려 하는 것이다. 그럼에도 그의 의사소통적 이성은 서구적 경험을 당연하게 전제할 뿐 아니라, 그들의 존재론적 지반을 반성 없이 수용한다. 그의 의사소통적 이성 기획은 이성의 존재론적 지평을 성찰하지 않는다.

하버마스는 언어학적 전환 이래 이루어진 현대 철학의 상황을 전통적 형이상학 "이후의 사유"로 규정했다.[33] 이러한 시대를 그는 이성의 정황성과 연결 지어 이해한다. 칸트에서 보듯이 형이상학적 이해는 필연적으로 이성에 대한 이해와 함께한다. 그러기에 형이상학 이후의 사유는 전통적 이성 이해에 근거해 이루어질 수는 없게 된다. 탈형이상학(postmetaphysics)을 비롯한 형이상학 이후의 사유는 그에 정합적으로 상응하는 타당한 이성개념을 요구할 것이다. 이러한 이성 이해의 역사는 서구 형이상학의 본성과 함께한다.[34] 하이데거에 의하면 근대 인식형이상학의 이성 이해는 서구 존재 이해의 역사에 내재한 필연적 귀결일 수밖에 없다. 이성이 자신의 근원을 타자화하고 객체화할 때 이성의 자기 구현으로서의 역사는 필연적으로 자기소외를 초래하게 되는 것이다. 그러기에 플라톤주의는 결과적으로 허무주의(Nihilism)로 귀결될 수밖에 없다. 탈형이상학적 사유와 함께하는 이성 이해의 새로움은 이러한 허무주의와의 대결을 필요로 한다.

33   J. Habermas, 『탈형이상학적 사유』, 이진우 옮김, 문예출판사 2000.

34   M. Heidegger, *Zur Sache des Denkens*, Tübingen 1976.

철학사를 통해 이성으로 파악할 수 없는 것에 대한 논의는 꾸준히 이어져 왔다. 이때의 이성은 추론적이며 인식론적으로 정초된 개념이다. 예술과 신화는 말할 것도 없이 영적이거나 초월적인 체험에 대한 이해 가능성에 대해 생각해 보면 이 논의의 중요성을 충분히 인식할 수 있다. 이런 논의는 다만 포스트모던적 담론에 그치지 않는다. 휴브너는 과학적 이성을 비판하고 원초적인 진리를 이해할 이성개념과 그에 따른 신화의 진리에 대해 논의한다.[35] 말할 수 없는 것에 대한 이해를 말하는 프랑크[36], 광기의 역사를 논의하는 푸코[37], 서구 철학에 의해 형성된 현대 문화 전체를 냉소적으로 비판하는 슬로터다이크[38] 등의 철학은 그 이상의 의미를 지닌다. 또한 서구의 이성 이해를 식민성과 연결시켜 비판하는 스피박[39]은 물론, 서구 이성 이해는 결코 완성에 이르지 못할 미완성의 기획으로 이해하는 경향은 특히 포스트모던주의 이래 해체론에 이르기까지 지속적으로 나타난다. 심미적 전환을 특징으로 하는 현대 철학이 이성을 심미적으로 이해하는 까닭도 여기에 있다. 그와 함께 서구 이성 이해와 정면으로 대결하면서 가로지르는 이성(transversale Vernunft)을 말하는 벨쉬[40] 등 이성 이해의 새로움에 관한 철학적 담론은 이 시대의 철학적 흐름을 남김없이 보여 주고 있

---

35 K. Hübmer, *Kritik der wissenschaftlichen Vernunft*, Freiburg/München 1977.

36 M. Frank, *Das Sagbare und das Unsagbare*, Frankfurt/M 1989.

37 M. 푸코,『광기의 역사』, 이규현 옮김, 나남출판, 2003.

38 P. 슬로터다이크,『냉소적 이성 비판』, 이진우/박미애 옮김, 에코리브르 2005.

39 G. Ch. Spivak, *A Cirtique of Postcolonial Reason*, Harvard University Press, Cambridge, London, 1999, pp. 1-111. 여기서 그는 칸트와 맑스를 비롯한 근대 철학자들의 이성 이해가 얼마나 비유럽적 세계에 대해 반계몽적이며 유럽 중심주의적인 관점에서 접근하는지 비판하고 있다.

40 W. Welsch, *Vernunft. Die zietgenossische Vernunftkritik und das Konzept der transversalen Vernunft*, Frankfurt/M, 1995.

다. 이들은 명백히 탈근대적이다.

　서구 철학과 유럽의 근대성에서 드러난 존재 역사의 귀결은 결국 서
구의 고유한 존재 경험과 역사 경험에 따른 결과일 수밖에 없다. 인간
이 지닌 이성의 보편성은 이성 이해가 구현된 고유한 존재 드러남과 역
사적 경험을 떠나서는 정당하게 이해할 수 없다. 그러기에 서구의 이성
이해에 드러난 역사철학적 경험과 존재 드러남의 역사를 넘어 우리의
현재와 그 존재론적 지평에서 고유하게 경험되는 이성 이해를 정립해
야 할 것이다. 그것은 한편으로 이성의 보편성을 담보하면서도 생성과
차이의 특성을 드러내는 해석학적 지성 이해일 것이다. 오늘날 해체주
의적 철학과 상호작용하면서 전개되는 해석학은 근본적으로 무의미와
무근거의 사유동인을 지니고 있다. 그것은 끊임없이 차이를 생성하고
동일한 것의 영원한 회귀를 통해 무의미의 의미를 사유하려 한다.[41]

마. 현재의 형이상학을 위한 이성개념

1. 현대 철학과 이성개념

인류의 역사가 시작되면서 인간은 문화와 문명, 기술과 예술을 만들어
갔다. 이 모든 업적을 가능하게 한 내적인 정신적 능력을 어떻게 규정
해야 할까. 이성 이해가 선험적으로 결정되어 있지 않으며, 인간의 역
사와 세계 경험에 따라 새롭게 이해해야 한다면, 그것은 분명 이러한

41　이를 위한 철학적 원리는 존재자와 존재의 존재론적 차이에 대한 사유를 통해
해석학적으로 제시될 것이라 확신한다. 그것은 존재하는 모든 것이 존재를 통해 드러
나지만, 그 존재는 존재자적으로 존재하지 않으며 오히려 무(無)로서 이해되는 원리를
말한다. 그와 함께 무의미의 의미성을 사유하는 해체론적 해석학의 문제의식 역시 이
러한 맥락에서 이해된다.

문화적 맥락 및 시대정신과 연결하여 다시금 정립해야 할 것이다. 기원전 6세기경 철학이라 이름하는 학적 체계가 생겨난 것은 동과 서를 막론하고 인간이 신화적 사유를 벗어나 자신이 지닌 내적이며 정신적인 능력으로 세계를 설명하고 해명하려는 노력 전체에서 비롯되었다. 철학사는 이러한 지적이며 정신적인 능력을 이성이란 이름으로 규정한다. 그럼에도 거듭 인간의 정신적 능력으로서의 이성을 어느 범위까지로 설정하느냐 하는 문제는 여전히 진행중인 과제이다. 그것은 그 시대의 정신을 이해하고 해석하는 체계와 함께한다. 일차적으로 철학을 비롯한 학적인 노력은 전적으로 이성에 근거한다. 그와 함께 사회체계와 윤리적 행위는 물론 인간다움조차도 이성의 범위에서 가능하다. 그럼에도 근대 인식 이성의 범주는 과학적 학문의 영역에 머물러 있다. 이런 맥락에서는 과학적 영역을 넘어서는 이성개념이 자리할 곳은 없게 된다.

　존재론적 결단에 근거한 이해의 철학은 인식 이성의 범주에서는 결코 가능하지 않다. 그럼에도 이러한 이성이 해체론에서 보듯이 이성의 죽음이나 다른 이성을 설정하려는 노력을 목표로 하지는 않는다. 오히려 존재론적 해석학의 이성은 역사적이며, 인간의 존재성에 근거하여 이뤄질 것이다. 그 이성은 고대와 중세 철학에서 보듯이 신적 이성(intellectus Dei)이나 또는 그러한 존재론적 이성을 지향하는 것은 아니다. 또한 그것은 선험적 의미를 전제하는 것도 아니다. 오히려 그 이성은 초월성을 내재화하는 존재론적 이성이며, 생성과 차이를 수용하는 이성이자 생명과 존재 자체에서 주어지는 이성을 지향한다. 플라톤적 철학의 끝이 니체의 비판에서 보듯이 허무주의적 무의미로 귀결되었다면, 이 이성은 무의미의 의미를 드러내는 해석학을 가리킨다. 그것은 슬로터다이크의 말처럼 이성의 그림자놀이로 주어질지도 모른

다.[42] 영원과 본질에 근거한 철학의 해체 이후 철학은 역사철학적 지평
에 충실한 존재론이며, 그러기에 서구 철학의 2,500년 역사와 그로 인
해 체계화된 현대의 시대적 경험을 부정하지 못하는 철학이다. 그 철
학은 이성 이해의 역사를 감내함으로써 극복하고, 극복하는 가운데 새
롭게 드러내는 형이상학적 체계와 함께한다.

   이런 맥락에서의 탈형이상학은 이성개념을 새롭게 정립하는 해석학
적 지평을 필요로 한다. 그것은 이성을 존재론적으로 이해하거나 인식
론적으로 이해하던 전통을 넘어 생명체로서 인간이 지닌 총체성과 근
원적 공유 지평에서 찾아질 것이다. 이를 생명성이란 원리에서 찾는다
면 그것은 생명의 감수성과 삶의 이성은 물론, 초월적 감수성과 영성
을 이해할 수 있는 초월성까지도 포괄한다. 이러한 해석학적 성찰은
한편으로는 이성을 다만 인식 이성과 도구적 이성으로 이해했던 근대
의 철학 체계를 극복하면서, 다른 한편 탈근대의 형이상학을 위한 이
성의 원리를 제시하는 데로 이어질 것이다.[43]

2. 이성개념에 대한 이해의 전환

이성개념을 새롭게 이해하려 할 때 무엇보다 먼저 고려해야 할 점은
이성의 자기 회귀적 특성이다. 이것은 이성을 규정하려는 작업이 그
자체로 이성적 행위에 따르기 때문에 생기는 성격이다. 이성을 규정하
는 내적 능력이 바로 이성이며, 이러한 규정을 통해 다시금 그것은 이
성으로 개념화되는 것이다. 그러기에 이성은 이성을 규정하는 존재의

---

42   P. 슬로터다이크, 『냉소적 이성』, 358 참조.
43   이와 함께 오늘날 새롭게 거론되는 포스트휴머니즘(posthumanism)과 관련된
이성 논의는 중요한 의미를 지닌다. 변화된 인간 이해와 함께 이성 이해의 새로움을
드러내기 위한 사유 작업은 이런 맥락과 연결 지어 의미를 지닌다.

현재적 지평에서 이해의 준거틀을 발견해야 한다. 이성 이해의 자기 회귀적 특성은 이를 규정하는 해석학적 지평을 현재(present)로 이해한다. 이성 이해는 철저히 시간성을 현재화하는 지평에서 이뤄진다. 우리의 현재를 사유하는 이성 체계는 서구 근대에 와서 완성에 이른 이성 이해의 전환과 함께 우리의 존재론적 지평에서 드러나는 그 경험을 통해 가능할 것이다. 이러한 맥락에 따라 이해하는 이성개념은 근대 형이상학 이후의 형이상학을 위한 체계로 정립될 것이다.

인식 이성의 범주를 넘어서는 이성 이해는 일차적으로 인간의 내적 능력을 인식론에 제한하는 과학적이며 계몽주의적 이성은 물론, 존재자를 객체화함으로써 존재의 소리를 듣지 못하는 존재자적 이성을 비판한다. 그것은 과학 또는 자본으로, 또는 그 이외의 어떤 다른 객체화된 물신으로 드러나는 존재자적 지평을 감내하면서 극복하는 체계이다. 그러기에 그 형이상학은 존재자에 몰두하는 형이상학적 체계에 대한 비판과 함께 그를 넘어서는 무의미의 의미를 사유하는 이성, 존재의 소리를 듣고 그 의미를 드러내는 이성 이해와 함께한다. 이와 함께 새롭게 이해될 이성 이해는 근대적 주체성의 이성이 아니라 자기 비움(kenosis)의 해석학적 형이상학을 가능하게 하는 이성이다. 근대적 주체성은 이성을 소유함으로써 세계에서 존재자의 주인으로 자리하는 존재이다. 그에게 자기 비움이란 애초에 불가능한 개념이다.

그 이성 이해는 또한 감추이면서 드러내는 존재 의미를 이해하고 해석하는 성찰적 이성이며, 차이를 생성하는 이성, 타자의 존재성을 수용하는 이성이기도 하다. 그것은 세계사적으로는 타자를 식민화하는 식민이성을 넘어 배제와 소외, 차별의 보편성을 부정함으로써 차이의 보편성을 듣는 이성이며, 이 시대의 파괴적 상황과 형이상학적 허깨비를 깨는 작업과 함께한다. 그와 함께 이 이성 이해는 실존적으로는 죽

음을 감추며 죽음으로 몰아가는 허무적 상황과 죽음을 잊게 하는 무의
미함을 넘어서는 이성일 것이다. 그것은 허무주의를 넘어서는 이성,
무의미의 의미를 현재화하는 그러한 이성을 의미한다.

5

근대의 형이상학과 탈근대적 사유

가. 근대 형이상학과 세계 체계

1. 근대와 근대 세계

1) 근대의 시대정신(modernity)을 해명하려는 철학에서는 형이상학이 아리스토텔레스적 체계와는 다른 형태로 형성된다. 이 시대에 유럽 세계는 자신의 시간을 중세와는 다른 시대로 이해했다. 근대라는 시대는 14-15세기 이래 점진적으로 진행된 유럽 중세 체제의 해체에서 비롯되었다. 중세 봉건 체계의 완만한 붕괴와 상업자본의 시작, 신대륙 발견(점령)이란 상징적 사건을 거치면서 중세 체제는 해체의 과정을 밟게 되고, 근대라 이름하는 '새로운 시대'가 시작되었다. 서구의 근대는 중세와는 구별되는 새로운 시대를 표현하는 시대구분법이다. 이러한 시대구분은 동아시아의 역사 경험에 의한 것이 아니라 유럽의 역사와 그들의 시대 인식에 따른 구분이다. 유럽어 'modern'은 '새로운' 또는 '요즈음'을 의미하는 라틴어 'modernus'에서 유래한

개념이다.[1]

이 시대는 종교개혁과 뒤이은 오랜 종교전쟁을 거치면서 근대적 의미의 국민국가(nation)의 형성과 함께 엄청난 사회 변화를 초래하게 된다. 이러한 일련의 혁명적 변화는 결국 이를 해명할 철학적 사유를 요구하기에 이른다. 이로써 이전 시대의 사유 체계로서는 더 이상 새로운 사회의 변화를 담아내지 못하게 되면서 불가피하게 형성된 사유 패러다임이 바로 근대성이라 말할 수 있다. 문제는 이러한 근대의 시대상과 그에 대한 해명으로서의 근대성이라는 철학 정신이 16세기 이래 서구 사회와 문화, 철학과 학문을 규정하는 데 그치지 않는다는 데 있다. 유럽이 체험한 새로운 사회, 경제, 문화 체계와 그에 담긴 철학과 학문의 변화는 결국 19세기 이래 이른바 서세동점, 또는 제국주의 과정을 거치면서 우리의 현재는 물론이고 현대 세계 전체를 규정하는 힘으로 작용하게 되었다.[2]

우리에게 근대란 무엇인가. 홉스봄이 말했듯이 19세기 이래 근대의 역사는 제국주의의 시대이며, 과학기술과 정치적 혁명의 시대, 자본에 의해 지배되던 시대였다.[3] 그것은 근대의 완성이면서 다른 한편 근대가 극단으로 이루어진 시대이기도 하다. 지금 우리는 그 근대의 원리가 과잉으로 작동하는 시대를 살고 있다. 근대는 학문과 문화, 사회 체제를 새롭게 구성한다. 근대 인식론의 형이상학 없이 자연을 관찰하고

1 J. Rittter u.a. (Hg.), *Historisches Wöterbuch der Philosophie*, Basel, Stuttgart Bd. 6. 1976.
2 현재는 라틴어 "hic et nunc"에서 보듯이 시간적으로는 물론이고 공간적인 "이곳"을 동시에 함의한다. 지금과 이곳으로서의 현재는 그를 문제 삼는 자의 현재이다. 그러기에 현재에 대한 성찰은 해석학적이며 존재론적이다.
3 에릭 홉스봄, 『자본의 시대』(정도영 옮김): 『혁명의 시대』(정도영/차명수 옮김), 『제국의 시대』(김동택 옮김), 한길사 1998, 3부작 참조.

검증하는 과학적 방법론은 불가능했으며, 이에 따라 생겨난 새로운 학문 체계와 지식의 준거는 결국 그를 가능하게 했던 형이상학 체계의 변화와 밀접히 연관된다. 이러한 학문 체계가 17세기 이래 유럽 근대의 형이상학 체계에서 생겨난 자연과학이라면, 그에 따라 세계를 기계론적이며 수학적으로 이해하는 새로운 체계가 형성되었다. 이를 과학적 세계관이라 부를 수 있다. 이 체계에 따르면 인간은 대상을 이해하는 주체로 자리하고, 그 외 자연 사물과 자연 세계는 객체로 성립된다. 이제 인간은 자연 존재자를 이해하고 규정하는 주체이며 그 중심에 위치하게 된다. 근대성은 인간 중심주의를 바탕으로 인간과 자연, 유럽과 제3세계, 이성과 감성, 남성과 여성 등의 대척점에서 모든 실재를 이분법적으로 구별한다. 근대는 철저한 중심부의 사고로 주변부를 소외시키는 체제이다. 이러한 이분법은 영혼과 육체, 주체와 객체, 정신과 물질을 구분하였으며, 나아가 개체와 전체를 분리함으로써 중심부 이외의 것을 타자화한다.

근대 합리성의 기획은 존재자의 이해를 근거율에 따라 설정한다. 근거율은 사물을 "계산하고, 수용하며, 처리하는" 이성의 작용에 따른 것이다. 이 근대에 이르러 학문을 과학으로 귀결시킨 토대는 이렇게 정립된 이성개념이다. 그러기에 이 두가지 원리가 현대 과학·기술의 본질이라고 말해도 좋을 것이다.[4] 과학적 체계가 정립됨으로써 학문과 지식의 내용은 변화하게 된다. 자연과 타자에 대해 존재론적으로 이해하려던 학문이 근대에 이르러 그에 대한 지배와 관리의 힘, 그러한 지식으로 변화한 것이다.[5] 이와 같은 학문 패러다임은 근대정신에 근거

---

4 M. 프랑크, 같은 책 67쪽.
5 자연에 대한 지식은 자연을 정복하고 지배하는 힘이다. F. Bacon, *Norum Organum*, 1620, 제1권 3.

한 체계이다. 인식 이성에 따른 비판과 판단의 기준 문제, 주체가 지닌 이중성, 자신의 기준과 그를 넘어서는 타당성 담보라는 문제에서 그들은 보편 이성의 원리를 기준으로 제시한다. 보편 이성의 원리에 따라 실재를 이해하고, 그에 상응하게 만드는 일원성과 동일성의 원리가 확립되었다.

2) 근대 형이상학의 특성

하이데거는 서양적-유럽적 사유는 동일성의 원리에 기반하고 있다고 말한다. 파르메니데스의 정식 "동일한 것은 사유이며 또한 존재"라는 명제를 해명하면서 그는 서구 사유란 존재를 하나의 동일성에 의해, 나아가 이러한 동일성의 특성에 의해 규정되는 것으로 이해한다.[6] 인식론의 철학은 자연을 포함한 존재자와의 관계를 인식주체와 객체라는 이분법적 도식에 따라 규정한다. 결국 근대의 합리성은 인식론적 이원론과 존재론적 동일성의 원리로 자리하게 되었다. 하이데거는 근대란 시대의 학적 특징을 자연과학으로 귀결된 학문으로 이해하며 이것이 구체적으로 드러난 문화 현상이 수학적이며 기계 기술적 문명, 즉 근대 기술이라고 말한다. 근대는 또한 예술에 대한 이해를 작품에 대한 비평이나 실제적 지식으로 환원하는 미학으로, 나아가 인간의 실천적 행위를 문화로 이해하는 문화철학으로 귀결된다. 이러한 규정은 문화가 하나의 생성과 존재 의미의 드러남이 아니라 문화 결과물에 대한 해명으로 그치는 당대 가치철학적 문화철학에 대한 비판이다. 마지막으로 그는 신성의 본질이 다만 특정한 종교 형태로 드러남으로써 신의 본성이 가려지는 탈신성화를 거론한다.[7]

---

6   M. Heidegger, *Identität und Differenz*, Pfullingen 1957, S. 13-15.

근대 철학은 중세 스콜라철학에서 존재론적이며 신적인 특성과 연관 지어 이해하였던 이성의 원리를 인식론적 관점에서 정의한다. 이런 특성은 명석판명한 인식의 문제에 몰두했던 데카르트의 도식에서 명백히 드러난다. "생각한다. 그러므로 존재한다(cogito, ergo sum)."란 명제는 존재론적 이성 이해가 인식의 정합성을 보증하는 원리로 전환하였음을 보여 준다. 칸트 역시 존재자의 인식을 위해 이성의 범위와 한계를 규정하기 위한 철학 작업을 전개했다. 그것은 형이상학의 정립 가능성을 위한 인간 이성의 권한과 한계를 선험적으로 규정하기 위한 철학적 작업을 의미한다. 그의 저서 『순수이성비판』과 『실천이성비판』은 이성의 범주를 규명한 저서이면서, 이를 바탕으로 계몽의 원리를 위한 토대를 다진 작품이기도 하다. 그래서 칸트 철학은 이성의 원리에 근거하여 세계 이해와 세계 정립 가능성을 논의할 수 있게 된다. 이처럼 계몽주의는 인간을 이성적 존재로 설정하며, 이에 근거한 역사와 세계에서의 인간 중심과 진보의 원리를 제시하고 있다. 그것은 세계 정립의 근거로서 이성을 보편적 원리로 설정하는 체계이다.

서구 철학적 전통에서 이해되는 이성은 이성의 대상을 인간의 이해에 재현하는 기능을 지닌다. 그러기에 이성 중심주의는 다른 말로 인간 중심주의라고 말할 수 있다. 이성 중심주의적 사고는 궁극적으로는 인간 중심적 담론을 형성하였으며, 그러기에 르네상스 이래 근대의 휴머니즘(humanism)은 결국 유럽적 인간 중심의 담론에 지나지 않게 된다. 나아가 이러한 이성이 유럽 근대의 이성과 합리성으로 자리할 때는 필연적으로 유럽 중심주의로 드러나게 된다. 계몽주의 이래 역사가 이를 잘 보여 주고 있다. 이에 대해 하이데거는 근대 철학의 종말은

---

7   M. Heidegger, *Die Zeit des Weltbildes*, op. cit., S. 73-74.

존재론을 인간에 대한 철학으로 환원시킨 휴머니즘에서 기인했다고
비판한다.[8]

  월러스틴 역시 유럽의 성취와 유럽 중심의 담론이 "체계화하는 신
화"로서 인간주의적인 보편주의와 인종차별주의를 만들어 냈다고 비
판한다.[9] 이는 주체 중심, 이성 중심의 역사, 세계에 보편의 준거를 제
시하려 했던 서구 근대의 기획이 빚어낸 결과를 규정한 것으로 이해할
수 있다. 근대 유럽이 말하는 보편성은 결국 배제와 차별의 보편성으
로 귀결되었다. 그러기에 사이드는 이러한 보편주의를 불쾌한 보편주
의라 이름하기도 한다.

  3) 칸트의 도덕 형이상학

  윤리학을 형이상학에 근거하여 정립한 전형적인 예는 독일 계몽주
의 철학자 I. 칸트(Kant)에서 찾아볼 수 있다. 그는 윤리학을 위해 형
이상학적 기초를 제시하는 작업이 선행되어야 함을 잘 알고 있었다.
칸트는 윤리학의 정언명령으로 보편적 준칙을 개인의 구체적 윤리 명
령의 전제로 삼아야 한다고 주장한다. 그 근거를 정립하기 위해 칸트
는 도덕을 기초 짓는 형이상학적 작업에 몰두했다. 그 선행 작업이 이
른바 삼대 비판서로 불리는 이성의 준칙에 대한 비판 철학이다. 칸트
는 보편적이고 선험적인 순수이성에 따라 자신의 모든 철학을 체계화
하며, 이를 위한 기초 작업을 형이상학을 새롭게 정립하는 철학적 과
정으로 이해했다.

  앞에서 보았듯이 칸트의 문제의식은 형이상학이 "내쫓기고 버림받

---

8 M. Heidegger, "Brief über den Humanismus" in *Wegmarken*, Frankfurt/M
1976.

9 I. Wallerstein, *Unthinking Social Science*, Cambridge 1991, p. 51 참조.

는 노녀 헤쿠바처럼 된 시대"에서 이성 비판과 의미 규정을 통해 형이 상학을 새롭게 규정하려는 데 있었다. 인간은 본질적으로 형이상학적 존재이며, 또한 모든 학문은 이 형이상학에 의해 규정되고 정의되는 것이기에 형이상학 없이 인간의 존재는 물론, 어떠한 의미 있는 학문 도 가능하지 않다. 형이상학 없는 학문은 다만 객체적인 지식의 조합 에 지나지 않는다. 그래서 그는 윤리학을 정립하기 전에 그것이 근거 하는 형이상학적 틀을 정초하려 노력했던 것이다.

정언명법(categorial imperative)은 특정한 조건이나 상황에 좌우되 지 않는 선험적이며 절대적으로 주어진 명령이다. 이에 비해 윤리 준 칙에 따라 가변적으로 적용되는 도덕 명령을 그는 가언명법(hypothet- ical imperative)이라고 말한다. 이것은 구체적 상황이나 적용되는 조 건에 따라 달라질 수 있다. 정언명법은 먼저 개인의 윤리 명법이 언제 나 보편적이며 절대적인 명법에 따라 이루어져야 한다는 원칙을 지닌 다. "네 자신의 행위의 준칙이 언제나 보편적 법칙에 따라 이루어지도 록 행위하라." 그와 함께 어떤 경우라도 인간을 수단이나 방편으로 삼 지 말고 그 자체를 목적으로 삼아야 한다는 두 가지 원칙을 지닌다. 인 간은 그 자체로 존엄하며 인격을 지닌 존재로서 자체 목적적이며 그러 기에 어떤 경우에도 도구로 사용될 수 없기 때문이다.

윤리학의 선험적 근거를 정립하기 위해 칸트는 "도덕형이상학의 기 초 짓기" 작업에 몰두한다. 이 작업은 우리의 인식과 행위 실천을 근거 짓는 준거인 이성의 원리에 따라 이루어진다. 인간은 이성적 존재로서 이성의 원리에 따라 판단하며 행위한다. 그 이성(Vernunft)은 선험적 (transzendental)이며 경험과 별개로 작용(a priori)하지만 현실적으로 인식 작용과 실천행위를 이끌어 가는 지성(Verstand)은 경험에 따라(a posteriori) 작용한다. 이른바 칸트의 3대 비판서는 이러한 작업을 선행적으로 이끌어 간 작품이다. 1781년에 집필한 『순수이성비판』은 이성의 한계와 범위에 대해 분석한다. 그 논의에 기초하여 우리는 이성의 인식 작용에 대해 이해할 수 있게 된다. 이어 1788년에 출간한 『실천이성비판』은 이성에 기초하여 어떻게 실천적 행동을 이끌어 갈 수 있는지를 다루고 있으며, 마지막 1790년에 작업한 『판단력비판』은 숭고함을 느끼고 아름다움을 판단하는 이성에 대해 논의하고 있다. 이런 맥락에서 그는 윤리학의 기초를 형이상학적으로 정립한 작품, 『도덕형이상학의 근거 정립』(Grundlegung zur Metaphysik der Sitten, 1785년)을 집필했다.

인간은 이성의 존재이며, 이성을 다른 어떤 외적 권위가 아닌 자신의 본성에 따라 사용함으로써 성숙한 인간으로 살아가야 할 의무를 지닌다. 이것은 인간 본연의 존재적 의무이다. 스스로에 의해 자신의 본성인 이성을 사용하여 인식하고 행위하며, 미적 판단을 수행하는 인간의 특성은 자율성(autonomie)에 있다. 인간의 윤리적 기초는 이 자율성에 자리한다. 그래서 그는 하늘에 별이 있어 빛나는 아름다운 세상을 가능하게 했다면, 인간이 아름다운 것은 밤하늘의 별처럼 빛나는 도덕율 때문이라고 말한다.

칸트가 경험론과 합리론을 종합하는 데 결정적 역할을 한 것은 이른바 선험적(先驗的) 종합판단론이다. 경험론에 근거한 학문은 보편성과 필연성을 담지하는 데 한계를 지닐 수밖에 없다. 학적 과정의 보편성을 담지하기 위한 경험 이전의 판단과 진리 준거는 결코 경험의 영역에서 주어지지 않는다. 이런 관점에서 경험적인 종합판단이란 한계를 지닐 수밖에 없다. 그래서 칸트는 경험적 의미의 후천적(後天的)(a posteriori) 영역을 넘어서는 경험 이전의 종합판단에 대해 개념화했다. 이 말이 바로 "a priori"한 종합판단이며 이를 흔히 선험적이라 옮긴다. 지식은 그 가능성의 선행 조건을 필요로 하며, 이는 경험 이전의 것이지만 인간의 존재를 초월하는 영역을 가리키는 말은 아니다. 그가 지식의 근거를 선험적으로 전회한 것은 사실이지만 이는 존재론적 초월에서 주어지는 개념은 아니다.

4) 계몽주의 근대

근대의 정신은 마침내 18세기에 이르러 "계몽주의"라 이름하는 시대를 열었다. 그것은 이성이 모든 것의 중심에 자리하는 문화와 사회 체계를 의미한다. 여기서 이성은 인간의 지성이며, 합리적 이성이다. 이성의 보편성은 문화와 사회의 원리이며 토대로 작용한다. 또한 개인 사이의 관계는 이러한 합리성에 의해 유지되며, 개인의 의지는 보편적 입법 원리에 종속된다. 계몽주의는 근대에서 이루어진 사유 구조의 변화가 구체적으로 프랑스 혁명(1789)이란 사건을 거치면서 계몽의 원리로 유럽에 퍼져 나갔다. 근대의 혁명은 계몽주의 시기에 이르러 새롭게 전환되었다. 사실 계몽주의는 16세기 이래 이루어진 근대정신을 전 유럽에 확산시키는 계기가 된 사건이다. 이로써 근대는 계몽주의 근대라 이름할 수 있는 새로운 시대로 접어들게 되고, 근대성이 전 세계를 장악하게 되는 사건의 터전이 완성된다.

현대를 규정하는 가장 강력한 세 가지 사회문화 체계는 여기서 형성된다. 산업혁명과 자연과학 혁명의 결과로 산출된 과학·기술 주의, 자유로운 도시인 계층에 의해 주도된 정치·경제 체계로서 자본주의, 여기에 계몽주의적 이념이 결합하여 탄생한 국민국가 체제와 정치적인 민주주의는 결국 근대정신이 구체화되고 현실화된 결과다. 근대성으로 이름 지어진 이러한 체제는 마침내 19세기 이래 제국주의적 과정을 거치면서 세계의 보편 기준으로 작동하기에 이르렀다. 근대 계몽주의의 보편성과 동일성은 결국 일원성의 원리에 따라 다원적 세계를 부정하기에 이른다. 이 보편성은 차이를 무시하는 억압의 기제로 기능하게 된다. 유럽적 보편성은 유럽 이외의 것, 이성의 보편성으로 이성 이외의 것을 억압하게 되고, 결국 그것들이 소외되는 현상을 낳게 된다. 이 보편성과 일원성이 전체성으로, 나아가 개체성과 다원성을 부정함으로써 원초적으로 차이와 타자에 대한 억압을 내포하게 되었다.

다원성을 무시하며 개체를 억압하는 보편성은 이러한 의미에서 전혀 보편적이지 않은 차별의 보편성으로 작동하는 것이다. 이것이 유럽적 보편성으로 세계사를 읽는 순간 발생하는 문제이다. 유럽적 기준, 담론의 세계화가 유럽 중심주의라는 보편의 옷을 입고 세계화하는 과정에서 수많은 역기능들이 발생한다. 계몽의 원리는 진보와 해방, 개인의 인권과 자유에 기반한 승리의 역사이다. 그것은 자연에 대한 인간의 승리이며 비이성적이며 비합리적인 모든 것에 대한 이성의 승리를 의미한다. 여기서 배제된 이성 이외의 것, 비합리적인 것들은 광기와 야만으로, 비계몽과 미개란 이름으로 단죄되었다. 비유럽권의 비합리성은 그들이 유럽에서만 예외적으로 꽃피워진 이성의 원리를 내재화하지 못하였기 때문이다.

예를 들어 폴란드 사회철학자 지그문트 바우만은 공포를 길들이고자 한 '근대의 기획'은 임시방편에 불과했음을 고백한다.[10] 칸트는 이성의 준칙에 따른 보편적 입법의 원리는 물론 이에 근거한 도덕 이성을 정립하고자 했다. 계몽은 이 기획을 합리성과 보편이란 이름으로 세계에 전파했지만, 그것은 결국 배제와 차별, 억압의 구도로 드러나

---

10 지그문트 바우만, 『유동하는 공포』, 함규진 옮김, 산책자 2009.

게 된다. 계몽은 다만 차이를 배제한 차별, 서구의 특수한 입법 준칙을 억압과 강요를 통한 보편으로 거짓 정립한 것에 그쳤다는 인식이다. 그래서 근대에서 비롯된 합리성의 문화는 비합리성, 광기, 마술, 신비, 신화를 억압하였다. 그럼에도 이러한 노력은 헛된 시도에 그칠 뿐이다. 공포를 길들이고자 시도한 이러한 영역의 배제가 오히려 더 큰 광기와 폭력, 야만을 낳는다. 근대의 역사와 우리 시대를 통해 이런 현상을 수도 없이 목격하지 않았던가.

5) 계몽 정신과 유럽 중심주의

막스 베버(M. Weber)는 그의 주저 〈*Die Protestantische Ethik und der Geist des Kapitalismus*〉(1905) 서문에서 "보편적인 의의와 가치를 지닌 … 문화적 현상이 서구문명에서 그리고 오직 서구문명에서만 나타난 사실"에 대해 질문한다. 그는 근대적 과학과 학문 체제는 물론이고 인쇄술과 법률제도, 자본주의와 관료제도 등을 비롯한 모든 합리적이고 체계적이며 전문화된 문화는 오직 서구에서만 존재한다고 단정한 뒤, 그 이유에 대해 질문한다. 비록 많은 기술과 발명들이 중국과 인도를 비롯한 나라에서 유래되었을지라도 그것은 유럽만의 합리성을 문화를 거쳐서야 비로소 올바른 의미를 지니게 되었다고 단정한다. 그래서 유럽에서만 가능했던 이성의 원리와 합리성의 문화에 대한 그의 질문은 곧장 유럽적 보편주의와 유럽 우월적 사고로 확대된다. 유럽의 문화와 유럽의 철학, 이성의 문화만이 세계사적 보편성을 담지한다는 것이다.

계몽주의의 철학적 근거를 제시한 칸트는 〈계몽이란 무엇인가〉에서 근대의 계몽 정신을 이성의 정신을 자율적으로 사용하는 능력에서 찾는다.[11] 이성의 능력을 자율적으로 사용하지 못하는 타율성은 국가나 교회, 또는 전통과 관습이나 그 이외 어떤 외부에 존재하는 권위나 규범에 종속된 미성숙한 상태에 머물러 있는 것이다. 계몽은 이성의 원리를 자신의 것으로, 자기 존재에 내재화할 때 비로소 가능하다.[12] 유럽 근대와 계몽주의는 자신의 문화와 철학적 원리를 보편적이며 합리적인 것으로 설정한 뒤 유럽 이외의 세계와 철학을 타자화시켰다. 그들은 근대라는 서구적 자기 정체성을 보편화하는 가운데 제국주의와 식민주의의 야만과 폭력을 저질렀다. 지난 300여 년에 이르는 역사적 경험은 이러한 중심주의와 계몽주의가 지닌 야만성을 폭로하고 있다. 서구 근대의 기획과 합리성에 기반한 보편성의 주장은 끊임없이 타자에 대한 폭력성을 증폭시켰다. 그들에게 있어 타자란 "중세와 르네상스 시대에 '그들'과 '우리'의 경계선을 문화와 자연, 인간과 괴물, 기독교와 우상 숭배자를 가르는 선으로 표상"된 것이다. 서구의 근대적 관점에서 볼 때 타자는 다만 "지연된 우리"일 뿐이다.[13] 이러한 타자화는 서구 이외의 문화뿐 아니라 이성의 타자, 인간의 타자, 주체의 타자를 설정하기 때문이다.

근대적 중심주의는 타자를 소외시키고 억압함으로써 수많은 역기능을 초래한다. 주체를 통한 객체의 설정과 이성의 원리, 과학과 기술을 통한 자연 지배, 계몽의 기획을 통한 비합리성의 통제는 허구의 기획에 그쳤다. 이성에의 절대적 확신을 통해 문화에서 야만과 폭력을 배제하려 했던 근대의 기획은 역사에서 보듯이 역설적으로 타자에 대한

11 I. Kant, "Beantwortung der Frage: Was ist Aufklärung?" (1784), in *Was ist Aufklärung?*, hrsg. E. Bahr, Stuttgart, Reclam 1974, S. 9-22. S. 9.

12 오늘날 탈근대와 탈식민주의적 논의에서는 이러한 계몽 정신도 결국 유럽의 역사와 철학에 한정된 것이라고 주장한다.

13 Mondher Kilani, *L'Invention de l'Autre*, Payot 1994, 19-20, 조현범, 『문명과 야만, 타자의 시선으로 본 19세기 조선』, 책세상 2006, 166쪽에서 재인용.

폭력으로 작동하게 된 것이다. 하버마스의 말처럼 근대의 기획은 "미완성의 기획"이 아니라[14], 결코 성공할 수 없는 기획이었다.

나. 유럽적 보편주의와 오리엔탈리즘

1. 유럽적 보편주의

월러스틴은 유럽적 보편주의가 민주주의와 문명의 충돌 담론, 신자유주의적 경제 원리로 제시되었다고 말한다.[15] 그것은 민주주의가 인권을 옹호하고 이를 보증하는 유일한 체제라는 담론으로, 또한 서구 문명이 보편적 가치와 진리에 기반해 있으며 그러기에 다른 문화보다 우월하다는 생각으로, 시장경제의 유일성과 보편성을 주장하는 신화로 작동한다는 비판이다. 그것은 16세기 이래 근대 세계 체제에 의해 성립된 보편주의의 담론이다. 현대 세계의 핵심적인 이데올로기는 이러한 제국주의적인 역사였으며, 그 과정은 그에 대해 저항하고 투쟁한 역사였다. 유럽 중심적 보편주의는 "불평등하고 비민주적인 세계 체제를 유지하고자 하는 유럽적 보편주의 세력에 … 굴복"하도록 요구하는 초특수주의적 입장으로 귀결된다.

그것은 "고대 그리스·로마 세계에 뿌리를 두고 있는 유럽 '문명'만이 자본주의 세계 체제에서 흥성한 관습, 규범, 관행의 잡탕에 붙이는 포괄적인 용어인 '근대성(modernity)'을 산출"할 수 있었다는 인식이다. 근대성은 진정한 보편적 가치들, 즉 보편주의의 구현이며, "윤리적

---

14 J. Habermas, Die Moderne – ein unvollendetes Projekt, in *Kleine Politische Schriften* I – IV, Frankfurt/M 1981.

15 이메뉴얼 월러스틴, 『유럽적 보편주의: 권력의 레토릭』, 김재오 옮김, 창비 2006, 8–10쪽.

선이자 역사적 필연"이다. 그러기에 비유럽의 문명은 근대성과 유럽적 보편주의를 향해 나아가야 하며, 유럽 이외의 지역은 "유럽 세력의 강요 없이는 근대성의 일정한 변형으로 변모할 수 없"는 것이다.[16] 월러스틴은 여기서 인권과 민주주의란 개념, 보편적 가치와 진리에 기초한 서구문명의 우월성, 시장에 대한 복종의 불가피성을 자명한 관념으로 제시하는 것은 결코 자명하지 않다고 말한다. 그것은 반성과 성찰, 주의 깊은 분석과 해명을 요구하는 복합적인 관념이다. 제국주의와 식민주의는 "자본축적이나 자원·영토의 탈취에만 그치지 않고 어떤 의미에서는 그보다 훨씬 강대한 힘의 원천이 된 담론의 체계와 결부"되어 있다.[17] 그것은 문화적 헤게모니를 넘어 철학과 사유 일반에까지 지배적 담론으로 작용하는 것이다. 그러기에 중심주의 극복과 탈중심성의 담론은 정치·경제는 물론 철학의 영역에까지 확대하여 논의해야 한다.

여기서 월러스틴은 "보편주의를 주장하는 것만큼 자민족 중심주의적이고 특수주의적인 것은 없다"는 역설적인 논제를 제시한다.[18] 그것은 보편이란 주장이 언제나 문화의 특수성과 지역성에 근거하여 정립된 것이기 때문이다. 여기서 우리는 인간으로서 지니는 본질적 보편성 자체를 거부할 이유는 없다. 보편성의 거부는 다원적 문화 사이의 소통과 만남을 가능하게 하는 근본 토대를 거부하는 것으로 오독될 가능성이 상존한다. 그 한계를 넘어서기 위해 보편과 특수의 문제, 세계체제의 보편성 주장에 담긴 형이상학적 지평에 대해 진지하게 해명해야 할 것이다. 그것은 결코 선험적인 어떤 원리이거나 자신의 종교나 신

---

16   이메뉴얼 월러스틴, 같은 책 64-65쪽.

17   강상중, 같은 책, 186쪽.

18   I. 월러스틴, 같은 책, 75쪽.

념, 또는 특정한 철학적 판단과 이념에 의해 주어지는 것일 수는 없다.

2. 유럽적 보편체계의 문제점

1) 오늘날 자본주의 세계 경제는 세계의 보편적 체제로 작동하고 있다. 그럼에도 자본주의는 그 형성 과정에서 그리고 그 작동 기제에서 보듯이 유럽의 역사적 경험의 결과이며, 인간의 경제적 욕구에 대한 가장 무이념적인 충족 기제가 되었다. 그것은 결코 보편적이지도 않고, 역사에서 오래된 어떤 체제도 아니며, 더욱이 미래의 부동적 위치를 차지하는 체제도 아니다. 다만 19세기 이래 유럽 자본주의 체제의 승리와 이어지는 현대 세계의 체제가 자본주의의 보편성이란 환상을 낳았을 뿐이다. 자본주의 경제체제는 군사적·기술적 역량을 통하여 세계를 통합하고 19세기에 이르러 전 지구적 보편성을 확보하게 된다. 그럼에도 그것은 독창적인 인식론에 근거한 역사의 한켠에서 드러난 특수한 체제일 뿐이다. 이제 이 특수한 지식구조를 해명하고 이를 넘어설 지적 대안이 요구된다. 여기서 월러스틴은 자본주의 체제를 포함하여 오리엔탈리즘을 극복하기 위해서는 보편화해야 할 인식과 특수주의적 토대 사이의 긴장을 언급한다. 이 둘 사이에서 "일종의 끊임없는 변증법적 교환 속에서 우리의 특수한 것을 보편화하면서 동시에 우리의 보편적인 것을 특수화할 필요가 있고, 이를 통해 새로운 종합에도 다가"가야 함을 역설한다.[19] 그것은 하나의 지적 모험이며, 자본주의 체제에 의해 획일화한 세계, 자본의 이름으로 이루어지는 야만과 폭력을 벗어나는 길이기도 하다.

지오바니 아리기는 근대 이래 두 차례에 걸친 세계 패권 이동을 분

---

19   I. 월러스틴, 같은 책 90쪽.

석하면서 유럽이 세계의 중심으로 자리한 배경을 해명한다.[20] 이를 통해 우리는 현대세계의 상황에 대해 명확히 이해할 수 있으며, 나아가 유럽 중심주의와 근대성의 우위가 역사적 결과물, 그것도 식민지 지배를 통한 결과이며, '우연히 주운 황금사과'에 불과하다는 사실을 알 수 있게 된다. 유럽의 근대가 주장하는 이성의 원리나 유럽 예외주의 또는 유럽 우월적 문화론은 역사적 결과에 지나지 않는다. 이성은 보편적인 것이지만 근대에서 정초된 이성은 서구 철학의 역사를 떠나서는 생명을 지니지 못하며, 합리성의 문화 역시 이성 이해의 도식에 따라 달리 이해될 것이기 때문이다.

16세기 네덜란드에서 영국으로의 패권 이동과 영국에서 미국으로 패권이 이동하는 가운데 비유럽 세계는 엄청난 제국주의적 폭력을 경험하게 된다. 이제 미국 패권과 자본주의 체제의 전환이라는 이행의 시기에 필요한 것은 무엇일까. 그 이전의 패권 이동이 제국주의적 폭력으로 드러났다면 지금은 그 자리에 계급과 경제적 격차에서 주어지는 불평등함의 문제가 자리하고 있다.[21] 이때 요구되는 사회경제적 변화를 위한 노력은 당연하지만, 이를 넘어서는 사유의 틀과 해석학적 원리에 대한 성찰은 그 이상으로 중요하다.

지금 필요한 것은 진정한 의미의 탈중심적 중심성의 원리이며, 이를 위한 철학적 원리의 정립이다. 이를 통해 역사와 세계에 대한 해석, 자연과 인간 이해의 틀을 근거 지우고 이를 바탕으로 하는 탈중심적이며 탈근대적 체제의 원리를 제시해야 한다. 탈근대적인 탈중심성 담론이

---

20 지오바니 아리기 외, 『체계론으로 보는 세계사』(*Chaos and Governance in the Modern World System*(1999), 최홍주 옮김, 모티브북 2008.
21 이러한 이행의 시기에 필요한 명제를 아리기는 5가지로 제시하고 있다. 같은 책 430-457 참조.

이러한 한계를 벗어나지 못한다면 그것은 근대성의 이면이며 역전된 근대성에 지나지 않게 된다. 서구를 대신하는 또 다른 보편성이란 무의미한 논의이며 중심성을 전제한다는 측면에서 근대의 다른 얼굴이기 때문이다. 그것은 서세동점 이후 동아시아의 역사에서 일어났던 오류를 반복하는 것이다.[22]

2) 학문의 문제

월러스틴은 유럽적 보편주의의 또 다른 현상으로 과학적 보편주의에 대해 언급하고 있다. 그것은 "매순간 모든 현상을 지배하는 객관적 법칙에 관한 주장"이다. "1945년 이후에 과학적 보편주의는 거의 상대가 없을 정도로 의심할 여지없는 서구 보편주의의 가장 유력한 형태가" 되었다.[23] 오늘날 근대의 학문은 과학으로 환원되고 있다.

19세기 이래의 과학은 유럽적 보편주의의 중대한 양식 가운데 하나로서 사회적 수용이라는 관점에서 엄청난 강점을 지니고 있다. 그 원리는 지식 생산 체계에 그치는 것이 아니라, 지식의 내용은 물론, 그에 따른 체제 전체와 관련된다. 과학은 대학과 교육, 그에 기반한 문화 체제 일반과 우리의 인식구조와 세계 이해, 그를 위한 해석학적 원리에까지 가장 강력하게 영향을 미치고 있다. 과학은 자연과 인간에 대한 이해는 물론 세계와 역사, 정치와 경제 체계에서 자신의 원리를 보편적 진리란 이름으로 전파하고 있다. 우리는 과학으로 세계를 보며 과

22　일본의 근대화 논의나 정한론에 담긴 사고, 2차 세계대전 당시의 대동아 공영론은 물론이고, 오늘날 거론되는 동아시아적 가치란 담론은 이러한 오류의 대표적 모습이다. 강상중, 『오리엔탈리즘을 넘어서』, 이경덕, 임성모 옮김, 이산 2004. 180쪽 참조. 그들은 서구 문화의 특권적 지위를 거부하면서 그 자리에 또다른 특권적 문화를 보편주의란 이름으로 재위치시키려 한다.

23　I. 월러스틴, 같은 책, 93-94쪽.

학의 원리에 따라 우리의 이해 체계 전체를 구성하고 있는 것이다. 오늘날 철학을 비롯한 학문 일반은 과학이 되고자 하는 열망에 사로잡혀 있으며, 그것이 이 시대 학문의 가장 큰 문제이기도 하다.

과연 근대의 학문은 서구에서만 가능한 것일까? 예를 들어 하이데거는 『철학 - 그것은 무엇인가』(*Was ist das - die Philosophie?*, 1955)에서 "서양적-유럽적 철학이란 표현"은 사실상 동어반복이라고 말한다. 그 이유는 "철학이란 본질적으로 그리스적이기 때문"이며, "'존재자의 존재란 무엇인가' 라고 물었던 그리스-유럽적 사유의 역사에서야 가능한 개념"이기 때문이다. 철학이 모든 학문의 근거라면 "철학이 오직 그리스 문화만을 요구"한다는 주장이 어떤 의미를 지니는지는 명확하다. 다만 그 학문이 근대에 이르러 과학으로 변모했을 망정 그것이 오직 유럽에서만 가능했다는 주장은 동일한 맥락에서 이해된다.

근대의 학문 체계가 보편적으로 작동할 때 문제가 되는 것은 학문과 권력의 관계이다. 그것은 서구 중심의 이론이 제국주의적이며 얼마나 동아시아 전통과 역사철학적 성찰을 배제하고 억압하는지에서도 극명하게 드러난다. 근대 계몽주의적 학문이 초역사성과 세계 보편성에 기반한 서구 중심주의와 서구의 역사에서 이해된 이성에 바탕 한 학문이라면, 이를 벗어나는 학문의 해석학적 구성 원리는 다른 문화적 맥락에서 나타날 것이다. 근대 이후 우리 학문의 자리는 수입 학문에 그친 것이 사실이며, 그것은 지금도 진행 중이다. 서구의 충격과 우리의 반응은 실재를 이해하는 패러다임을 바꾸어 놓았다. 그것은 우리 역사와 현실, 삶의 자리에 근거한 학문이 아니라, 서구의 패러다임으로 이해하는 학적 체계에 따라 형성된 것이다.

예를 들어 코헨(Paul A. Cohen)은 근대성 내지 근대화라는 역사적 전제에 따라 중국사를 해석할 때 생기는 문제에 대해 심층적으로 분석한다.[24] 중국을 포함한 동아시아의 역사를 유럽의 역사적 경험과 유럽 근대라는 기준으로 해석할 때 그 문화는 결코 계몽의 역사나 이성의 원리를 드러내지 못하는 미숙한 역사에 지나지 않게 된다. 오늘날 동아시아 역사를 근대화와 근대성이란 관점에서 해석할 때 필연적으로 잘못된 해석, 폭력적 왜곡이 발생할 수밖에 없게 된다. 식민지 근대화론이나 자본주의 맹아론은 그런 의미에서 근대화의 패러다임에 갇힌, 서구 중심주의의 동아시아적 변형에 지나지 않는다. 그러기에 학문 제국주의적 관점을 벗어나 우리의 현재를 성찰하는 해석학적 작업은 탈중심성의 학문을 위해서는 무엇보다 중요한 관점이다. 여기서 거론하는 학문 제국주의의 문제는 우리에게는 여전히 커다란 무게로 남아 있는 과제 가운데 하나이다.

　탈근대적 학문은 단순히 포스트모던적 학문을 의미하지 않는다. 그것은 다만 보편적 진리의 가능성을 거부하거나, 서구 본질주의 철학에 대한 해체를 지향하는 것이 아니다. 오히려 그것은 해석학적이며 역사 철학적 관점에서 정립되는 학문 체계를 의미한다. 오늘날 이러한 성찰 없이 거론되는 진화생물학적 통섭 담론이나, 학제 간 연구에 대한 일방적 추종은 또 다른 의미에서의 학문 제국주의적 사고에 지나지 않는다.

　3) 근대성의 내면화와 오리엔탈리즘

　근대성은 서구 중심주의와 서구 문화에 획일적으로 적응됨으로써 수많은 역기능을 초래했다. 교육과 학문에서, 나아가 사회와 문화 일반에서 근대성은 보편적 기준이자 우월한 철학적 원리이며, 비유럽 세

24　P. 코헨, 『학문의 제국주의』(*Discovering History in China*(Columbia Univ. Press 1984), 산해 2003.

계를 근대화시키고 계몽시키는 준거로 자리한다. 이러한 근대성의 내면화가 우리에게는 오리엔탈리즘으로 작동하고 있다. 오리엔탈리즘 (orientalism)이란 "근본적으로 동양이 서양보다 약자라는 이유로 동양에 강요되는 정치적 원리"를 의미한다.[25] 그럼에도 그것은 우리의 세계 해석의 잣대, 철학적 원리는 물론 문화와 사회 체계 전체를 왜곡시키기에 더 큰 문제를 야기한다. 오리엔탈리즘을 내면화함으로써 우리는 피해자이면서 또한 타자에 대한 가해자로 자리하게 된다. 문화적으로 우리가 지닌 우월감과 열등감은 이러한 오리엔탈리즘의 역기능일 뿐이다.

이것은 다양성을 인정하지 않고, 소수를 차별하는 사고에서도 나타난다. 차이의 존재론은 다른 사람의 존재론적 지평을 그 자체로 인정하는 것이며, 다른 이데올로기, 신념 체계, 타자의 존재론적 지평을 거부하지 않는 것이다. 지금 우리가 겪는 사회적 약자와 소외계층, 노동자에 대한 배제와 억압은 물론 다른 계층에 대한 억압은 차이를 인정하지 않는 중심주의의 산물이며, 오리엔탈리즘이 내면화된 결과일 뿐이다. 서구에 대한 턱없는 열망과 서구 문화의 우월성에 대한 내면화가 그 이외의 타자에 대한 어처구니없는 우월 의식으로 드러나고 있다. 다문화주의와 민족주의는 오리엔탈리즘의 변형된 형태로 나타날 때 수많은 문제를 초래하게 된다. 세계화가 당연한 규범으로 작동하는 현대사회에서 문제가 되는 이념 가운데 하나가 민족주의 담론이다. 민족주의 담론을 넘어 탈민족주의를 논의하는 주장들의 정당성과 배경에도 불구하고 이 담론은 오리엔탈리즘의 내면화에 따른 논의와 밀접히 연관되어 있다. 올바른 민족의식과 민족주의는 분명 필요한 것이

---

25   E. Said, *Orientalism*, Randon House, New York 1979, p. 204.

며, 우리의 역사에서 보듯이 긍정적으로 작용한 것이 사실이다. 민족
주의와 다문화의 원리는 차이를 수용하는 탈중심적 중심성의 원리에
서 정립될 때 정당하게 나타난다.

오늘날 일부에서 거론되는 "민족주의는 반역이다."라는 명제, 탈민
족주의 담론은 서구의 경험과 서구 근대의 역사에서 기인한 것이다.
민족이 근대에 와서 형성되었다고 외치는 그들의 담론은 우리의 역사
적 경험을 반성하지 않는 또 다른 의미의 학문 제국주의적 사고에 지
나지 않는다. 분명 민족주의가 타자에 대한 배제와 억압으로 작용할
때 그것은 위험하며, 민족주의와 국가주의가 빚어내는 역기능이 동아
시아 사회만큼 극명하게 드러나는 곳도 없을 것이다. 그럼에도 민족주
의의 허구를 비판하고, 근대와 민족주의를 연결 지어 정의하는 작업은
서구의 경험이지 우리의 것은 아니다. 이러한 역사적 경험과 우리의
현재를 무시한 탈민족 담론은 허상에 지나지 않는다.

오리엔탈리즘에 대한 반발이 옥시덴탈리즘(occidentalism)으로 이
어지는 것은 또 다른 오리엔탈리즘, 오리엔탈리즘이 내재화된 결과일
뿐이기 때문이다.[26] 월러스틴은 옥시덴탈리즘을 "반유럽 중심적 유럽
중심주의"라고 부른다.[27] 그것은 유럽 중심주의의 근거를 반성하는 대
신 "유럽인들이 근대 세계에 부과하는 지적인 틀의 규정을 전적으로
받아들"였기 때문이다. 오늘날 오리엔탈리즘에 대항하여 우리 민족의
것과 그 철학을 강조하는 것과 자문화 우월주의는 오히려 거울처럼 내
면화된 오리엔탈리즘을 반사적으로 보여 주는 표징에 지나지 않는다.

근대 극복의 문제가 다시금 "동아시아적 가치" 회복으로 연결되는

---

26 E. Said, *Orientalism*, p. 328: "오리엔탈리즘에 대한 해답은 옥시덴탈리즘이 아
니다."
27 I. 월러스틴, 같은 책 88쪽.

것은 헛된 노력에 그칠 것이다. 탈중심성 담론이 지역성에 대한 단순한 가치 회복으로 환원될 수는 없다. 그것은 또 다른 중심성이 될 것이기 때문이다. 1830년 이래 세계 패권의 전환과 이러한 원인에 대한 분석에 기대어 동아시아적 가치를 중심에 자리매김하는 또 다른 종류의 보편주의나 옥시덴탈리즘을 제시하는 오류를 범할 수는 없다. 오리엔탈리즘은 "근대의 지배적·위압적인 지식의 체계"에서 생겨났다. 그러기에 탈오리엔탈리즘은 그와 같은 지식 체계는 물론 정치와 경제, 문화 일반과 권력의 실천 사이에 상호작용을 해명하는 가운데 새롭게 구성되는 지적이며 정치적인 실천이어야 한다.[28] 오리엔탈리즘은 초월적 주체인 서구에 의해 자의적으로 표상되고 창조된 문화적 장치와 담론 체계이다. 그것은 서구 문화 일반에 특권적 지위를 보증하는 동시에 다른 담론의 가능성을 배제하고 은폐하기에 문제를 야기한다.

우리가 문제 삼아야 할 중심주의는 이러한 오리엔탈리즘을 넘어 근대의 지식과 철학 체계 일반은 물론 그에 근거한 정치·경제와 역사 경험 전체에 대한 해명으로 이어져야 한다. 이런 의미에서 18세기 이래의 이성 중심주의적 근대성과 유럽 우월주의, 이와 연관된 인간 중심주의에 대한 반성이 요구된다. 그것은 타자의 존재성을 수용하면서, 타자의 문화 일반과 체계를 배제하거나 억압하지 않는 새로운 문화에 대한 논의로 확대되어야 한다. 문제는 이를 위한 철학적 원리를 제시하는 데 있다. 분명한 것은 그것이 또 다른 가치와 문화를 대안으로 제시하는 것일 수 없으며, 다원적 다원성의 것일 수도 없다는 사실이다.

이렇게 논의하는 담론들 뒤에는 자본의 전지구화와 함께 나타난 제국 논의 역시 중요한 동기로 작용하고 있다. 이 제국이 결코 2차 세계

---

28 강상중, 같은 책 187쪽.

대전 이전의 민족주의적이며 국민국가적 맥락의 제국이 아니라 시장
과 자본에 의한 것이란 주장이 탈민족주의 논의의 허구를 주장하는 이
들의 지적이다.[29] 그들에 의하면 제국은 시장의 제국이며, 자본이 전
세계를 상대로 펼치는 외부 없는 내부의 제국이다. 이런 논의의 정당
성과는 별개로 명백히 이 논의는 인간의 존재와 삶을 이해하고 해명하
는 해석학적 철학이 없을 때 공허한 담론에 그치게 된다. 왜냐하면 네
그리는 자본이 인간 삶의 근원적 터전인 공동체는 물론, 실존적 층위
까지도 장악한 현재의 문제를 인간의 존재 바깥이 부재하는 것, 자본
의 외부 없는 내부성으로 설명하기 때문이다. 그런 관점에서 이 주장
은 논의의 정당성과는 전혀 별개로 형이상학적 맥락과 근거를 떠나 해
명되지 않는다.

다. 탈근대적 사유의 도래

1. 근대를 벗어나기 위한 사유의 노력

1) 탈근대적 관점에서 중요한 철학적 과제는 17세기 이래의 근대 철학
체계를 새롭게 자리매김하는 작업이다. 한편으로 그 과제는 근대성의
기획과 계몽주의의 철학 체계를 후기 산업사회라 불리는 현대 세계 안
에 타당하게 정립하는 일이기도 하다. 이런 경향은 하버마스에서 잘
찾아볼 수 있다. 하버마스는 현대 철학의 과제를 미완성에 그친 근대
철학의 기획을 완성하는 것이며, 근대 이후의 세계에서 요구되는 사유
를 정립하는 데 있다고 본다. 그는 1980년 〈아도르노 상〉을 수상하면

---

29   이런 주장을 펼치는 대표적인 학자는 안토니오 네그리(A. Negri)이다. 마이클
하트와 공동으로 작업한 삼부작인 *Empire*(2000), *Multitude*(2004), *Common-
wealth*(2009) 참조.

서 행한 강연, 〈근대 – 미완성의 기획〉[30]은 물론, 1984년 〈근대성의 철학적 담론〉, 또는 최근의 〈형이상학 이후의 사유〉를 통해 후기 근대라는 시대 상황에서 요구되는 철학 체계와 대결을 벌이고 있다.[31] 그에 비해 이른바 포스트모더니즘과 후기구조주의 철학에서 보듯이 근대성 자체를 극복하거나 해체함으로써 새로운 철학적 사유를 지향하는 철학적 흐름도 존재한다. 이에 덧붙여 이런 경향을 지닌 철학자로 신실용주의 철학의 로티(R. Rorty), 차이와 생성을 강조하는 들뢰즈(G. Deleuze) 철학을 거론할 수 있다.

철학이 처한 시대적 상황에서 이 땅의 철학은 어떤 담론을 제시할 수 있을까. 이제까지의 철학이 서구 철학적 이론의 소개와 해명에 머물러 있었다면 이제 이 우리의 철학적 현재를 성찰하면서 그에 상응하는 사유 작업을 전개해야 함은 재론의 여지가 없다. 시대적 요청과 당위적 필요에도 불구하고 여러 이유로 이러한 사유 작업이 지체되었다면, 철학하는 우리와 이 땅의 철학은 자신의 시대적 과제를 달성하지 못하는 큰 잘못을 저지르고 있는 셈이다. 지금 필요한 철학은 지금 여기에서 남김없이 이 시대적 요청에 응답하는 사유과정임에는 틀림이 없다.

이 철학의 과제는 서구 근대 철학과 어떻게 만나고 어떠한 지평에서 그를 넘어설 수 있는지에 관한 사유 작업에서 시작된다. 그것은 하이데거의 표현처럼 서구 근대 철학을 감내하고 극복하는 사유 작업을 의미한다. 그 철학은 형이상학에 대한 "초월적 극복"(overcoming of

30 J. Habermas, *Kleine politische Schriften I–IV*, Frankfurt/M 1981, S. 444-464.

31 J. Habermas, *Der philosophische Diskurs der Moderne*, Frankfurt/M 1984, 이진우 옮김, 『현대성의 철학적 담론』(문예출판사 1995); Ders., *Nachmetaphysisches Denken*, 이진우 옮김, 『탈형이상학적 사유』, 문예출판사 2000.

metaphysics)이며, 전통적 철학을 넘어서는 새로운 사유의 시도이기도 하다. 여기서 말하는 새롭다는 말은 구체적인 이 작업이 남들이 시도하지 않았기에 '새로운 작업'이라 우기는 교만한 언명이 아니다. 그 철학은 다만 서구 근대성에 의해 주어진 철학을 극복하고, 서세동점의 시대 이래 현재란 해석학적 지평에서 논의되는 철학이며, 근대와의 관계를 되돌아봄으로써 나타나는 새로운 사유란 의미이다. 하이데거의 말처럼 "다가올 사유는 더 이상 철학이 아니"란 언명에서 이해되는 새로움을 말한다.[32] 그럼에도 이 과제는 하이데거 철학과는 달리 우리만의 고유한 해석학적 지평을 벗어날 때 결코 가능하지 않다.

2) 19세기 이래의 세계 질서의 혼란과 서구 세력의 제국주의적 침탈은 철학에서도 엄청난 변화를 초래하였다. 밀려오는 서구의 정치적, 문화적, 군사적 힘은 물론, 그 뒤에 담긴 과학기술과 철학 체계의 엄청난 영향력은 동아시아의 철학 자체를 변화시키기에 충분한 것이었다. 비록 중체서용(中體西用), 동도서기 또는 화혼양재(和魂洋才) 등 각기 다른 이름으로 드러났음에도 불구하고 동아시아 세 나라는 이러한 혼란과 침탈에 맞선 나름대로의 대응을 제시했다. 1876년 강화도 조약 이후 일본을 통해 수용되고 변형된 근대와 마주한 조선의 지식인들에게 근대는 마주해야 할 적이기도 했지만, 극복해야 할 과제이기도 했으며 순응해야 할 숙명이기도 했다. 이후 전통적인 문화, 유가적 전승과 정치질서, 인성론 중심의 형이상학으로 규범화되었던 시대는 근대적 체제와의 대면을 통해 포기되고 잊혀졌으며, 그 자리를 서구의 근

---

32 M. Heidegger, "Brief über den Humanismus", in *Wegmarken*, 2. Aufl., Frankfurt/M 1978. S. 360.

대성이 대신하게 된 역사적 사실은 이미 잘 알고 있는 바와 같다. 당시의 지식인들이 서구의 근대와 마주하면서 겪었던 정신적 당혹감과 그를 표현한 "동도서기(東道西器)"의 명제는 근대의 충격이 얼마나 대단했는지를 극명하게 보여 준다.

그럼에도 이러한 반응은 최소한의 저항에 그쳤으며, 이후의 과도한 근대화 과정은 산업화를 거치면서 지금의 우리 문화와 삶, 일상적 체제와 사유 구조까지 장악하기에 이르렀다. 21세기 현재의 문화는 서구 근대가 과잉으로 작동하는 시대임이 틀림이 없다. 신자유주의로 대변되는 자본주의와 학문을 다만 과학기술로 이해하는 사조, 대학을 자본주의의 틈새를 매우거나 지식데이터 공급처 정도로 인식하는 문화는 분명 근대성이 과도하게 작동하는 체계다. 근대의 기술 문명은 그것을 가능하게 했던 근대의 시대정신과 철학, 그 근거로 작동하는 형이상학적 사유의 틀을 떠나서는 생각할 수 없는 것이다. 자연과 세계를 해석하고, 이를 이해하고 실천하는 형이상학적 사유의 지평을 벗어난 단순한 기술 문명이란 애초에 있을 수 없는 개념이 아닌가.

이 시대 철학은 이러한 과도함을 넘어 이 땅에서의 새로운 사유 지평으로 나아가야 한다. 그것은 결코 우리만의 어떤 좁은 철학을 말하거나, 전통으로의 회귀를 의미하는 것이 아니다. 보편성을 담지하지 못하는 철학, 존재와 인간의 본성 그리고 이해와 해석의 본성을 사유하지 못하는 철학은 분명 그들만의 좁은 한 순간의 신념에 그치고 말 것이기 때문이다. 지금 필요한 보편과 개별, 같음과 다름을 함께 수용하면서 우리의 해석학적 현재를 철학함으로 담아내는 지난한 작업이 바로 이 시대 철학이 가야 할 길이다.

3) 일본의 경우 비교적 이른 시기에 서구 철학과의 대결을 통해 그

들의 현재를 철학적으로 사유하는 작업을 전개했다. 이런 결실 가운데 하나인 교토학파(京都學派)의 철학은 그 철학적 깊이를 떠나 선불교를 통해 탈근대적 사유의 계기를 찾으려는 시도 가운데 하나로 의미가 있다. 교토학파의 대표자인 니시다 키타로(西田幾多郞)는 독일 철학을 기초로 하여 전통적인 일본의 문화와 철학, 특히 선불교와 서구 철학의 통합을 시도했으며, 그 당시 요구되는 동아시아적 윤리학을 새롭게 정립하고자 했다. 그의 저서 『선(善)의 연구(1911)』는 여기에 중요한 의미를 지닌다.[33] 이 저서에서는 동아시아 철학의 중심 주제를 무(nothingness)로 설정하고, 이를 유럽 철학의 주제인 존재와 연결 지어 철학적 사유를 전개한다. 여기에 하이데거와 선불교는 중요한 두 원천이었다.

중국은 아편전쟁 이후 여러 각도에서 유럽 철학과 유학의 비교 연구를 시도했다. 그들은 중체서용의 모토 아래 중국문화와 서양문화 간의 융합과 합류 문제를 철학적 작업으로 전개했다. 예를 들어 호적(胡適)이 듀이(J. Dewey)의 실용주의를 중국의 비유학파와 결합시키고, 양수명이 베르그송(J. Bergson)의 철학과 양명학을, 장군매가 베르그송과 오언(R. Owen)을 송명이학과 결합시킨 것, 풍우란이 신실재론과 정주 철학을 접목시키려 시도한 것 등은 대표적인 사례일 것이다.[34] 한편 노사광은 중국 고유의 철학사를 가지지 못함에 대해 반성하면서 그것을 위한 새로운 방법론을 찾고자 한다. 그는 칸트 철학에 대한 이해를 근거로 하여 전통적인 천(天) 사상을 해석학적 근거로 제시한다. 그 핵심이 되는 주제는 형이상학적 하늘이며, 그에 따른 천명(天命) 개념

---

33 사토 히로오 외, 『일본사상사』, 논형 2009, 433~435쪽 참조.
34 진위평, 『일곱 주제로 만나는 동서 비교철학』, 고재욱/김철운/유성선 옮김, 예문서원 1999, 13쪽.

이었다.[35]

최근에도 대만의 나광(羅光)은 『생명철학』(生命哲學: 1984)을 통해 토미즘 철학으로 중국철학 전체를 재해석했으며, 하버드 대학의 두유명(杜維明)은 미국철학적 맥락에서 유가철학을 논의하였고, 양국영(揚國榮)은 『존재지유-형이상학 이후 시대의 형이상학』(〈存在之維〉-後形而上學時代的 形上學, 人民出版社 2005)을 출판하여 형이상학 이후의 사유를 그들의 전통 철학에 입각하여 모색하고 있다. 진위평은 이러한 철학적 작업이 현대 중국철학의 중요한 과제임을 천명하면서 그 중심을 맑스주의에서 찾는다. 그는 "중국철학의 우수한 성과를 계승하고, 중국의 전통 철학을 개조, 경신하여 이 양자를 하나로 융합해야"한다고 말한다.[36] 이러한 시도는 그 철학적 중요성과는 별개로 그들의 철학적 지평에서의 고유한 문제의식을 철학화한 결과임에는 틀림이 없다.

우리 철학에 필요한 것은 이러한 동아시아 이웃 국가의 노력을 참고하면서 우리의 철학적 지평에서 근대와 탈근대를 논의하는 것과, 그 맥락에 따라 이루어 가는 서구 철학과 동아시아 철학의 만남과 대결을 통한 사유 작업이다. 그것은 탈형이상학이란 주제로 해명될 것이다. 여기에는 두 개의 과제가 자리한다. 즉 철학이란 결국 형이상학이기에 이러한 형이상학적 작업을 통해 전통적인 서구의 형이상학을 넘어서는 이후의 형이상학을 근거 짓는 것이 하나의 과제이다. 두 번째 과제는 우리의 현재라는 해석학적 지평에서 이루어 가는 철학적 작업이다. 현재는 과거와 미래가 상호작용하면서 이루어지는 지금이란 시간축과 여기란 공간축이 중첩된 지평이기에 해석학적 철학은 언제나 이러한

---

35   노사광, 『중국철학사 - 고대편』, 정인재 옮김, 탐구당 1986, 5-6쪽.

36   진위평, 같은 책, 14쪽

현재에 자리한다.

지금 필요한 것은 이러한 사유 작업을 모으는 하나의 과정과, 철학 공동체에서 이런 논의들이 모아지는 과정들을 한국문화와 학문의 영역에 의미 있는 형태로 제시하고 수용하는 과정이다. 이런 작업을 거칠 때 우리의 철학은 말 그대로 현재의 철학으로 거듭날 수 있을 것이다. 그러한 철학만이 우리의 현재를 이해하고 해석하는 철학 본연의 과제를 수행하는 철학으로 자리매김될 수 있다.

4) 잘 알려진 것처럼 서구의 철학은 16세기 일단의 철학자에 의해 중세적 체계를 벗어나면서 새롭게 전개된다. 근대성이라 이름하는 이러한 철학적 시도는 궁극적으로 인식 이성과 합리성, 수학적 세계관과 실체론적 사고, 인간 중심주의적 철학으로 특징지어진다. 그럼에도 근대의 철학은 넓은 의미에서 존재를 존재자성(Seiendheit)에서 이해하는 전통적 서구 형이상학의 사유 흐름 안에 놓여 있다. 근대정신으로 대변되는 이러한 철학사적 흐름은 후기 근대에 이르러 다양한 갈래에서 쏟아지는 비판에 부딪히게 된다. 철학사에서 보듯이 한 사유 체계에 대한 도전과 비판은 언제나 있어 왔으며, 그것이야말로 철학을 철학이게 하는 이유이기도 하다. 그럼에도 오늘날의 도전은 단순히 형이상학의 방향을 수정하려는 온건한 형태를 넘어서 있다. 그것은 형이상학의 종말 내지는 해체, 나아가 철학의 문제 자체가 잘못 제기되었다는 전면적 거부에까지 이르고 있다. 그들 중 일부는 존재론적 사유를 허구의 체계로 파악함으로써 철학을 언어 논리학의 차원에 국한시키거나 혹은 현대사회, 구체적으로 문화 내지 과학에 대한 해석의 수준에 제한시키기도 한다. 또 한편에서는 동아시아 사유와의 접목을 통해 서구 형이상학이 직면한 위기를 벗어나려 시도하기도 한다.

2. 탈중심성 논의

1) 플라톤 이래 서구 철학은 존재의 동일성과 일원성에 근거한 사유틀로 형성된다. 플라톤주의로 완성에 이른 서구 철학의 기획을 해체하려는 니체 이래의 포스트모더니즘은 일원성과 동일성에 대한 반발을 담고 있다. 포스트모더니즘을 특징짓는 다원성과 탈중심성, 해체론은 이러한 철학적 역사에 기반하고 있다. 그럼에도 문예적이며 철학적 사조로 등장한 포스트모더니즘은 다원성과 탈중심성에 대한 대안 없는 해체에 머물고 말았다. 지금 포스트모더니즘이 아닌 탈근대를 기획하는 우리에게 필요한 것은 탈영역성과 탈중심의 다원성일 것이다. 그것은 다원적 실재가 소통하는 원리를 정립하는 것이며 차이가 차이로 유지되면서 차이의 보편성을 정립하는 과정이기도 하다.

근대의 기획을 완성하려는 하버마스의 철학은 서구 전통 철학의 기반 위에 서 있다. 그는 여전히 플라톤 이래의 로고스(logos)에서 유래한 이성의 보편성과 이성의 정합성을 확신한다. 다만 그 이성은 중세에서 보듯이 신적인 것도, 칸트에서처럼 형이상학의 근거이거나 선험적인 어떤 것도 아니며, 헤겔에서 보듯이 세계와 역사를 구현하는 절대정신의 이성도 아니다.

하버마스의 탈근대 담론은 근대 체계에 대한 수정과 보완을 의미한다. 우리의 탈근대성은 하버마스의 기획을 넘어 근대의 가치, 근대의 패러다임과 철학 전체를 문제시하면서 이루어가는 극복의 사유이다. 근대는 인간의 보편성에 기초한 인권과 이성의 문제를 유럽적 경험과 역사를 통해 인식 이성과 계몽의 이성으로, 유럽 중심적 인간과 인권으로 환원시켰다. 그것은 보편의 특수화이며, 유럽의 역사와 철학을 통한 구체화에 지나지 않는다. 이성과 인권은 분명 보편적 원리임에도 서구의 근대에 의해 정형화되고 규범화되었다. 이를 새롭게 수용하면서 서구 근대 체계의 한계를 넘어서는 데 탈근대의 해석학적 원리가 주어질 것이다. 서구 근대에 이르러 형상화된 자본주의와 과학·기술 주의는 물론 정치적 민주주의조차 우리의 역사적 경험과 철학적 원리에 의해 새롭게 해석해야 할 것이다. 여기에 서구 근대의 내재화를 넘어 그 정당성을 수용하면서도 이를 극복하고 넘어서는 감내와 초월적 극복의 사유가 요구된다.

2) 서구 철학을 이성 중심주의로 규정하는 것과 이에 대한 비판과 교정의 노력은 현대 철학의 본질적 특성이다.[37] 이미 클라게, 그리고 J. 데리다가 서구 철학을 "로고스중심주의(logocentrism)"로 규정하고 비판했지만 이것은 이러한 철학 조류를 명제화한 것에 지나지 않는다. 이성의 종말, 이성의 죽음은 이미 진부한 표현이 되고 있다. 이것이 문제가 되는 것은 이성 중심주의에 의해 소외되는 인간의 다른 지성적 능력 때문이다. 감성과 영성, 초월성은 근대의 이성 이해 도식에 의해 열등한 것이거나 심지어 반(反)진리의 영역으로 간주되어 배제되었다. 두 번째 문제는 이성이 자연을 비롯한 이성의 대상을 타자화한다는 데 있다. 객체화와 타자화는 이성을 지닌 주체와 객체란 도식(subject-object-schema)을 설정하는 데서 문제를 야기한다. 이 도식에서 타자는 자신의 존재론적 성격을 상실하고 다만 이성적 주체의 대상이 되고, 마침내 객체화를 통해 사물화되기에 이른다. 근대의 이성개념은 수학적 세계관과 결합함으로써 세계를 기계론적이며 양화하는 체계를 성립시켰다. 더 큰 문제는 근대에서 이해된 일면적 인식 이성, 즉 계산하는 이성은 이성 자체의 능력인 숙고하고 성찰하는 이성을 배제한다는

37　만프레트 프랑크,『현대의 조건』, 최신한 옮김, 책세상 2002 제2장 참조.

데서 생긴다.

　근대 이성 이해는 서구의 철학적 역사와 그 존재역운을 통해 귀결된 필연적 결과이다.[38] 하이데거의 비판에서 보듯이 이러한 존재 역사의 귀결은 서구 문화를 허무주의(nihilism)로 나타나게 한다. 그것은 니체의 사유를 서구 존재 역사에 따른 형이상학의 필연적 결과로 이해하는 것이다. 형이상학은 존재자를 존재자로서 사유한다. 그 사유를 철학은 존재의 빛에 따라 수행함으로써 자신의 과제를 달성하고자 했다. 그럼에도 전통 형이상학은 존재의 밝힘을 이데아에서, 주체의 관점에서 범주적이며 인식론적으로 표상함으로써 존재 의미는 잊히고 진리는 은폐되기에 이르렀다.

　전통 형이상학은 이 사유의 역사에서 존재자와 존재의 차이를 망각하는, 본질적으로 존재자적 사유로 함몰되었기 때문이다. 그것이 존재 사유의 운명이라는 주장이 탈형이상학적 사유 계기를 드러내고자 했던 하이데거의 철학이다. 하이데거는 자신의 철학을 존재론적으로 전개하던 가운데 근대의 문제에 대해 비판하고, 이에 대한 극복의 문제를 해명하고자 했다. 이러한 근대성의 비판과 그 존재론은 우리에게 근대 극복의 문제에 중요한 사유 단초를 제시할 것이다. 그것은 유럽 근대와 근대성에서 드러난 존재 역사의 귀결이며, 서구의 고유한 역사적 경험에 따른 결과이다. 서구 형이상학과 그에 따른 세계 체계에 대한 비판이 탈중심성 논의로 주어지는 것은 결국 이러한 형이상학의 역사에서 초래된 결과이다. 형이상학적 원리가 현상되고 재현되는 역사적 경험과 과정에 대한 비판은 그 체계의 원리와 근원으로 향한다.

---

38   M. Heidegger, *Zur Sache des Denkens*, Tübingen 1976.

3) 근대화를 산업화로 이해하고 규정한 것은 2차 세계대전 이후 트루먼 대통령시대에 이루어진 전후 복구 사업과 무관하지 않다. 이때 유럽에 대한 지원은 물론 냉전시대의 대립 구도에서 이른바 제3세계에 대한 지원을 근대화로 이름하였다. 이때의 근대화는 우월한 서구의 과학기술 문명을 전파하고 착근하는 것이면서, 그 이면에 담겨 있는 근대의 철학적 원리를 보편의 이름으로 설정하는 것이었다. 그것은 한편으로 유럽과 그 후손이기도 한 미국문화의 우월성을 제기하는 것이다. 이러한 승리는 정치·경제, 문화 일반을 넘어 궁극적으로는 철학적 원리로까지 확대되었다. 이후의 역사적 경험은 탈식민화의 노력에도 불구하고 문화적 영역에서는 여전히 유럽적 보편주의와 유럽 우월주의가 힘을 떨치고 있는 것이다.

유럽 우월주의는 다양한 경로를 통해 나타난다. 문화 결정론과 환경 결정론은 가벼운 정도이지만 정작 문제가 되는 것은 합리성과 고대 그리스 문화에서 드러나는 인간 중심의 사고에 기반하고 있다는 가정으로, 이는 결정적으로 유럽 예외주의의 신화를 성립시키게 된다. 마침내 중심부로 설정된 유럽과 주변부인 비유럽 세계, 이성과 비이성, 문화와 야만, 계몽과 계몽의 대상이란 이분법이 공고화되기에 이른다. 월러스틴은 유럽적 보편주의를 넘어서는 보편적 보편주의를 대안으로 제시한다. 그것은 "보편적인 것과 특수한 것 모두를 역사화하며, 이른바 과학적인 것과 인문학적인 것을 단일한 인식론으로 재통합하고 약자에 대한 강자의 '개입'을 위한 모든 정당화 근거들을 고도로 객관적이고 지극히 회의적인 시선으로 바라볼 수 있도록"한다. 그래서 지식인들이 "거짓된 가치중립성의 족쇄를 벗고", 이러한 "이행의 시기에 실제로 의미 있는 역할"을 해야 한다. 그래서 그는 "모든 지식의 재통합에 대한 희망을 유지시켜 줄 유일한 인식론"으로 '배제되지 않은 중

도'론을 제기한다.[39]

그러한 보편적 보편주의는 다수의 보편주의이며, 다원적 중심성을 의미하는 것이기도 하다. 그것은 다만 서구 근대의 거부나 근대성과는 다른 원리를 제시하는 것이 아니라, 근대화의 역사적 경험과 폭력성에 대한 성찰과 감내를 통한 극복으로 나타나야 할 것이다. 여기에 필요한 철학적 원리는 존재론적 차이의 철학에서 원용할 수 있을 것이다. 다양한 존재자의 드러남이 존재에 의한 것이기에 그것은 동일성과 차이를 지닌다. 동일성과 차이는 다만 같음과 다름이 아니라 같으면서 다르고 다르면서 같은, 존재 드러남의 특성이다. 그것은 또한 우리의 현재, 인문학의 조건인 "지금 여기서"의 현재성을 성찰하는 가운데에서 시작될 것이다. 그것은 탈근대적 중심성이란 다원적 실재들이 자신의 중심성을 유지하면서 서로가 중심이 되는 다원적 중심성임을 의미한다. 다원적 실재의 중심성은 그 실재가 자리한 현재, 그 실재의 '지금 여기'에서 시작되며 그 현재가 중심이 되는 원리에 자리하기 때문이다. 탈근대의 논의는 이러한 문제의식에 근거하여 탈중심성의 원리와 함께 사유될 때 정당하게 드러날 수 있게 된다.

오늘날 문화·사회 영역에서 다양한 형태로 드러나는 탈식민주의 논의들이나 유럽 중심주의에 대한 비판은 직접적으로 형이상학의 영역과 관계되지는 않는다. 그럼에도 이러한 논의는 근대의 형이상학적 체계에 대한 비판과 밀접히 연관된다. 또한 이런 비판과 함께 새로운 인간 이해 및 세계 이해를 틀 짓기 위한 탈형이상학적 사유가 요구되기

---

39 I. 월러스틴, 같은 책 138, 141쪽 146쪽 참조. 그것은 새로운 종류의 위계적 불평등의 세계를 넘어 새로운 세계 체계를 향한 가능한 대안을 제시하는 역사적이며 윤리적 선택을 명확히 하는 것이다. 이를 통해 그는 근대 이후의 시기에 필요한 정치적 가능성을 찾으려 한다. 같은 책 146쪽.

에 이런 철학 작업을 위해 필요한 논의로 탈근대적 사유의 도래를 해명하고자 한다.

6

근대 비판의 형이상학

가. 근대 형이상학의 문제

1. 근대 형이상학의 특성

1) 근대의 형이상학이 R. 데카르트 이래 인식론적 형이상학으로, 칸트에서 보듯이 더 나아가 선험 이성과 도덕 형이상학으로 이어진 반면, 세계를 체계화하는 원리로도 작용하였다. 그것은 그 형이상학이 역사적 전개 과정과 결합하면서 초래된 결과였다. 계몽의 원리가 만들어낸 근대 세계의 체계와 함께 과학기술을 가능하게 했던 인식론적 형이상학과 자본주의적 세계 질서는 인류 역사에서 명암을 지닌 두 얼굴로 나타난다. 그에 따라 근대 형이상학을 비판하는 형이상학이 필연적으로 그 모습을 드러낼 수밖에 없었다.

근대 이후 철학사적으로는 다양한 "이후의 철학"이 나타났지만 형이상학적 관점에서는 무엇보다 니체와 하이데거의 형이상학을 거론해야 할 것이다. 이에 대한 비판은 본질적으로 근대 철학과 근대의 기술 시대에 대한 비판에 근거하여 근대성 전반에 대해 성찰하는 존재론적 앞선 판단에 근거해 있다. 그럼에도 이런 근대성 비판은 관점의 차이에 따라 전혀 달리 해석될 수도 있다. 니체의 경우 극단적인 플라톤적 형이상학, 당시 문화에 대한 부정적 인식과 잠언적 서술은 형이상학적 사유를 전개하는 데 많은 어려움을 주는 것이 사실이다. 또한 하이데거의 전통 형이상학 비판과 근대 기술에 대한 복고적 비판은 그 정당성에도 불구하고 나치즘(Nazism)에 대한 태도 때문에 이런 형이상학을 이중적인 의미로 규정하게 만든다. 뤽 페리의 경우 하이데거 철학이 지니는 근대성에 대한 자기모순성을 이런 관점에서 보고 있기도 한다. 계몽주의와 인문주의에 대한 그의 비판이란 결국 전체주의에 협력하는 철학의 귀결이라는 것이다. 그럼으로써 그는 근대성의 본래적 의미를 착각하고 있다고 말한다.[1]

정작 문제는 뤽 페리가 규정한 근대성의 함의 자체에 내재해 있다. 그가 말하는 근대성 비판은 전체주의에 대한 이해에 따라 결정된다. 나치즘이 근대의 사유 체계에 근거한 정치 체계는 아니지만, 그렇다고 해서 탈근대의 정치철학이 될 수도 없음은 분명한 사실이다. 근대적 의미의 국민국가와 민주주의는 인본주의(humanism), 칸트적인 의미에서의 개체의 자율성(autonomy)과 권리에 근거해 있기 때문이다. 나치즘이 지니는 전체주의적 요소는 이러한 원리를 정면으로 거스르는 체계이다. 한편 하이데거의 근대 비판은 정치적이라기보다 존재 역사론적이며 철학의 근원과 근대성에 의해 완성에 이른 존재성 이해의 특정한 방식을 문제 삼는 것이다. 그러기에 이를 간과하는 페리의 비판

---

1 Luc Ferry and Alain Renaut, *Heidegger and Modernity*, tr. Franklin Philip, The University of Chicago Press, Chicago/London 1990, Chaper 2. "From Humanism to Nazism" pp. 31-54.

은 근대성에 대한 하이데거 철학의 존재론적 역사의 흐름을 보지 못하고 자신이 설정한 정치철학적 관점에 국한되어 탈근대성이 지니는 존재론적 의미를 함몰시키고 있는 것이다. 거기에는 존재 의미와 존재론적인 관점이 배제되어 있다.

   2) 근대성에 의해 형성된 현대의 세계를 극복하려는 노력은 니체와의 만남과 대결의 양상에 의해 그 방향이 결정된다. 그것은 니체의 철학이 한편으로 전통적 철학을 벗어나 있으면서도 사유의 근원을 다시금 설정하려는 통로를 마련한 철학이기 때문이다. 그가 벗어나고자 했던 터전은 우리가 유래한 원초적 근원이면서, 그를 통해 나아가고자 했던 역사의 새로움이었다. 전 서구 사상의 역사를 뒤집어 놓은 반철학으로서의 니체 철학은 여전히 그 안에서 근원을 예고하는 새로움의 철학으로 이해된다. 이런 의미에서 그의 철학은 목표가 아니라 이정표이며, 파괴와 생성이라는 이중의 놀이를 벌이는 거울놀이다. 전통에 대한 극단적 거부와 폐기의 몸짓으로서 니체는 새로움을 창출하려 하지만, 그럼에도 새로운 대안적 사유로서 형이상학 이후의 형이상학의 길에는 미처 접어들지 못하였다.
   니체가 돌아가기를 원했던 근원적 사유란 원초적 체험의 세계, 신화와 예술 안에서 주어지는 것이기에, 니체 사유의 터전은 서구 형이상학의 역사를 넘어서는 어떤 것에서 주어진다. 그것은 적어도 철학적 이성에서 이해되는 것, 로고스의 역사, 합리성의 역사에서 주어지는 것일 수는 없다. 철학의 역사에서 니체만큼이나 문제시된 철학자도 드물 것이다. 그는 끊임없이 악용되고 오용되었으며, 후기 근대의 철학사적 성찰 안에서 거듭 왜곡되고 남용되고 있다. 니체에 대한 해석은 여러 다양한 철학적 견지에 따라 극명하게 구별된다. 한편에서는 그를 지나치게 과대평가한다면, 다른 한편에서는 의도적으로 그의 철학을 무시한다. 물론 시대의 흐름에 대한 그의 극단적인 예언적 발언과 함께, 그의 작품 전체에 걸쳐 흘러넘치는 은유적 표현과 잠언적 설명 (aphorism)이 이러한 풍조를 부추긴 것도 사실이다.

그럼에도 니체 해석에 있어서 해석학적 다원주의에 입각한 접근이 반드시 잘못된 것이라 말할 수는 없다. 그의 철학 자체가 이러한 다원적 해석을 요구하고 있다.[2] 니체 스스로 "제대로 만들어진 아포리즘은 […] 해석의 기술을 요구"(『도덕』)한다고 말한다. 실제에 접근할 수 있는 유일하고 올바른 방법은 은유와 해석을 통한 것이기 때문이다. 해석이란 텍스트에 대한 엄밀성을 지녀야 한다는 점에서는 정확한 주석이어야 한다. 동시에 여기에 철학하는 이들의 철학적 선판단에 따른 재해석의 창조적인 작업이 가미되어야 그 해석은 살아 있는 것이 되고 우리에게 의미 있는 것으로 다가오게 될 것이다.

오늘날 니체에 대한 관심은 서구 형이상학의 완성으로서 근대성 극복과 해체란 측면에서 그를 재조명하면서 비롯되었다. 형이상학 극복이라는 철학적 기획과 존재 망각의 역사를 넘어서기 위한 관점에서 행한 하이데거의 해석이 여기에 결정적 실마리를 제공한다. 먼저 하이데거가 행한 1936-40년 프라이부르크(Freiburg) 대학에서의 니체 강의, 『니체의 말: 신은 죽었다』(1950년 발표), 『니체의 차라투스트라는 누구인가』(1954년 발표) 등[3]에 의해 니체는 무신론의 철학자란 인식을

---

2   앨런 슈리프트, 『니체와 해석의 문제 - 하이데거와 데리다의 니체 해석과 계보학』,(1990), 박규현 옮김, 푸른 숲 1997, 258쪽.

3   이 강의는 하이데거의 두 권에 걸친 니체 해석으로 출판되었다: *Nietzsche* I, II, Günter Neske, Pfullingen 1961; 그외, 『Wer ist Nietzsches Zarathustra?』(1953), in *Vorträge und Aufsätze*, Pfullingen 1954; Nietzsches Wort 'Gott ist tot' (1950), in *Holzwege* etc.

넘어 시대의 무게에 온몸으로 맞선 예언자적 철학자로 부각된다. 1960년대 이후 니체 해석은 이러한 하이데거의 영향에서 비롯되어, 프랑스 후기구조주의자들이 그들의 근대성 비판이란 논의에 따라 재수용함으로써 새롭게 제기되었다. 포스트모던을 이야기하는 후기구조주의자들은 니체와 하이데거의 절대적 영향하에 서구 전통 형이상학의 흐름에 반기를 들고 있지만, 니체 해석에 있어서 일정 부분 하이데거와는 다른 방향으로 나아가고 있다.

니체에 의하면, 해석은 그 자체가 힘에의 의지의 한 형태(『힘에의 의지』, 556)이기에 모든 해석이란 태어나고 자라나는 징후이거나 혹은 쇠락의 징후이다. 따라서 그의 말처럼 그때마다 하나의 해석이 아닌 수많은 해석이 가능하다(『힘에의 의지』, 600). 그래서 해석의 다원성을 힘의 징후로 이해(『힘에의 의지』, 서문)하게 된다. 있는 것은 해석뿐이며, "존재하는 것은 사실이 아니라 사실에 대한 해석"(『힘에의 의지』, 481)이다. 이렇게 해석의 다원성이 허용된다면, 오늘날 탈근대주의의 담론 안에서 다시금 남용되고 있는 니체를 지금 이곳의 철학적 관심에 따라 재해석하는 것은 우리의 철학적 몫일 것이다. 다시금 질문은 근대의 끝자락에서 니체가 지녔던 시대의 무게와 그 의미에서 시작된다.

3) 전통 형이상학의 죽음으로서 신의 죽음

니체의 철학사적 위치는 하이데거에 따르면 전통 형이상학의 완성 내지는 그 끝에 놓여 있다. 존재 망각의 기나긴 역사에서 니체에 대한 관계 표명은 형이상학의 극복 문제와 연결된다. 이 탈형이상학적 관점에서 파악한 니체의 중심 사상은 '신의 죽음'에서 실마리를 풀어 '힘에의 의지'와 '영원한 회귀'에서 완성된다. 니체가 문제시하는 존재

의미는 존재를 불변의 근원적 실체로 이해하는 전통적 형이상학의 역사이다. 니체는 실체론적 본질 철학의 역사가 궁극적으로 허무주의란 결과를 초래할 수밖에 없다고 생각한다. 존재하는 것 자체의 진리와 본질에 대한 추구로서의 플라톤 철학, 불변의 궁극적 원인에 대한 서구 철학의 추구란 결국 최고의 가치를 몰가치화하는 역사적 결말을 초래한다. 이것이 그의 말 "신은 죽었다"는 진술의 의미이다. 신이란 기독교의 신앙의 하느님을 의미한다기보다, 플라톤주의와 결합한 존재론적 기반, 그 근거로서의 형이상학적이며 불변하는 초감각적, 이원론적 세계를 상징하는 존재이다. 존재를 최고의 존재자로 표상하면 존재의미는 대상화될 수밖에 없게 된다. 따라서 허무주의란 결국 "최고의 가치가 자신을 가치 절하"한 결과다.[4]

　니체의 허무주의는 이제까지의 모든 가치를 파기하고 거꾸로 뒤집음에 머물러 있지 않고, 새로운 가치를 설정하는 움직임으로 이해해야 한다. 지금까지의 최고의 가치를 부정하고 폐기함으로써 설정되는 새로운 가치 설정의 움직임, 그것은 더 이상 초감성적이며 피안의 어떤 근거, 초월적 세계의 규범에 따라 설정되지 않는 새로운 가치이다. 그 가치의 기준은 풍요로운 삶이라는 규준이다. 니체에서의 존재란 힘에의 의지로 이해되는 존재자의 존재자성을 의미한다. 그것은 시간에 따라 형성되며, 움직임과 생성 안에서 활동하는 어떤 힘과 같은 것이다. 또한 경계의 변화이며 차이의 생성이기에, 삶을 그 자체로 갈래짓는 움직임이다. 그 힘은 모든 생명체 안에서 찾아볼 수 있는 어떤 의지이다.

4　F. Nietzsche, *Der Wille zur Macht, Versuch einer Umwertung aller Werte*, Ausgewält und geordnet v. Peter Gast unter mitwirkung von Elisabeth Förster-Nietzsche, 13. durchges. Aufl., Stuttgart 1996 (Kröners Taschenausgabe, Bd 78), S. 10.

이에 비해 소크라테스와 플라톤으로 대변되는 철학적 전통은 생성하는 세계, 생명의 힘과 삶에 적대적인 도덕과 종교, 형이상학에 의해 유토피아적 초월 세계로 상정된 것을 재현하고 있다. 이들은 존재자의 존재를 최고의 존재자에 대한 이론으로 고착화한다. 그것은 존재 신학적으로 해석된 신의 세계이며, 지상의 삶을 거부하는 초월적 세계를 상징할 뿐이다. 이에 비해 니체의 존재는 생성하는 세계 전체를 의미한다. 그러기에 그의 철학은 서구 형이상학의 역사 끝자락에 놓인 철학이면서, 다른 한편으로는 생성과 극복의 놀이를 벌이려는 철학 밖의 철학으로 이해된다. 이러한 해석은 근대성의 완성으로서의 서구 철학의 극복과 해체란 측면에서 니체를 이해하고 해석하려는 관점을 반영하고 있다. 그것은 일차적으로 형이상학의 종말에 대한 담론이지만, 나아가 생성과 놀이, 축제에 대한 기억을 품고 있다. 그러한 니체의 명제에는 탈형이상학적 사유의 실마리가 담겨 있다. 그것은 생성을 향한 힘에의 의지가 존재 역운의 끝에서 주어지는 새로운 존재론적 역사를 의미한다는 이해이다. 이러한 탈형이상학적 사유에 있어서 존재의 자기 드러남이란 사유는 생성의 사유를 뜻한다.

나. 니체의 반형이상학

1. 생성의 의지

1) 니체가 말하는 삶이란 힘의 징후로서의 생성의 의지(『힘에의 의지』, 22)이다. 그것은 모든 가치를 새롭게 설정하는 목표이자 그 가치가 자리할 터전이 된다. 가치의 핵심적 원리는 새로움의 생성, 흘러넘치는 삶의 의지이다. 그것은 모든 살아 있는 것의 특정한 본질로서의 삶을 의미한다. 생명은 성장하려는 의지, 드높아지려는 의지를 지니기에 삶

의 궁극적 성격이란 결국 힘에의 의지이며, 생명을 보존하고 드높이는 의지로 이해된다. 니체의 '힘에의 의지'는 '생성'을 의미한다(NW 226). 사물에 대해 객체적으로 인식하고 그것을 장악(Verfügbarkeit) 하려는 근대의 사유 체계는 사물에 대한 이해를 개념이란 이름으로 박제화하는 '개념의 미이라'이다. 이것은 생성을 결여하고, 역사적 감각을 결여한 결과이다(「우상의 황혼」/『이성의 철학』, 1).

　이런 맥락에서 니체는 거듭 근대적 지식의 한계를 지적한다. 근대의 과학적 지식이란 "자연을 지배할 목적으로 자연을 개념화시키는 행위" 이다(『힘에의 의지』, 610). 근대의 지식은 생성과 변화의 세계를 이해하거나 해석할 능력을 상실하였으므로 그러한 세계 대신 인식 대상으로 간주되는 존재와 불변의 세계를 창조하고 그 안에 안주한다. 이성의 지식에 의해 사물의 본래적 생명의 힘을 완전히 파악할 수 있으리라 믿는 서구 전통의 철학적 신화에서 벗어나는 것은 '선험적 진리'에 대한 신앙(『힘에의 의지』, 484)을 넘어서는 길이며, 근대성의 거대한 궁전에서 탈주하는 길이기도 하다. 개념적 철학의 신화는 사물에 대한 어떤 지시를 알려줄 뿐, 사물이 지닌 진실에 이르는 길을 막아 버린다 (『도덕』 I, 13). 이같은 형이상학은 극복되어야 한다. 이를 위해서는 근원으로 되돌아가는 "회귀의 움직임"(『인간적인』, 20)이 필요하다.

　생성의 세계, 변화와 미적 세계에 대한 플라톤적 가치 절하에 맞서는 것, 그러한 세계관에서부터의 해방이야말로 니체 철학의 중심 과제이다. 사물적으로 있지 않은 존재(me on)에 비해 비존재로 폄하되어 온 생성의 세계와 생성 속에서의 영원한 회귀, 힘에의 의지는 피안의 어떤 불변의 존재 세계에 대한 니체의 대답이다(『힘에의 의지』, 538 참조). 니체 스스로 "생성에 존재의 성격을 부여하는 것, 그것이 최상의 힘에의 의지"(『힘에의 의지』, 617)라고 말한다. 생성과 불변의 존재를 이분법적으로 구분하여 생성의 세계를 환상의 것으로 간주함에는 궁극적으로 합목적성의 문제가 감추어져 있다. 그것은 철학이 생성의 세계 바깥에 어떤 초월적 세계를 표상하는 오류를 범하는 것이다. 불변의 존재 세계를 향한 인간, 진리를 추구하는 인간이란 결국 이 세계를 향한 합목적성에 따라 사는 존재다. 그러나 새로운 진리의 세계를 창출하는 인간은 스스로 지향성을 창출함으로써 이러한 허무의 심연, 죽음의 사지를 벗어날 수 있다.

2) 그것은 창조하는 힘으로서 생성에 의한 형이상학에서 가능할 것이다. 그것이야말로 초월해 가는 힘에의 의지이다. 초월의 가능성을 부정할 때 인간은 전혀 인간으로 설 수가 없다. 이 말이 바로 초월의 세계가 실재한다는 것을 의미하지는 않는다. 오히려 초월의 세계는 영원불변의 세계란 관점에서는 마치 없는 것처럼 존재한다. 그것은 무(無)의 세계로 있다. 그러나 그 무는 진공상태의 공허하고 맹목적인 비어 있음으로서의 무가 아니다. 무의 세계는 대립되는 것이 상호작용하는 생성의 터전이다. 이처럼 초월이 의미하는 바는 실재하는 어떤 초월 세계가 아니라, 초월하는 그 행위 자체이다. 그것은 일면적으로 이루어지는 합목적적인 선험적 세계를 향해 가는 목표를 향한 초월이 아니라, 끊임없는 생성의 놀이에서 이루어지는 행위 자체의 초월성이다. 초월 세계란 존재자적으로 존재하는 것이 아니라, 존재의 진리 안에서 세계개현으로서 존재론적으로 존재한다.

영원한 사실과 절대적 진리에 대한 믿음은 역사적 의식을 결여하여, 생성의 의미를 매몰시킬 뿐이다. 우리가 해야 할 것은 생성의 역사에 주목하여 그에 따라 사유하는 것이다. 역사적 감각을 결여하고 있는 것이 이들 철학자들의 타고난 결함이다(『인간적인』, 2). 니체가 말하는 것은 불변의 진리를 향한 철학이 아니라, 생성과 의미, 문제의 흐름과 변화에 상응하는 철학함이다. 영원불변한 어떤 실체를 상정하여 그에 대한 지식을 추구하는 행위는 역사적으로 철학함의 의미를 매몰시켜 버릴 뿐이다. 역사적으로 고착화된 지식을 탐구하는 것은 비역사적으로 철학함의 전형이다. 오히려 그에 대한 생동하는 해석(『힘에의 의지』, 481)이야말로 역사적으로 철학함의 전형적 모습이다.

　역사적으로 철학한다는 것은 일상화된 가치 개념을 거부하고 역사의 순간이 요구하는 소리를 새롭게 언어화하려는 노력을 담고 있다. 이는 선악이란 이분법적 기준이나 체계를 벗어나 삶을 고양시키고 보존시키며 이끌어 가는(『선악을 넘어서』, 4) 삶의 생동하는 의지를 드높인다. "생성의 바다 한가운데에서" 다가올 시대의 새로운 사유를 맞이하는(『아침 노을』, 314) 이들은 "장엄하고 절대적의 철학적 영원한 지평 혹은 관점"(『즐거운 지식』, 143)을 거부한다. 이로써 그들은 감춰져 있던 디오니소스적 세계(『힘에의 의지』 1067)를 드러낸다. 그 세계는 끊임없이 생성하는 영원한 항로를 향한 자기 파괴의 과정을 되풀이한다. 생명의 기본 조건은 자신의 자리에서 생기는 이와 같은 관점을 이해하며, 그에 따른 다양한 해석을 수용하는 데 있다. 그러기에 그들에게 있어서 다원성이야말로 기본적인 삶의 형상이다(『선악을 넘어서』, 서문).

　3) 고정불변의 선재하는 존재의 그물망에서 고통받을 때 우리는 디오니소스적 생성의 유희에 빠져듦으로써 자유와 창조의 세계를 얻을 수 있다. 이런 까닭에 전통 형이상학의 그물망은 우리를 생성의 놀이에 주목하게 만든다. 이와 연관하여 니체는 헤라클레이토스의 단편에서 '삶의 놀이'를 미학적 '세계 놀이'로 해석한다. 니체의 생성 철학은

헤라클레이토스의 철학, 그의 '놀이 개념'에 근거해 있다.[5] 그것은 "선악을 넘어서는 성스러운 놀이"(KSA 11, 201)이며, "형이상학적 방식으로 놀이하는 것"을 의미한다(KSA 8, 519). 그래서 "모든 것과 더불어 놀이"하며(KSA 3, 637), 플라톤주의의 합목적성과 영원불변의 세계를 부정하는 놀이이다. 서구의 포스트모던이 일면적인 다원성과 탈중심의 논의만을 전개한다면, 탈형이상학의 원리는 그러한 원리를 넘어 이루어 가는 다원성의 논의이다. 그것은 이 다원성 안에서 그 모든 실재의 정당성이 인정되면서도 그들 모두가 근본적 생성과 근원에서 연결되는 동일성과 차이의 어우러짐, 다원적 통합성을 인정하는 상호 역동성의 원리를 의미한다.

탈형이상학적 관점에서 본다면 이것은 서구 형이상학의 전통에서 벗어나 무와 생성의 현상, 그러한 사유를 향한 길이다. 놀이와 예술을 거론하는 철학은 이미 전통 형이상학을 극복하는 새로운 형이상학을 가리킨다. 생성으로서 디오니소스와 아폴론의 놀이는 세계의 기원과 파괴가 어우러지는 놀이이다. 생명의 본질은 이러한 놀이에 자리한다. 그것은 우리가 지닌 생명성과 역사성, 관계성과 내재적 지향성에서 드러나는 존재성의 보편성과 개체성이 어우러지는 생성의 놀이이다. 이러한 생성을 찾아가는 놀이가 바로 생명이며 인간의 삶이다. 이러한 생성의 놀이에 근거한 형이상학은 "모순과 투쟁에 대한 긍정", "사라지고 소멸하는 것을 긍정하는" 철학, 존재와 생성의 "부정하는 긍정"의 철학이다. 그것이 바로 영원회귀 사상의 탈형이상학적 의미이다(「비극의 탄생」/『이 사람을 보라』, 3).

부정에의 긍정은 아름다움에 대한 근본 개념으로서 세계의 놀이를

---

5 Eugen Fink, *Nietzsches Philosophie*, 5. Aufl., Stuttgart 1986, S. 186-189 참조.

이해하는 사유의 핵심이다(『그리스 비극시대의 철학』, 7). 역동적인 어우러짐의 놀이는 끊임없이 차이를 생성하면서도 서로의 동일성을 긍정하게 만드는 차이를 생성한다. 그것은 어떠한 합목적성이나 선험적 지향성을 지니지 않고 새로운 가치와 새로운 세계를 창조해 낸다. 이러한 생성의 영원한 모순을 포괄하는 어우러짐의 역동적 놀이가 바로 인간과 우주, 세계와 생명의 힘에 의해 이루어지는 초월의 움직임이다. 니체에 의하면 이 과제를 달성하기 위한 최선의 길이 바로 생성의 놀이이다(『이 사람을 보라』 II., 10). 그것은 솟구쳐 오르는 생명의 힘이 어우러지며 벌이는 축제로서의 생성의 놀이이며, 여기서 주어지는, 유·무의 상호작용이다. 그것은 도의 근원적 의미에 따른 세계사방(Geviert)이 어울려 벌이는 거울놀이를 의미한다. 이 끊임없는 생성의 놀이는 자체의 놀이를 벌임으로써 놀이 자체에서 생성을 이루어 간다. 삶이란 결국 이러한 생성의 놀이를 향해 가는 놀이다.

4) 1881/2년 니체는 "지상의 지배권을 위한 싸움의 시간이 왔다. 그것을 철학적인 근본 학설로 이끌어" 가야 한다고 말한다. 여기서 말하는 철학적 근본 학설이란 철학자들의 이론이나 문화의 형성체로서의 철학이 아니라 오히려 그러한 철학적 이론의 틀을 거부하는 것이다. 그것은 힘에의 의지라는 생명의 원리에 의해 형성된 형이상학, 존재자 자체의 진리와 그것을 드러내는 존재 역사에서 이루어지는 철학이다. 그러기에 그것은 새로운 시대의 도래를 의미한다. 니체에 의하면, 신을 최고의 가치로, 최고의 존재자로 인식함으로써 기실 존재의 의미를 가려 버리는 신학적 조류가 신을 죽인 것이다. 따라서 이 역사를 신봉하고 이 역사와 문화에 의해 형성된 "우리 모두가 그를 죽였다. 너희들과 내가 죽인 것이다." 이제 교회는 '거대한 신의 무덤'이며, 이런 사

실을 자각한 미친 사람은 이 무덤에서 죽은 신을 위한 웅장한 진혼곡 (레퀴엠)을 연주한다(『즐거운 학문』).

"나는 신을 찾는다!"는 외침은 비현실적인 초감성적 세계가 최고의 현실성으로 받아들여지는 세계에서 생성으로서의 진정한 현실성을 찾는 부르짖음이다. 모든 사람들이 이러한 비현실성을 착각하고 있는 세계에서 그는 마침내 미칠 수밖에 없게 된다. 존재의 진리에 대해 사유하지 않고 존재의 자기 드러냄에 귀 기울이지 않는 사람들 안에서 홀로 선 그는 그 시대의 무게에 짓눌려 마침내 미쳐 버림으로써 확실한 안식을 찾게 된다. 그는 시대의 불안을 감당하지 못하고 시대의 부름을 저버린다. 이 허무주의의 세계에서 우주의 엄청난 무한의 침묵을 접한 인간이 무엇을 할 수 있는가? 우주는 더 이상 인간의 노래에 귀 기울이지 않으며, 따뜻한 품으로 인간을 감싸 주는 고향과 같은 존재도 아니다. 이 세계와 우주는 그의 고민이나 희망에 대해서도 무관심할 뿐이다. 인간은 이제 이 광활한 우주에서 홀로 자신의 역사를 찾아가야 한다. 이 엄청난 시간의 무게에 짓눌려 미쳐 버리지 않는 길은 무엇일까? 스스로 완전한 고독에 잠겨 드는 것이 아닐까.

수천 년간 이어져 온 꿈에서 깨어나 새로움을 만들어 가야 하는 인간의 엄청난 고독, 이 망막한 우주 속에 홀로 선 인간은 그 어디에도 그의 운명이나 삶의 지침이 새겨져 있지 않음을 알게 된다. 그의 머리 위에는 초월적 세계의 왕국이, 발밑에는 무한한 고독의 심연이 도사리고 있다. 무엇을 선택하느냐의 문제는 전적으로 인간 자신에게 달려 있다. 분명한 것은 그럼에도 우리는 선택해야 한다는 사실이다. 스스로 '미친 사람'(toller Mann)이 되는 것도 하나의 선택이 될 수는 있다. 그러나 그것은 단지 선택의 시간을 미루는 하나의 도피일 뿐이다. 서구 형이상학의 역사에서 끊임없이 고수되어 온 이성이야말로 새로

운 사유의 가장 완고한 적대자임을 인식할 때, 다가올 사유가 비로소
시작될 것이다(NW 263). 이러한 다가올 사유는 더 이상 서구 형이상
학의 역사 안에서 이해된 철학이 아니다.

다. 예술 형이상학

1. 예술철학의 동기

플라톤주의는 초월적 세계에 대한 인식 내지 그 세계의 이데아에 대한
일치와 회상을 진리의 기준으로 이해한다. 이러한 이해를 통해 결국
진리가 참과 거짓의 영역으로 격하됨으로써 궁극적인 서구 허무주의
가 탄생하였다. 근원적 진리가 드러나는 예술은 그러한 진리를 대신하
는 터전이다. 예술이 허무주의에 대한 극복으로 제시된다면 예술은 진
리의 기준(Nomos), 척도로 이해된 이데아 세계, 초월적 세계를 넘어
서게 한다. 따라서 진리론에 근거하여 플라톤주의의 완성으로서 허무
주의의 극복을 이야기한다면, 예술과 진리의 관계에 대해 질문하지 않
을 수 없게 된다.

　여기서 예술을 통해 잊어버린 근원을 다시 발견하려 노력하는 철학
의 태도와 그 사유의 기점들이 탈형이상학 시대의 예술철학으로 이해
된다. 그러한 사유 세계의 표제어는 "예술은 존재의 진리가 작품 안에
자리 잡은 것"으로 표현된다.[6] 그 의미는 예술의 아름다움이 존재의 빛
을 조명한다는 뜻이다. "〈아름다움과 진리〉는 둘 다 존재에 의해 연결
되어 있다. 즉 그들은 존재자의 존재를 드러내는 방식이다."[7] 전통적

6　M. Heidegger, Der Ursprung des Kustwerkes, in *Holzwege* 참조.

7　M. Heidegger, *Nietzsche* Bd. I, Pfullingen 1961, S. 231.

미학과 형이상학의 근원 상실은 서구적 이성 중심주의에서 유래한다. 더 정확히 말하면 모든 이론적 인식론에 바탕을 두고 있기에, 이 같은 형이상학적 노력은 근대성의 해체와 근원에로 돌아감이란 두 축을 지니고 있다. 이 잊어버린 진리의 근원은 예술적 체험에서 새로이 인식될 수 있을 것이기에, 이를 향한 하이데거의 사유는 니체-수용과 휠덜린 시 해석에서 극복의 단초와 인식의 실마리를 찾아가고 있다.[8] 예술은 미적 관조가 이성의 최고 행위라는 형태로 철학을 해소한다. 이제 예술이 "철학의 목표이며 미래"가 되고, 시작(詩作)이 "철학과 여타 학문, 도덕과 관습을 구별하는" 규준으로 그 정당성을 찾는다.[9] 이러한 사유와 의미 연결항을 하버마스는 새로운 신화학의 이념으로 규정하고, "새로운 신화학은 잊힌 연대 의식을 되돌려" 내려는 노력으로 간주한다.[10]

그럼에도 하이데거의 예술철학적인 사유는 예술의 존재화라는 경향으로 간주될 수 있다. 이러한 관점에 대해서는 특히 하버마스가 매우 신랄하게 비판한다. 하버마스는 하이데거 철학의 흐름을 예술의 형이상학에의 동화로 규정한다. 하나의 예로서 하버마스는 하이데거의 첫 번째 니체 강의를 요약하여 "존재의 본질에서부터 예술을 존재자의 근거생성으로, 또 고유한 창조행위로 개념"지우는 철학의 탈이성화 경향으로 간주한다.[11] 그럼에도 불구하고 하이데거의 근원철학은 주관철학이 진리 주장에 있어서 상실하였던 또는 열등한 것으로 간주하였던 나

---

8   M. Heidegger, *Nietzsche* Bd. I, II, Pfullingen: GA 4, GA 39 etc. 참조.

9   F.W.J. Schelling, *Sämtliche Werke*, Bd. II, Stuttgart 1856-1861, S. 628.

10   하버마스는 이러한 "새로운 신화학"의 철학적 노력을 철학을 신화화하는 것으로 간주, 맹렬히 비판한다. Habermas, *Der philosophische Diskurs der Moderne*, Frankfurt/M 1988, S. 144f.

11   J. Habermas, op. cit., S. 122, S. 123, Anm 50.

머지 반쪽의 근원, 즉 예술과 시작(詩作), 신화에 다시금 그 정당성을 부여한 노력으로 이해할 수 있다.

2. 생성하는 힘으로서 "삶의 예술"

1) 니체에 있어서 예술의 본질은 이 '힘에의 의지'가 스스로 자유롭게 되는 것이며, 그러기에 가능성을 창조하는 길이다(NW 236). 예술은 전망을 열어 주고 그것을 채워 나가는 모든 의지의 본질이다. 힘에의 의지에서 파악된 예술은 결국 이 의지를 스스로 분발시키며 자신을 넘어 의욕하도록 한다. 힘에의 의지는 근원적 사유 안에서 이해된 생명 (ζωή)과 자연(φύσις) 개념을 회상하게 하기에, 소크라테스 이전 시대의 그리스인들이 바로 인간의 생명 – 삶(βίος)으로 이해했던 것이다. 이렇게 '힘에의 의지'에서 이해된 예술은 "삶의 커다란 자극제"이며 "삶에의 의지"이다(『힘에의 의지』, 851).

니체 철학의 중심 과제는 무엇보다도 생성의 세계, 변화와 미적 세계에 대한 플라톤적 가치 절하에 맞서는 것, 그러한 세계관에서부터의 해방이다. 피안의 세계, 어떤 불변의 존재에 대한 니체의 대답은 영원 불변의 존재에 비해 비존재(mè ón)로 폄하되어 온 생성과 의지의 세계가 지닌 원리에 의해 제시된다. 그것은 바로, 삶의 의지와 힘에의 의지, 생성의 세계에서의 "영원한 회귀"로 나타난다. 이 존재론적 과제를 지닌 자는 노예의 정신에서 벗어날 수 있는 순수한 아이의 정신을 지닌 초인이어야 한다(『힘에의 의지』, 538). 그것은 불변하는 피안의 세계를 가르치는 교의가 생성의 가르침보다 백배나 더 쉽기 때문이다. 니체 스스로 "생성에 존재의 성격을 부여하는 것, 그것이 최상의 힘에의 의지"(『힘에의 의지』, 617)라고 말한다. 생성과 불변의 존재라는 이 분법은 궁극적으로 합목적성의 문제로 귀결된다. 철학은 "실제와 생성의 세계 바깥에 마치 존재하는 사물의 세계가 있기라도 한 듯이"(『힘에의 의지』, 51) 말함으로써 피안의 축조라는 오류에 빠져 있다. 불변의 존재 세계를 향한 인간, 진리를 추구하는 인간이란 결국 이러한 합목적성에 따라 사는 인간이다. 이에 대해 우리는 합목적성이 사라진 세계에서 어떻게 존재의 공허함에 잠겨들지 않을 수 있을 것인가? 죽음과 허무의 사자가 문 앞에 서 있다. 새로운 진리의 세계를 창출하는 인간은 스스로 초월하는 지향성을 지니기때문에 이러한 허무의 심연, 죽음의 사자를 벗어날 수 있다. 그것은 창조하는 힘으로서 예술에 의해 주어지는 형이상학 안에서 가능할 것이다. 그래서 그는 "예술은 진리보다 더 가치 있는 것"(『힘에의 의지』, 853)이라고 말하거나, "우리는 진리에 함몰되지 않기 위해 예술을 지닌다"(『힘에의 의지』, 822)고 주장하기도 한다.

2) 힘에의 의지의 형태로 이해된 예술철학은 생명철학에로 연결된다. 니체는 자신의 예술철학을 예술의 몸학(physiology)으로 이해한다. 이것은 바그너의 미적 심리학에 반대되는 진정한 예술이다. 예술이 존재하기 위해 반드시 필요한 것은 "몸적 전제조건(physiologische Vorbedingung)"이다(「반시대적 탐험」/『우상』, 8). 인간은 몸이란 생리 기관을 가지고 있기에 살아 있는 것이 아니라, 몸으로 살기 때문에 삶을 이끌어 간다.[12] 몸에서 느끼는 기분과 기본 정서는 근본적으로 생

---

12   M. Heidegger, *Nietzsche. Der Wille zur Macht als Kunst*, hrsg. B. Heim-büchel, Frankfurt/M 1985, *Gesamtausgabe*, Bd. 43(이하 GA 43으로 인용·), S, 118: "Wir leben, indem wir leiben." 이 말은 인간을 영혼에 반대되는 신체적 존재로 이해한다는 뜻이 아니다. 오히려 인간은 영혼과 육신의 이원론을 넘어서 근본적 조건으로서의 몸과 그 존재론적 원리에 따라 성찰할 때 몸적으로 존재한다는 뜻이다. 여기서 말하는 몸(Leib)은 신체 기관으로서의 육체(Körper)와는 구별된다. GA 43 S. 116-8 참조.

명의 본질에서 솟아오르는 것이며 그것은 예술의 느낌에서 가장 직접적으로 나타난다. 예술의 생리학(physiology; 몸의 학)에서 생기는 느낌은 힘에의 의지를 최대한으로 충만하게 한다(『힘에의 의지』, 48). 니체는 그것을 도취(Rausch)라고 말한다. 예술의 기본 정서로서의 도취는 몸의 기분이 지니는 통일성을 본질적으로 제어할수록 더욱 진정한 느낌이 된다. 도취의 본질은 미적 상태의 두 가지 기본적인 형태이다. 그것은 힘의 충만함과 솟아오르는 충만함의 느낌이다(『우상』, VIII 123).

도취의 두 가지 형태가 아폴로적인 것과 디오니소스적인 것이다. 아폴로적인 것은 궁극적 미의 창조를 추구하며 이에 대립되는 디오니소스적인 것은 창조적이면서도 파괴적인 도취로 특징지어진다. 아폴로가 질서와 절제의 예술 신이라면 디오니소스는 창조와 파괴가 어우러지는 창조적 예술의 신을 의미한다. 이 두 힘의 역동적 변화와 어우러짐에서 예술이 탄생한다. 그것은 자연 자체로부터 솟아나며, 이로써 자연에 내재된 예술적 충동이 완전히 충족된다(『비극』, 2). 이렇게 디오니소스적 찬가 안에서 자연의 본래적 통일성이 이루어지며, 예술 안에서 이것이 상징적으로 완전하게 표현된다(『비극』, 2). 따라서 니체에게서 탈형이상학적 예술철학이 가능해지는 것은 디오니소스적인 생성과 변화, 차이를 생성하는 역동적 변화의 생성의 놀이에 근거한다. 그것은 세계 놀이의 총체적 예술 행위로서의 축제의 놀이를 의미한다.

이때의 예술은 성장하는 삶 자체를 힘으로 이끌려는 의지이며, 결코 고정되어 있는 것이 아니라 오히려 삶을 피어나게 하는 의지이다. 이렇게 이해된 삶은 그 자체로 어떠한 "바라보는 행위"이며 삶의 근본 조건은 이 "바라봄"에 있다. 그것은 드러나게 만드는 바라봄을 성장시키고 고양시킨다(GA 43, 269). 이러한 삶의 본질적 부분에 미학적 형태와 형상을 창조하는 미학적 쾌감이 자리한다. 그러기에 "예술 이외 다른 어떤 것도 아닌, 바로 예술이 삶을 가능하게 하며, 삶에로 유혹"하는 위대한 힘이다(『힘에의 의지』, 853, II.). 따라서 예술은 삶의 고유한 과제이며, 삶의 형이상학적 행위로 이해할 수 있다(『힘에의 의지』, 853, IV.). 예술은 현상을 향한 가장 고유하며 심오한 의지이다. 예술은 그 안에서 인간 현존재의 최고의 적법성이 드러나는 터전이 된다.

3) 이에 비해 진리란 그때마다 고정되어 있는 겉모양에 지나지 않는다. 플라톤주의적 개념에 따르면 사물은 '존재와 참된 것'이란 범주 영역에 머물러 있을 뿐이다. 그러나 이러한 존재는 니체가 말하는 '바라봄'이란 관점에서 이해할 때 단지 규범적으로 이미 고정된 겉모양에 지나지 않는 것으로서 일면적이며, 단순한 현상에 불과하다. 존재와 참이란 결국 허상이며 오류일 뿐이다(GA 43, 266). 그것은 삶을 고정된 관점으로 고착화시키며 그 안에 잠겨 있게 만든다. 이러한 고착화하는 진리는 모든 것을 고정시켜 버리며, 이로써 삶을 방해하고 심지어 파괴할 뿐이다. 그래서 니체는 "우리는 진리에로 함몰되지 않기 위해 예술을 소유"한다고 말한다(『힘에의 의지』, 822). 만일 삶이란 것이 생명이 지니는 솟아오르는 힘이라면, 이러한 고착화된 진리와 더불어 살아가는 일은 불가능할 수밖에 없다. 이러한 의미에서 예술은 삶의 자극제가 되는 것이다. 예술과 진리는 둘 다 현상을 바라보는 지혜이지만, 그럼에도 "이렇게 변용시키는 힘으로서의 예술은 삶을 솟아오르게 하는 반면, 진리는 겉모양을 고착화시키는 것에 지나지 않"는다(GA 43, 269).

"모든 것을 한꺼번에 해치우려는 무분별하고 조급한 이 시대의 한가운데서"(『아침 노을』, 서문 4) 예술의 역할은 무엇인가. 예술에서 벗어나 한켠에 나앉은 인간은 그 대신 온갖 몸부림으로 형이상학과 종교,

도덕과 지식을 만들어 낸다(『힘에의 의지』, 853). 그럼에도 그 행위는 "진리"를 부정하고 그것으로부터 도망가려는 몸짓에 불과하다. 진리란 단지 삶에의 의지를 드높일 때 가치 있는 것이며, 그럴 때 진리일 수 있다. 그렇게 이루어진 "진리"는 힘에의 의지로 이해된 예술에서 드러나는 어떤 것이다. 따라서 예술은 삶의 본래적 과제이며, 삶의 형이상학이다(『힘에의 의지』, 853).

3. 근대를 벗어나기 위한 형이상학

예술의 형이상학이란 관점에서 고찰할 때 존재 의미와 존재자와 존재의 존재론적 차이를 묻는 질문은 근대의 지식과 탈근대적 예술의 진리라는 진리론의 차이 문제로 규정된다. 서구 형이상학의 역사를 통틀어 진리의 본질을 묻는 질문은 결국 진리의 확실성에 대한 물음(데카르트) 또는 진리의 경험적인 것과 선험적인 것의 구분 문제(칸트) 내지는 구체적 진리와 정신의 자기 구현으로서의 진리 문제(헤겔)로 바뀜으로써 진리를 존재 의미에서 묻는 존재론이 망각되기에 이른다. 진리 자체가 이렇게 인식론적으로 문제가 될 때, 진리는 존재 의미에서 제기되는 것이 아니라 지식의 수준에서 나타나며 대상에 대한 인식의 층위로 전락하게 된다. 니체가 예술이 진리보다 더 가치 있다고 인식하는 것은 지식의 진리가 존재의 진리에 종속됨을 인지했다는 의미이다. 근원적 진리란 이데아(원형)에 대한 모사나 그에 대한 표상에서 주어지는 것이 아니다.

또한 진리는 실증주의적이거나 인식론적 차원에서 제기되는 지식의 층위를 넘어설 수 없다. 그런 지식은 비록 존재자적 진리일망정 존재의 의미에서 드러나는 존재 드러남으로서의 진리, 존재론적 진리를 망각하게 할 뿐이다. 진리란 이론적 지식의 대상이 아니다. 여기서는 존재은폐의 역사가 계속된다. 인간이 존재 망각의 역사에 빠져 있을 때 이것을 일깨워 주는 것은 미학적 놀라움이다. 하이데거에 의하면 존재의 탈은폐성을 일깨우는 것이 탈근대적 형이상학으로서의 예술의 역할이다. 물론 플라톤은 초기 그리스철학의 전통 안에서 아름다움과 진리의 관계를 통찰하고 있었다. 그것은 아름다움이 존재의 은폐를 일깨워 주는 탈은폐 과정을 수행한다는 통찰이다. 플라톤은 이러한 아름다움에 의해 드러난 존재의 의미, 진리를 초감각적 영역과 감각적 영역으로 분리함으로써 아름다움과 진리의 관계를 역전시켜 버린다. 이에 비해 니체는 초감각적 세계에 근거한 진리의 세계가 이제 하나의 신화가 되어 버렸다고 말한다.

그것은 '거대한 오류의 역사'이다(『우상』). 아름다움을 감각적 차원에 머물러 열등한 인식으로 받아들이지 않고 오히려 근원적 존재 진리를 드러내는 탈은폐 과정으로 이해하는 것은 이러한 플라톤적 이원론을 극복하고, 궁극적으로 존재의 진리에로 돌아가는 근원 회귀의 사유이다. 감각적 세계와 초월적 세계, 현상과 본질의 세계, 아름다움과 존재의 관계, 그 위계적 질서를 극복함으로써만이 존재 드러남으로서의 진리가 올바르게 드러난다. 디오니소스-아폴로적 예술의 어우러짐이란 관념이 근대의 형이상학을 벗어나는 예술의 형이상학을 형성한다. 이러한 사유 역사에서 탄생한 『비극의 탄생』이 다가올 예술의 모습을 보여 주고 있다. 이 조화로운 분위기가 니체 예술철학의 주요 요소이며, 후기 니체 사유를 이해하는 핵심적인 요소라고 말해도 좋다. 『비극의 탄생』에서 말하는 예술가의 복음에 의하면 예술은 인간의 가장 거룩한 작업이며 삶의 본질적이고 형이상학적인 최고의 놀이이다(KSA 1, 14a).

인간은 예술적 상상력과 창조력을 상실하고, 전래된 진리를 그 자체로 진리라고 믿는 확고한 믿음을 통해서 그 희생의 대가로 마음의 평화와 안정, 일관성을 얻게 된다. 그것은 헛된 위안일 뿐이다. 그러기에 인간에게는 진리가 아니라 미학적인 것이 유일한 규범이 된다(『비극의 탄생』, 4, 5, 24). 플라톤주의의 오류를 끝내는 것은 차라투스트라의 출현으로 시작된다. 이 역사는 인류의 정점으로서, 인간은 허무주의를 넘어서는 초인이 된다. 초인이란 허무주의의 최고 형태로서 플라톤주의에 의해 결정된 인간상, 인간과 존재, 진리와의 관계를 극복한 존재자의 전형이다.[13] 그는 초월적 세계와 진리에 매여 있는 인간이 아니라, 이러한 기준을 해체해 버린 인간, 궁극적으로 미학적 인간(Homo aestheticus)이다.

철학사를 문제사로 이해할 때 니체와의 관계를 어떻게 설정하는가는 한 철학자의 출발점을 정확히 읽을 수 있는 거울이 된다. 근대를 벗어나기 위한 노력에서 니체 철학을 이해할 때 그는 탈형이상학의 단초를 제공하는 다가올 사유의 통로가 된다. 근대의 정점에서 맞이한 니체의 죽음과 근대의 끝자락에서 다시금 맞는 니체 죽음에의 회상은 이러한 측면에서 의미를 지닌다. 그는 철학사의 흐름에서 그 결과로 나타난 자신의 시대와 그 시대의 모든 전형을 거부하고, 다가올 사유에 대해 온몸으로 외치고 있다. 따라서 니체의 철학은 시대를 거스르는 고찰(unzeitgemäße Betrachtungen)이며, 다가올 시대의 틀과 길을 예언(預言)하는 철학이다. 이제 그의 철학을 근대를 벗어나기 위한 우리의 철학적 노력에서 새롭게 해석하고 생성의 철학에로 이끌어 감은 지금 이곳에 선 우리의 철학적 몫일 것이다.

---

13   앨런 슈리프트, 앞의 책, 97-98 참조.

7

탈형이상학의 사유

가. 탈형이상학적 사유의 의미

1. 머리말

"언어학적 전환"이래 이루어진 현대 철학의 상황을 하버마스는 "형이상학 이후의 사유"라 이름한다.[1] 이 개념은 형이상학을 반대하거나 거부하는 철학인가, 아니면 서구 형이상학의 발전에 따른 필연적 결과일까? 탈형이상학(postmetaphysics)이란 이름으로 개념화되는 사유는 형이상학 이후의 철학과는 어떤 관련을 지니는가. 이러한 문제는 탈형이상학이란 어떤 의미에서 가능하며, 그 사유가 지향하는 바가 무엇인

---

1 J. Habermas, *Nachmetaphysisches Denken*, *Philosophische Aufsätze*, Frankfurt/M 1988 (『탈형이상학적 사유』, 이진우 옮김, 문예출판사 2000). 이진우는 부주의하게도 전철 'nach-'를 '탈-'이란 말로 옮기고 있다. 이후(nach-)의 사유는 초월적 극복을 지칭하는 '탈(post-)'이 지니는 의미와는 같지 않다. 하버마스의 주장에 비춰 봐도 이 말은 형이상학 '이후'의 철학으로 이해해야 할 것이다.

지를 밝힐 수 있을 때 해명할 수 있을 것이다.

형이상학의 근원으로 되돌아가는 사유를 굳이 탈형이상학으로 이름하는 까닭은 사유되지 못하고 잊혀져 왔던 근원을 회상하는 과제가 형이상학의 역사적 경험을 떠나 이루어지지 않기 때문이다. 형이상학은 자신의 역사적 경험과 사유를 감내하면서 그것들을 이겨 내는 과정에서 이루어진다. 그러기에 형이상학의 역사에서 이해되는 "형이상학 이후의 사유"를 탈형이상학으로 규정하는 것은 이러한 이중적 과정에 담긴 의미를 올바르게 이해하지 못한 일면적 태도이다. 탈형이상학은 "몰-" 혹은 "반-"형이상학을 의미하는 것이 아니다. 탈형이상학은 전철 "탈(脫, post/trans)"의 의미에 따라 형이상학을 규정하는 사유이다. 그것은 형이상학에 대한 반대(anti-)이거나, 또는 이후(after-)의 사유가 아니라, 형이상학을 초월적으로 극복하는 사유를 의미한다. 그러기에 여기서는 근대 이후의 철학에 의해 매개된 존재 사유의 형이상학을 고유하게 탈형이상학으로 이름하고자 한다.

근대의 경험은 현재를 지배하고 있다. 우리에게 근대는 현재의 기원이기에 그 안에 담겨 있는 현재이지만, 그럼에도 벗어나야 할 역사이기도 하다. 현대 세계의 체제 일반은 근원적으로 서구 근대의 형이상학을 자신의 철학적 근거로 받아들인다. 이러한 체제를 극복하려는 사유 작업은 다만 서구 형이상학의 끝에서 이루어지는 "이후의 것"이 아니라, 그를 감내하면서 이겨 내는 초극의 과정을 담고 있다. 그 과정은 존재론적으로 이해된 "현재"에의 성찰에 따라 이루어질 것이며, 또한 역사적 존재 경험을 떠나서도 가능하지 않을 것이다. 현재란 시간적인 기제(이미 있는 것/Gewesenheit)와 도래(다가올 것/Zukunft)가 함께하는 존재론적 지평이다. 탈형이상학은 이러한 의미에서 시간적 현재와 존재 역사란 지평에 자리한다.

서구 근대에 이르러 완성에 이른 형이상학 전체를 문제시하면서, 현재, 지금 이곳에서 이루어지는 존재 경험과 존재 이해의 역사성에 따른 형이상학을 의미하기에 탈형이상학은 우리의 철학 안에서도 특별한 의미를 지닌다. 이 사유는 한편으로 서구 근대의 형이상학을, 다른 한편 우리의 착종된 현재에 놓인 형이상학을 넘어서는 과제를 안고 있기 때문이다. 이러한 과제는 우리의 현재에서 현존재의 철학함을 통해 탈형이상학의 사유로 드러날 것이다.

쉐플러는 전통 형이상학을 존재자를 그 전체에서 사유하는 형이상학으로 규정한다.[2] 여기서 그는 존재 자체를 최고의 존재자로 규정하는 전통 형이상학의 존재 물음이 "오늘날도 여전히" 가능한지 묻고 있다. 형이상학의 존립은 이러한 질문에 대한 응답에서 가능해진다. 쉐플러 역시 현대 철학의 상황을 형이상학 이후의 존재론으로 이름하면서, 그 과제를 칸트의 물음처럼 "오늘날 다시금" 존재 물음을 설정하려는 노력으로 이해한다. "형이상학과 같은 것이 도대체 가능한 것일까?" 우리가 살고 있는 형이상학 이후의 시대는 어떠한 사유에서 이루어지는가.[3] 이러한 시대 상황에서 그는 존재자의 존재란 말의 존재론적 의미를 형이상학 이후의 존재론으로 다시금 제기하고자 한다.

2. 전통 형이상학과 형이상학의 극복

1) 전통 형이상학의 사유

존재자를 존재자로서 다루는 형이상학은 자연학 이후의 학문이며 만물의 존재근거를 사유하는 학문이다.[4] "존재자를 그 존재에서 표상

---

2 Richard Schaeffler, *Ontologie im nachmetaphysischen Zeitalter, Geschichte und neue Gestalt einer Frage*, Freiburg/München 2008 참조.

3 R. Schaeffler, op. cit., S. 14 ; S. 65.

함으로써, 존재자의 존재를 사유"하는 형이상학은 이 사유를 전통적으로 존재자의 존재자성으로, 또는 신적인 존재자로 표상된 최고의 존재자로 설정하기도 했다. 그 결과 형이상학은 존재 자체를 사유하지 않고 있으며, 존재자와 존재의 차이를 사유하는 데 실패했다.[5] 그 형이상학은 존재자의 존재가 최고의 존재가가 되는 시대, 그것이 가치든 이데아든, 실체와 진보, 또는 그 어떤 정치적 신념과 경제란 허상으로 형상화되든 존재자 자체의 사유로 함몰하기에 이르렀다. 이것은 존재자로서의 존재자의 진리가 존재로 여겨지는 시대, 존재 진리가 밖에 머무르는 역사, 서양적 유럽적 형이상학의 역사가 빚은 필연적 결과이다.

형이상학적 사유가 인간에게는 숙명적이란 말은 다른 한편 그 사유가 역사적으로 이루어진다는 말이기도 하다. 왜냐하면 형이상학의 본질은 역사를 넘어설지 모르지만 그를 사유하는 인간은 철저히 시간적이며 역사적 존재이기 때문이다. 그래서 형이상학의 역사는 때로는 왜곡되기도 하고 때로는 존재 자체를 망각하거나, 오해하는 굴곡의 역사를 거치기도 한다. 또는 오늘날 보듯이 형이상학의 사고가 감춰지고 잊혀지기도 한다. 그럼에도 형이상학이 인간의 숙명이기에 인간은 그 역사를 감내하고 견뎌 내면서 새로운 사유의 역사로 드러내야 할 필연성을 지니기도 한다. 형이상학의 역사는 존재의 소리에 귀 기울이면서, 자기 시대에 맞추어 더 그 본질을 사유해야 한다. 그 역사의 굴곡을 감내하면서 넘어선다는 말은 곧 존재를 그 진리에 알맞도록 사유하는 길을 열어 주며, 그 길을 걸어가야 한다는 의미이기도 하다. 그 길은 존재를 존재자를 넘어서는 무(無)로 규정함으로써 더 이상 존재를

4 Aristoteles, *Metaphysik*, 4, 1003, a 21 이하.
5 M. Heidegger, "Brief über den Humanismus", in: *Wegmarken*, Frankfurt 1967, S. 320, 이하 BH로 옮김.

존재자로 사유하지 않고 존재의 근거에서 사유한 것이며, 실체적 존재
자를 넘어 그 근원을 바라보는 사유를 펼쳐 가는 과정이기도 하다.

　형이상학의 해체를 말하는 하이데거의 철학은 철학의 종말이라는
주제와 연관되어 있다. 형이상학적 사유가 종말에 이른 시대에 필요한
철학은 이 사유의 역사를 해체함으로써 근원으로 되돌아가는 사유 작
업을 수행한다. 전통의 해체와 근원으로 되돌아감은 전통이란 관점에
서가 아니라 현재의 관점에서 이루어지며, 전통 자체의 파괴를 넘어
그것이 현재의 삶에 작용하는 역할에 의해 가능하기 때문이다. 하이
데거에 의하면 형이상학은 그 본질에서부터 존재자의 진리를 이해하
고 해명하는 학문이며, 그에 따른 역사적 운명을 지니게 된다. 존재
역사의 본질은 존재 자체를 이해하고 이를 새롭게 극복해 가는 존재
사건(Er-eignis)의 과정이다. 그런 관점에서 보면 인간의 역사는 존재
자의 존재를 이해해 온 역사이며, 그 이해의 변화와 함께 역사적 현상
과 실제가 변화되어 간다. 이러한 변화 과정은 근대에 이르러 존재 의
미를 존재자의 본질에 대한 관점으로 제한되거나 왜곡한 역사로 귀결
되었다.

　이런 맥락에서 근대 이후의 형이상학은 존재 망각의 운명을 지니고
있으며, 이 운명은 사실 이미 아리스토텔레스 이래 서구 철학의 역사
에서 예비되었다는 것이다. 하이데거는 비록 사유의 스승인 플라톤과
아리스토텔레스가 존재자의 존재 진리를 이해하고 있었지만, 형이상
학의 역사적 전개 과정에서 필연적으로 존재 망각의 역사가 준비되었
다고 말한다. 그 과정이 근대에 이르러 마침내 기술 문명 시대로 고착
되면서 그 망각의 역사는 극단에 이르게 된다. 형이상학의 역사는 사
라지는 것으로 '과거적'이 되었으며, 그러한 종말로 진입하면서 '과거
의 것'이 되었다. 이런 망각의 역사를 감내하면서 이겨 내는 길(Ver-

windung)을 지금 존재자의 존재를 새롭게 사유하는 이 시대 형이상학의 과제라고 말하는 것이 하이데거의 한결같은 주장이다.

그래서 하이데거는 〈존재와 시간〉에서 보듯이 그의 형이상학을 존재론을 위한 기초 존재론으로 이해한다. 이를 위해 그는 존재 의미가 드러나는 인간의 현존재성을 분석하는 실존 분석론과 그 지평인 세계와 시간 분석은 물론, 존재가 드러나는 지평으로서 예술과 언어에 대한 형이상학적 작업을 이어간다. 그는 존재 망각성의 본질이 존재자와 존재의 존재론적 차이를 보지 못하는 데 있다고 말한다. 이로써 존재자가 존재하는 의미, 즉 존재 의미가 은폐되기에 이른다. 그래서 하이데거는 도발적인 표현이지만 존재는 신이나 세계 근거가 아니라고 말한다.[6]

오늘날 실증적이며 실용주의인 세계, 후기 산업사회, 포스트모더니즘과 몰형이상학의 시대에 철학의 자리는 어디인가? 오히려 존재 물음이 현존재에서 가장 멀리 있을 때, 형이상학에의 물음과 철학적 사유는 가장 가까이 있는 것이 아닐까. 하이데거의 존재론적 해석학은 전통 형이상학과는 다른 길을 걷고 있다. 그때에도 아리스토텔레스가 말한 제일철학으로서 형이상학은 여전히 유효할 것인가. 우리의 미래를 규정할 어떤 사유의 패러다임, 체계화하고 분류하며, 층위를 결정할 사유, 전통 형이상학의 동일성을 거부하는 것이 자칫 형이상학이란 틀 전체를 거부하는 것처럼 보이지는 않을까. 형이상학의 불가피성은 오늘도 여전히 유효하다. 형이상학의 정의는 존재 사유를 통해 존재 진리가 드러날 때 가능하며, 그에 근거하여 존재자는 의미를 지니게 된

---

6 M. 하이데거, 「휴머니즘에 대한 편지」, 『이정표 2』, 이선일 옮김, 한길사 2005: 134쪽.

다. 이러한 존재해석의 근원이 형이상학이라면, 형이상학은 세계 이해와 해석의 근원적 틀이며, 그러기에 형이상학과 형이상학 비판은 모든 시대에 새롭게 시작되고 모든 철학과 함께할 것이다. 현재를 신의 죽음 내지 고향 상실의 시대로 규정하는 하이데거의 철학은 이를 넘어서기 위해 형이상학의 역사를 되돌아보고, 그 토대를 새롭게 정립하려는 노력으로 이어진다.

2) 철학의 종말 담론과 형이상학 이후의 철학

형이상학의 역사는 존재 사유에서 되풀이된다. 아리스토텔레스에서 존재자는 은폐된 것에서 이끌어 내는 현전함, 즉 현실태(energeia)로 사유되었으나 곧 그 존재 사유의 근원성은 감추어지고 망각되기에 이르렀다. 이러한 형이상학의 역사는 인간의 이성이 존재를 사유하지 못하고, 존재자에 대한 도구적 이성으로 치닫게 된 역사이며, 그 시대는 학문이 과학으로 간주되는 시대, 기술의 시대로 완성에 이르게 된 때이다. 이 시대의 종말은 존재를 벗어나고 떠나감(Seinsverlassenheit)으로써 완성에 이르게 된다.

아도르노(Th. Adorno)는 그의 주저 『부정의 변증법』 제3장에서 "형이상학에 대한 명상"을 다루고 있다.[7] 그는 헤겔에 의해 완성에 이른 정신의 변증법, 즉 "진리는 불변하는 것이며, 시간의 변화에 따른 것은 가상이라는 생각"은 더 이상 존속될 수 없다고 말한다. 그러한 형이상학은 시간적 현존재를 무화시키기 때문이다. 아우슈비츠 이후 이러한 형이상학에 바탕 한 "실존의 긍정성에 대한 어떠한 주장도 거룩한 체

---

7 Th. Adorno, *Negative Dialektik*(1966), trans. E.B. Ashton, New York 1973, p. 361-364.

하는 행위"일 뿐이다(『부정의 변증법』 361). 그것은 우리의 "형이상학적 사고가 경험과 결합할 사변적 토대가 무너짐으로써 형이상학의 기능이 마비되었"기 때문이다. 그 경험은 역사적이며 현재적이다. 아우슈비츠는 우리에게 "순수 동일성이란 철학적 명제는 죽음이란 사실을 확증"했다(『부정의 변증법』 362). 여기서 중요한 것은 진리를 "사물과 인식의 정합성"으로 이해하는 전통적 형이상학을 스스로 포기할 때 새로운 진리 이해가 가능할 것이라는 의식이다(『부정의 변증법』 364). 형이상학의 원리에 따른 부정의 변증법은 사유의 자기 반성을 요구한다.

이러한 역사의 과정은 형이상학에게 자신의 구상을 넘어 그가 대립했던 것을 향해 끊임없이 나아가도록 요구한다. 아우슈비츠 이후 위로부터 울려오는 어떠한 말도, 신학적인 말조차 아무런 권위도 지니지 못한다. 그 죽음에의 경험은 "데카르트적 사유하는 자아의 형이상학을 넘어", "형이상학은 어떻게 가능한가라는 칸트의 인식론적 물음"을 "형이상학적 경험은 여전히 가능한 것일까?"라는 물음으로 바꾸도록 만든다(『부정의 변증법』 367-368, 372). 여기서 한 가지 분명한 사실은 형이상학의 내재적 원리를 변증법적 과정으로 이해하는 것은 타당하지 않다는 사실이다. 형이상학을 이해하는 길은 변증법과는 달리 철학사에 대한 지식을 넘어 현재의 역사적 경험을 통해 이루어가는 과정이다. 그 변증법은 형이상학에 대항하는 사유가 아니라, 형이상학의 '허약함을 보여 주는' 사유이며, 형이상학의 새로움을 지향하는 철학이다.[8]

---

8 이런 맥락에서 아도르노는 아우슈비츠 이후의 정언명법이 "아우슈비츠가 되풀이되지 않도록 생각하고 행동하라"는 명령이라고 말한다.(『부정의 변증법』 365) 루츠-바흐만은 아도르노의 『부정의 변증법』을, "아우슈비츠 이후의 형이상학"을 "형이상학이 추락하는 순간과 함께하는 사유의 연대"로 이해한다. Matthias, Lutz-Bachmann,

철학이 종말에 이른 시대에 요구되는 사유는 "종래의 사유를 포기하고 사유의 사태 규정에 내맡기는" 과정이다.[9] 철학의 종말 담론을 분석하면서 하이데거는 이 말에는 "어떤 하나의 장소에서 다른 장소로"란 의미가 담겨 있다고 말한다(『사유의 과제』 144). 철학의 완성은 결국 존재 사유의 역사적 운명이며, 그 안에서의 변형을 지향한다. 그것은 자신의 체계에 반대해서 사유해야 함을 보여 준다. 철학의 변형은 최종 근거의 변형을 말하는 것이 아니다. 이 점에서 클라인(A. D. Klein)은 오늘날의 시대는 최종 근거에 대한 공통된 이해가 종말에 처한 것이 아니라, 최종 근거의 가능성 자체가 논쟁이 되는 시대이며, 그런 문제가 대두된다는 의미에서의 탈형이상학적 시대라고 말한다.[10]

현대 철학에서 하이데거의 철학적 기여는 형이상학 이후의 사유를 촉발시킨 것으로 특징지을 수 있다. 형이상학 이후의 형이상학은 몰형이상학이란 측면에서 이해되는 것이 아니라, 전통 형이상학적 사유에서 벗어났다는 측면에서 정의된다. 피갈(G. Figal)은 서구의 형이상학적 사유가 근대로 귀결되며, 이것은 아도르노가 〈계몽의 변증법〉에서 규정했듯이 결국 근대 비판과 연관된다고 말한다.[11] 형이상학 이후의 사유는 형이상학의 종말 논의에 대한 해석과 연관된다. 여기서 피갈은

"Postmetaphysisches Denken? Überlegungen zum Metaphysikbegriff der Metaphysikkritik", in *Zeitschrift für philosophische Forschung*, B. 56, Heft 3, 2007, S. 414-425, hier S. 361.

9　「철학의 종말과 사유의 과제」, 『사유의 사태로』(*Zur Sache des Denkens*, Tübingen 1969), 신상희 옮김, 도서출판 길 2008, 178쪽. 이하 『사유의 과제』로 옮김.

10　H.D. Klein, "Kein Ende für die Metaphysik", In *Unser Zeitalter – ein postmetaphysisches?* Karen Gloy(hrsg.), Würzburg 2004.

11　Günter Figal, "Verwindung der Metaphysik – Heidegger und das metaphysische Denken", in: *Grundlinien der Vernunftkritik*, Ch. Jamme(hrsg.), Frankfurt/M 1997, S. 450-470, hier S. 450, S. 456, S. 451 참조.

전통 형이상학의 역사를 해체하고 새롭게 건립하려는 하이데거의 시도가 1930년 후반을 지나면서 '형이상학 이후의 사유'로 규정할 수 있을지라도, 그것이 곧 전적으로 탈형이상학적 사유를 의도한 것일 수는 없다고 본다.[12] 형이상학이 본질적으로 존재자의 존재로 초월해 가는 이행에 자리한다면, 그것은 그 자체로 자신의 체계를 끊임없이 초월하고 이행하는 것으로 이해해야 한다. 형이상학의 본질은 이러한 초월적 이행에서 찾아야 한다.[13]

전통 형이상학이 존재자와 관계되어 존재자성을 존재로 규정했다면, 그 완성과 종말은 결국 존재자의 존재를 최고의 존재자로 설정하면서 이루어진 존재 망각의 결과이다. 근대의 주체 형이상학이 결국 존재자를 객체화했으며, 나아가 우리 시대를 내적으로 규정하는 그 어떤 이념으로 귀결된다면, 이 시대는 기술과 산업화의 시대이며 과학과 경제의 시대라고 말할 수 있다. 그것은 하이데거의 지적처럼 존재자가 부품(Bestand)이 되고, 학문이 과학이 되는 기술의 몰아세움(Gestell)의 시대를 의미한다. 근대에 이르러 학문이 분화되고 자립적으로 설립된 것은 학문이 그 형이상학적 토대를 망각하면서 일어난 현상이다. 그럼으로써 마침내 철학조차 경험과학이 되거나 논리 분석철학으로 간주되었다.

이러한 과정은 학문성을 과학적으로 이해하는 과학주의를 불러 왔다. 하이데거는 이것을 기술 시대의 철학으로 이해한다. 이러한 학문성의 특성은 기술적인 성격이며, 학문을 과학·기술적으로 해명하는 데서 유래한 것에 지나지 않는다.[14] 그러기에 형이상학 이후의 사유는 형

12　G. Figal. "Verwindung der Metaphysik", op. cit., S. 452.
13　M. Heidegger, *Wegmarken*, GA 9, F.-W. Herrmann(Hg.), Frankfurt/M 1976 S. 413.

이상학의 종말을 향하는 것이 아니라, 오히려 이러한 결과로 드러난 형
이상학의 종말을 극복하는 사유로 이해해야 한다. 여기서 피갈은 하이
데거의 사유를 형이상학적 사유의 의미와 그 종말의 사유에 따라 이해
할 때 형이상학적인 것도, 형이상학 이후의 사유도 아니라고 강조한
다.[15] 그 사유는 형이상학의 언어를 새롭게 환기하며, 초극(verwin-
den)의 경험에 의해 존재 진리에로 돌아가는 것이다. 그 사유는 형이
상학의 언어로 말하려 했던 바를 지향하기에 하이데거의 형이상학 극
복 사유와 함께, 이를 통해 촉발된 사유를 의미한다고 말할 수 있다.

3) 형이상학 극복이란 주제

존재 사유의 역사는 본질적으로 존재 자체가 초극되는 사건이기에
형이상학은 이를 극복해야 한다. 극복된 형이상학은 사라지지 않고 변
화된 형태로 되돌아와 끊임없이 존재자에 대한 존재의 차이를 사유한
다.[16] 형이상학의 초극(Verwindung)이란 말은 존재 망각의 역사, 형이
상학의 내적 모순을 감내하면서 그 역운의 힘에서 벗어나는 과정을 의
미한다. 그것은 형이상학을 떠나 그 근원으로 되돌아가는 사유, 존재
망각성을 떠나 근원으로 방향 전환하는 이행의 과정이다. 사유가 전통
형이상학을 극복하는 이유는 형이상학을 넘어 그것을 어떤 다른 곳으
로 폐기하기 때문이 아니라, 오히려 존재의 가장 가까이로 물러나기

---

14 M. 하이데거, 「철학의 종말과 사유의 과제」, 같은 책 144-147쪽 참조.

15 G. Figal, "Verwindung der Metaphysik", op. cit., S. 462 ; S. 469-470 참조.

16 M. 하이데거, 「형이상학의 극복」, 『강연과 논문』, 박찬국 옮김, 이학사 2008,
89-126쪽, 89, 91쪽. 이하 「형이상학 극복」으로 인용함. 독일어 'verwinden'은 형
이상학 극복이란 명제와 연결될 때 다만 그 한계와 모순을 치유하거나 극복하는 행위를
넘어, 이를 감내하며 넘어서는 과정을 의미한다. 따라서 초월적 극복(초극)이란 표현
이 적절한 용어로 여겨져서 이렇게 옮기고자 한다.

때문이다.

존재를 그의 역사에서 사유하는 작업은 다만 연대기적 역사(histo-ria)가 아니라, 존재 드러남의 역사(Seinsgeschichte)에서 이루어진다. 형이상학의 지평은 선험적으로 주어지는 것이 아니라, 사유의 역사와 함께해야 한다. 그것은 형이상학을 역사적인 맥락에서 이해하는 것이며, 철학적 논쟁의 역사와 함께하는 것이다. 그러기에 형이상학의 사유는 형이상학의 역사뿐 아니라 역사의 형이상학까지도 말해야 한다. 이런 관점에서 바티모(G. Vattimo)는 하이데거의 형이상학 극복 개념을 이제껏 "지배적이었던 우파적 경향에 대한 반대" 해석으로 이해한다. 그는 하이데거의 형이상학적 사유를 형이상학의 역사에 대한 '좌파적 해석'이며, 나아가 근대에 대한 '묵시론적 비판'이라고 규정한다.[17]

글로이(K. Gloy)는 플라톤과 아리스토텔레스 형이상학의 기본 특성을 네 가지로 정리한다.[18] 형이상학은 먼저 지식과 학문에 도달하려는 인간의 본성에 기초한다. 그것은 정확한 인식을 획득하기 위한 것, 그래서 경험적이며 변화하는 자연 사물을 초월하여 그 근본이 되는 변치 않는 지식을 얻으려는 인간의 노력과 본성에 근거한다. 둘째 형이상학은 사물과 대상에 대한 직접적 인식이 아니라 매개된 인식에 의한 것이다. 여기에는 감각적 사물에 대한 인식의 차이가 전제된다. 그것은 본질적 이유(ratio essendi)와 인식 이유(ratio cognoscendi)의 구분에 따른 것이며, 이성의 다양한 분화를 포함한다.

---

17 G. Vattimo, Heideggers Verwindung der Moderne, in: M. *Heidegger-Denker der Post-Metaphysik, Symposiums aus Anlaß seines 100. Geburtstages*, Heidelberg 1992, S.49-66, hier S.51.

18 K. Gloy, "Metaphysik – ein notwendig oder verzichtbares Projekt?", in *Unserer Zeitalter*, op. cit., K. Gloy(hrsg.), S. 25-45, hier S. 30f.

셋째, 형이상학은 이념과 개념의 계층적 형성, 분류하고 특성화하는 체계의 근거가 된다. 최후의 그리고 최고의 근거가 확정되지 않았을 때 근거 체계는 가정적이며, 다양한 모습과 상대적인 것으로 드러나게 된다. 형이상학은 그 최종 근거에 대해 논의하되, 그것이 최고의 존재자와 결합된 사유이다. 참된 인식은 여기에 근거한다. 넷째, 형이상학은 지식 가능성의 조건으로서 논리적 체계와 존재론적 근거에 대해 사유한다. 여기서 전체에 자리한 체계와 그 한계에 대한 발견이라는 칸트의 사유에서 보듯이 인식 가능성의 조건으로서 순수 이성의 경계와 조건에 대한 탐구이다.

이렇게 규정한 뒤 글로이는 우리 시대의 상황에서 형이상학에 대한 위협을 극복할 직접적 지식의 가능성을 세 가지로 제시한다(Gloy, 32-33). 그것은 야생의 사유, 서사적 사유, 신화적 사유에서 주어지는 구체적인 지식의 영역과 미학적 체험, 나아가 생활 세계의 실천적-실용적 지식이다. 철학적 사유가 관념이론적이거나 개념논리적, 혹은 매개된 사유로 드러나는 한, 형이상학은 결여되어도 좋다고 생각한다면 그것은 잘못이다. 개념 피라미드의 최고봉에, 그것의 최종 근거에 그와 연관된 감성적인 인식이나 신적인 인식의 종착점에서만이 매개되지 않은 인식을 생각할 수 있다. 그 인식은 직접적 관점에서 지성적이거나 감성적인 것으로 자리해야만 한다. 형이상학의 위험은 매개된 사유에서는 극복되지 않는다. 그래서 필연적인 지식이나 우연적으로 확정된 역사적 지식이 문제가 아니라, 어떤 경우든 직접적 지식의 편에서 이를 다루어야 하는 것이다.

그럼에도 이 주제는 결코 철학적-학적 사유의 대체물에서 제시되지는 않는다(Gloy, 40-42). 그것은 마술이나 어떤 종교적 의식으로 후퇴할 수는 없다. 이런 주제는 사유 가능한 철학적 대결의 근거에서 형성되는 것이지, 결코 그것의 대리물에서 이루어지지 않는다. 형이상학은 전통적으로 실제성을 향한 논리적이며 개념적 통로라는 근거에서 제시된다. 여기서 구체적이며 실천적 지식, 예술의 체험은 형이상학의 가능성을 근거 짓는 터전이 되며, 철학 역시 이러한 해석에 자리한다. 예술적 체험에 대한 해석에 근거하여 글로이는 하버마스가 말하는 이론과 실천 사이의 우선적 구상의 변천 속에서 탈형이상학적 사고로의 전환이란 동기를 보고 있다.

4) 하이데거 철학과 극복의 사유

이러한 관점의 동기는 형이상학 이후의 사유 단초를 통해 탈미학의 사유로 나아가는 하이데거의 예술철학에서 생겨났다.[19] 잘 알려져 있듯이 하이데거는 〈존재와 시간〉에서 제시한 기초 존재론적 관심에서 전통 형이상학 이후의 존재 진리를 말하고 있다. 존재 진리는 보편적 이성을 구체화하는 과정에서가 아니라, 언어와 역사에서의 존재론적 해명에서 단초가 주어질 것이다. 이런 관점에서 레너(Renner)는 "하이데거의 사유는 그 자체로 '형이상학 이후 사고'의 기획을 안고 있다"고 주장한다.[20] 형이상학의 역사는 인간의 존재 이해에 따라 재현된다. 존재 이해가 그 자체로 존재 드러남의 역사라면 그 재현이 왜곡되거나 감춰진다는 것은 무엇을 의미하는가. 그것은 그 자체로 존재 드러남의 필연적 과정이 아닌가. 그 역사가 불가피하게 왜곡되거나 감춰졌다면

---

19   하이데거의 예술철학은 전통 미학과는 근본적으로 다른 철학적 동기에 의해 방향 지워져 있다. 그런 의미에서 그는 존재론과 연관된 예술철학을 근거 지우려 시도하였다. Vgl. "Der Ursprung des Kunstwerkes"/*Holzwege*, 6. Aufl. Frankfurt/M 1972, S. 1-72.

20   Rolf G. *Renner, Die postmoderne Konstellation: Theorie, Text und Kunst im Ausgang der Moderne*, Freiburg 1980, S. 200. 203.

그 역시 형이상학의 존재사적 과정이기도 하다. 그런 까닭에 우리는 형이상학과 형이상학 극복 과정은 존재 사유의 존재사적인 과정 자체라고 말해야 할 것이다.

형이상학의 역사를 감내하면서 극복하는 초월적 극복은 "형이상학 자체를 통해서 형이상학 자체를 더욱 높이는 방식"으로 이루어지는, "보다 높은 형태로의 변형"으로 이해해야 한다. 존재의 역사적 운명(Geschick)은 존재자의 존재가 드러남을 내보내는 것이다.[21] 형이상학이 종말에 이른 것은 "형이상학의 본질로부터 사유하지 못하는 무능력", 나아가 "진리의 본질 변화가 미치는 영향력의 범위를 인식하지 못"하고, "확실성으로서의 진리가 우세해지기 시작하는 상황의 역사적 의미를 인식하지 못하는 무능력"에 의해 초래된 것이다. 형이상학은 끊임없이 이행하는 역사적 경험에서 이루어진다. 그러기에 형이상학의 종말로 새롭게 시작되는 사유는 형이상학이 종말에 이른 것이 아니라, "또 다른 시원으로 이행해 가는" 것이다(「형이상학 극복」 104, 105-106쪽).

형이상학은 존재의 의미를 사유하기에 이 존재 의미를 존재자성으로 이해하거나 또는 세계원리로 받아들이는 것도 하나의 형이상학이다. 그러나 나치 시대에 이르러 국가사회주의적 철학은 이를 노동으로 대상화시키기도 했다. 이때 노동은 전통적인 서구 형이상학이 인간을 "이성적 동물"로 규정하던 존재의 자리를 대신하게 되었다는 것이 하

---

21   M. 하이데거, 「형이상학의 극복」, 99, 100, 101쪽; 여기서 'Geschick'를 역사적 운명으로 옮기고 있으나 이 말은 일차적으로 존재자의 존재가 자신을 내보내는 과정을 의미한다. 역사적이며, 나아가 존재 역사에 비추어 존재 망각의 숙명적 느낌을 포함하고 있기에 운명이란 이차적 의미까지 반영하고 있다. 이 말은 역사적 운명, 존재 모아 보냄 등 여러 의미로 이해될 수 있다. 하이데거의 말처럼 전철 'ge-'에는 집합적 의미가 담겨 있기 때문이다.

이데거의 비판이다. 그때 노동은 "모든 현존하는 것들을 무제약적으로 대상화하는 형이상학적인 지위에 올랐"다.[22] 이는 명백히 존재자의 진리가 몰락한 것이다. 이런 근대성의 극치를 그는 기술 시대로 규정하며, 이에 인간은 부품으로 내몰리고, 존재자의 존재조차 사물로 내몰리는 시대, 몰아세움(Ge-stell)의 시대가 되었다고 비판했던 것이다.[23] 이 시대는 존재 망각이 극치에 이른 시대이다. "형이상학은 존재자에 대한 특정한 해석과 진리를 특정한 형태로 파악하며, 이를 통해 한 시대의 본질 형태의 근거를 부여한다." 이로써 형이상학은 "시대를 근거짓는" 철학으로 자리잡게 된다. 이러한 근거가 한 시대를 결정적으로 특징짓고 이를 통해 인간은 그 시대와 존재자 일반은 물론, 자기 자신까지 이해하고 해석하게 된다.[24] 이는 형이상학이 근거 정립의 철학으로 자리매김된 전형적인 모습이다.

인간의 본질은 존재자를 넘어 존재로 나아가는 탈존(Ek-sistenz)에 자리한다. 인간이 본질적으로 형이상학적 존재란 말은 바로 인간의 본질이 형이상학을 향한 근원적 기투에 있기 때문이다. 탈존으로서의 인간의 본성은 결국 존재 진리 안에 탈자적으로 서 있다는 특징을 말한다. "탈존은 존재 진리 안으로-나아가-서 있음"이다. 인간은 자신의 현존재에서 존재 드러남 안으로 자신을 나타낸다. 그러한 나타냄이 바로 인간 본질이며 그 현재적 특성이다. 인간은 존재를 사유함으로써 존재자의 존재를 드러내는 존재의 목자이다. 존재는 존재자처럼 있지 않다. 그것은 존재자편에서 보면 마치 없음으로, 무(無)로 있으며, 존

---

22   M. 하이데거, 「형이상학 극복」, 90-91쪽: Ernst Jünger, *Der Arbeiter*, 1932.

23   M. Heidegger, Die Zeit des Weltbildes(1938), in *Holzwege*, 6. Aufl., Frank-furt/M 1980, S. 73-110. "기술의 본질은 근대적 형이상학의 본질과 동일하다."

24   M. Heidegger, Die Zeit des Weltbildes, in *Holzwege*, S. 73.

재하게끔 하는 것으로 있다. 이 말은 영어의 "There is …"의 용법처럼 무엇이 있다는 것을 설명하는 독일어에서 차용한 말이다. 즉 책상이 있다(Es gibt ein Tisch.)에서 사용하는 "Es gibt …"처럼 허사로 있는 것이 존재이다. 존재는 신이 아니라 신이란 최고의 존재자의 "있음"을 가리키는 말이다. 존재자로서의 신은 신의 존재론을 통해 비로소 의미를 지닐 수 있다. 그래서 그는 "존재는 신도 아니며 세계 근거도 아니"라고 말하는 것이다.[25]

형이상학의 극복이란 결코 형이상학의 폐기가 아니라 "형이상학을 존재의 진리에서 사유"하는 것이며, "존재 자체에 대한 회상"을 의미한다. 그것은 존재에 귀 기울이는 것, "존재의 소리를 듣는 것"이다.[26] 형이상학은 존재의 역사적 과정을 받아들이고 견뎌 내면서 매 순간 존재의 소리를 듣고 이를 새롭게 드러낸다. 형이상학은 언제나 존재의 소리를 듣고 해명하는 그 시간과 공간에서 그렇게 형성된다. 그 과정은 철학사에서 진리란 이름으로 이루어진다. 존재 드러남이 곧 진리이기에 이에 근거해서야 학문적 진리와 지식이 의미를 지니게 된다. 개별 학문은 존재자의 없음(無)을 사유하지 못한다. 그러나 형이상학은 본질적으로 존재자의 존재를 사유함으로써 존재자를 넘어서는 초월을 가능하게 한다. 인간 본성은 근본적으로 이러한 초월에 자리한다.[27] 존재는 오직 없음을 사유하면서 그 안에 머물러 있을 수 있는 현존재의 초월 안에서만 드러난다. 개별 학문은 오직 형이상학에 실존할 수 있을 때만이 자신의 본질적 과제를 거듭 새롭게 획득할 수 있

---

25 M. 하이데거, 「휴머니즘에 대한 편지」, 137-138쪽, 166-168쪽, 144쪽.
26 M. 하이데거, 「'형이상학이란 무엇인가'의 들어가는 말」, 『이정표1』, 같은 책, 128-129, 134쪽.
27 M. 하이데거, 「형이상학이란 무엇인가」, 『이정표1』, 같은 책, 153-155쪽.

다.[28] 이처럼 하이데거는 현대 철학에서 보게 되는 형이상학의 종말이 전통 형이상학의 본질적 완성이며, 이에 대한 극복과 새로운 형이상학을 위해 존재 사유를 위한 역사적 결단이 필요하다고 한결같이 주장한다.[29]

나. 탈형이상학의 철학적 논의

1. 하버마스의 "형이상학 이후의 사유"

하버마스는 현대 철학의 주된 경향을 형이상학 이후의 사유, 언어학적 전회, 이성의 정황화, 실천에 대한 이론의 우위가 반전된 것, 또는 이성 중심주의의 극복이란 네 가지 명제로 제시한다(『탈형이상학적 사유』 20-22). 현대는 학문이 과학으로 협애화되고 기술과 자본의 시대로 완성에 이른 전통 형이상학의 숙명적 결과이다. 여기서 요구되는 것은 경험적인 과학과 실증주의, 과학주의 등을 극복하기 위한 사유이기에, 전통 형이상학 이후의 사유인 것이다. 그것은 전통 형이상학에 대한 거부와 새로운 사유의 가능성을 모색하는 니체 이후의 조류를 이름하는 것이다. 칸트 이래의 형이상학은 결국 1789년 계몽주의 혁명의 이념에 대한 태도 결정에 따른 것이다. 근대적 이성과 세계의 주인으로 설정된 인간의 주체성에 대한 이해와 결단이 이후의 형이상학에 대한 근본 패러다임을 결정하고 있다. 형이상학 이후의 사유에서 결정적인 동인은 의식 철학에서 언어철학으로의 전환, 즉 언어 화용론적 철학이다.[30] 이러한 전환에 따른 대표적 현상을 하버마스는 "이성의 통일

---

28   M. 하이데거, 「형이상학이란 무엇인가」, 『이정표1』, 같은 책, 171-172쪽.

29   M. Heidegger, *Nietzshce: der europäische Nihilismus*, GA 48, Frankfurt/M 1986, S. 303-304; 309 등.

성에 관한 논쟁, 제반 과학들의 협주곡에서 철학적 사유가 지니는 지위에 관한 논쟁, 분과 학문과 계몽에 관한 논쟁, 마지막으로 철학과 문학의 경계에 관한 논쟁"으로 정리하고 있다(『탈형이상학적 사유』 23).

플라톤으로 환원되는 철학적 관념론을 거칠게 형이상학적이라 이름하면서 하버마스는 그 특징을 "동일성 사유, 이데아 학설, 강한 이론"의 세 가지 명제로 요약한다(『탈형이상학적 사유』 45). 근대성의 철학적 테제가 지니는 과도함에 대한 거부는 도구적 이성과 인간 중심주의에 대한 거부로 드러난다. 여기서 철학의 두 과제는 사물과 자연에 대한 지식의 근거 설정, 인간의 실존, 존재에 의미를 부여하여 인간의 자유와 해방에 기여하는 것으로 읽힌다(『탈형이상학적 사유』 29). 이러한 체계에서 새로운 형이상학의 가능성을 말하는 것은 전승된 진리 지평과 그 진리로 인한 현재적 의미 변형의 문제가 담겨 있다고 해야 할 것이다. 여기에 형이상학 해체 내지 종말 담론의 배경이 자리한다. 계몽주의 이념은 먼저 인간 중심과 진보의 사유와 인권과 해방에 대한 사유, 나아가 이성 중심과 존재자 중심의 사유로 과학기술과 인식 이성의 체계를 정립하였다. 이러한 철학에 대한 반대가 곧 그 시대적 결과에 대한 반대를 의미하지는 않는다. 그것은 다만 반근대적이거나 또는 전체주의적인 규범으로 읽히기도 할 것이기 때문이다.

형이상학 이후의 사유가 거론되는 배경에는 타당성의 근거가 선험적으로 보증되던 시대가 지났다는 인식이 자리한다. 그것은 현대의 존재 사유가 전통 형이상학의 범주 영역을 벗어나 있다는 인식이며 그에 따라 형이상학 이후의 사유가 필요해지는 것이다. 하버마스에 따르면 이러한 사유의 노력은 부정적 형이상학을 목표로 한다(『탈형이상학적

---

30   J. 하버마스, 『탈형이상학적 사유』 19-21, 25, 26쪽.

사유』 31-33). 형이상학의 역사 해체라는 하이데거의 명제와 근대적 근원철학의 은폐된 형식에 대한 아도르노의 비판은 비록 새로운 형이상학의 혁신을 지향하지만, 그것은 칸트를 이어 스스로를 관철하는 형이상학이나, 그의 선험적 변증론 뒤로 후퇴하는 형이상학을 의미할 뿐이다. 그래서 하버마스는 어떠한 형이상학 이후의 사유에 대한 대안도 가지고 있지 못함을 고백하면서, 다만 형이상학 이후의 사유를 언어학적 전회에 바탕 한 의사소통적 철학으로 규정할 뿐이다.[31] 그것은 철학이 전통적 역할을 넘어 방향 설정과 실천을 매개하는 해석적 역할로 변형된다는 의미이다(『탈형이상학적 사유』 29-30).

하버마스는 형이상학 이후의 사유는 제3의 형이상학적 영역, 즉 언어 능력과 행위 능력을 기초 짓는 합리성의 의미론적 층위를 거론한다(『탈형이상학적 사유』 28-29). 형이상학에로의 회귀는 "현대적 사유의 보완"을 필요로 한다. 이 회귀가 요구되는 것은, 현대가 "의미를 실현하고 위로하는 지주를 자신으로부터 스스로 생산할 수 없기 때문"에, 이러한 지평에서 현재를 사는 우리들에게 "버팀목이 되"고, 때로는 "반대 작용을 하는 전통을 필요로" 하기 때문이다(『탈형이상학적 사유』 292-293).

한편 철학의 종말 담론을 해명하는 맥커티(Th. McCarthy)는 이러한 하버마스의 견해를 원용한다.[32] 근대에 이르러 발흥하는 자연과학은 철학의 성찰적 권위를 지배하고 있다. 이러한 상황에서 거론되는

---

31   J. 하버마스, 『탈형이상학적 사유』, 앞의 책 43-44쪽. 이것을 그는 자신의 책, *Der philosophische Diskurs der Moderne*(Frankfurt/M 1988)에서 정당화하고 있다고 말한다.

32   Th. McCarthy, "General Introduction", in *After Philosophy: End or Transformation?*, K. Baynes/J. Bohman/Th. McCarthy(ed.), MIT Univ. Press, Cambridge Mass. 1993, p. 1.

철학의 종말과 해체 담론은 철학의 변형을 지시한다. 그것은 철학의
역할을 자리매김과 해석으로 규정한 하버마스에 의지하여, 철학의 변
형을 도덕적 자의식과 의사소통의 행위에 따라 전환의 단초를 언어철
학적 전회와 이성개념의 전환, 철학적 해석학에서 찾는 것이다. 철학
의 자기 이해와 변용 논의는 의식 철학에서 언어 철학으로의 전환, 철
학의 자기 원리로서의 이성개념과 그 전환의 논의와 함께한다.[33]

여기에는 가다머와 리꾀르의 해석학이 관련되며, 철학의 변형을 말
하는 아펠(K.O. Apel)과 하버마스, 나아가 분석철학과 로티의 신실용
주의까지 언급할 수 있다. 칼 맑스에서 니체, 역사주의와 지식사회학
까지 철학의 종말을 알리는 소리는 철학의 현재에서는 폭넓게 퍼져 있
다. "철학 이후"란 명제는 철학의 전환점을 사유하게 만든다. 그것은
플라톤적 전통이 유용성을 다했다는 선언이다. 이제 "철학은 어디로"
란 질문이 문제가 된다. 우리는 다시금 물어야 한다: "철학이란 무엇인
가?" 그 대답은 철학의 자기 이해를 사유의 역사적 드러남에 따라 수
행하는 것이며, 그것이 결코 어떤 선험적 존재나 그에 따른 원리는 물
론, 서구 형이상학의 역사를 넘어서는 어떤 영역에서 주어질 수는 없
다는 인식에 바탕 한다.[34]

분명한 것은 철학의 변용 명제가 곧 철학의 종말을 의미하는 것은
아니란 사실이다. 그래서 맥커티는 철학의 변용을 세 가지 유형으로
제시한다. 먼저 플라톤적 진리 개념의 전환, 로고스중심주의와 본질주

---

33   이런 관점에서 철학의 변용을 논의한 K. O. Apel, *Transformation der Philoso-*
phie, Frankfurt/M 1973, Bd. 1 *Sprachanalytik, Semiotik, Hermeneutik*, Bd.2 *Das*
Apriori der Kommunikationsgemeinschaft 참조.

34   M. Heidegger, *Einleitung in die Philosophie*, GA 27, Frankfurt/M 1996, S.
15.

의 철학, 이데아 사유의 해체, 둘째 데카르트주의에의 반대, 그것은 데카르트와 칸트 철학에 의해 정립된 주체철학과 인식론 철학에 대한 거부를 의미한다. 마지막으로 이성개념의 전환, 이를 통해 언어의 공약 불가능성과 형이상학의 해체, 언어분석과 언어 놀이에 의한 진리 개념의 변화를 지향하는 것이 그것이다. 여기서 그는 하버마스의 "철학은 행위, 인식, 언어에 구체화된 이성을 반성하는 데 기원"한다는 주장을 원용하여 철학의 종말 논의의 논점을 언어의 역할에 관한 것으로 제한한다.[35]

2. 현대 철학에서의 탈형이상학 논의

만약 형이상학의 변형이 전통 형이상학의 거부로 이해된다면 어떤 근거에서 그러한 것일까. 형이상학의 변형 논의는 과연 아리스토텔레스가 말한 "제일철학"의 패러다임 전환을 요구하는 것일까? 여기서 루츠-바흐만은 형이상학과 형이상학 비판을 서로 대당하는 두 축으로 생각하는 단순함을 벗어나야 한다고 말한다.[36] 그래서 철학사에서 보듯이 형이상학 비판은 자신의 구상을 새롭게 하거나, 대안의 기획에 기여함으로써 구성된다. 칸트가 형이상학을 새롭게 제기했듯이 형이상학은 자신의 내적 관점에서 언제나 자신의 한계를 넘어 다른 형태로 체계화된다. 형이상학은 그 자체로 변증법적이며, 그런 한 언제나 탈형이상학적이다. 형이상학이란 자체로 새로움을 만들어 가는 과정에서 주어지기에 그것은 제일철학이라기보다는 오히려 최후의 철학, 궁극의 철학인 셈이다.

---

35 Th. McCarthy, ibid, p. 7-13; p. 11.

36 M. Lutz-Bachmann, "Postmetaphysisches Denken? Überlegungen zum Metaphysikbegriff der Metaphysikkritik", in op. cit., S. 423.

탈형이상학적 사유가 특별히 존재하는 것이 아니라 형이상학 본연의 사유가 그 자체로 이미 탈형이상학적이라는 것이 루츠-바흐만의 생각이다. 덧붙여 형이상학은 대상을 지닌 학문이 아니라, 근원적 세계 의미의 이성적 가능성이나 불가능성에 대한 철학적 성찰로 이해되어야 한다. 그것은 인간과 개별 학문의 진술이 지닌 실제적인 자기 숙고의 이성적 가능성이나 불가능함에 대한 것이기도 하다. 그는 형이상학을 근원적 세계 의미와 학문적 세계 설명에 대한 완성된 성찰적 비판이거나 혹은 부차적 확증에 대한 성찰성의 형태로 바라본다.[37] 루츠-바흐만은 탈형이상학을 형이상학의 내재적 원리에 따른 현상으로 이해하기에, 하이데거의 사유와는 일정 부분 맥락을 달리 한다.

후기 산업사회의 수학적이며 경험적인 자연과학의 시대는 형이상학 이후의 시대를 요구한다.[38] 하버마스가 거론한 "형이상학 이후 사유"의 4가지 요인은 결국 형이상학을 변증법적 지양으로 이해하는 것이 아닐까. 그러한 형이상학은 언어학적 전환에 따른 결과이며, 형이상학의 현재적 결과에 대한 성찰성으로 구성된 것이다. 그래서 하버마스는 의사소통 행위 이론으로 전개되는 언어학적 철학을 형이상학 이후의 사유로 이해한다. 그러나 그런 의미에서 이것을 굳이 형이상학이라 이름 할 필요는 없을 것이다. 여기에는 결정적으로 존재론적 논의가 빠져 있기 때문이다.

개별 학문의 학적 원리나 인식론적 성과에서 보듯이 존재로 설정된 대상에 대한 학문으로 형이상학을 이해하거나 학문들의 학문, 메타 학문으로 이해하며, 나아가 그에 대한 이론이나 이성적 정당화, 학술적

---

37   M. Lutz-Bachmann, op. cit., S. 425.

38   K. Gloy, "Metaphysik – ein notwendig oder verzichtbares Projekt?", in *Unserer Zeitalter*, op. cit., K. Gloy(hrsg.), S. 25-45. 25.

가정의 일차적 근거에 대한 해명으로 간주한다면, 형이상학은 궁극의 학문으로 환원될 것이다. 그런 이해는 형이상학의 본질을 무시하고, 형이상학을 종말에 이르게 할 것이다. 그것은 하이데거와 함께 우리가 말하고자 하는 존재 진리를 사유하는 형이상학이 아니다. 형이상학은 학문의 학문론이 아니며, 존재자의 최종 근거에 대한 사유가 아니라, 존재자가 존재자로 드러나는 존재 진리에 대한 사유이다. 존재 사유는 존재자의 존재자를 넘어, 존재자가 존재할 때 동근원적으로 존재하는 존재에의 사유이다. 하나의 형이상학을 새롭게 체계화하려는 시도는 성공하지 못한다. 문제는 아리스토텔레스나 플라톤과 대결하는 두 형이상학 체계에서 어느 것의 올바름을 증명하는 것이 아니다. 형이상학을 위해서는 제3의 길이 존재한다. 그것은 형이상학과 또 다른 형이상학의 관계에서 새로운 길을 지향하는 데서 시작된다.

3. 탈형이상학적 사유의 의미

1) 현재의 사유

탈형이상학적 사유는 모든 존재론의 영역을 내재적 초월에 대한 표상으로, 존재자 자체로 표상하려는 전통을 넘어 존재의 진리를 존재 드러남의 터전으로서 현재(present)에서 사유하는 노력이다. 존재 진리의 사유는 인간의 역사적 본질을 필연적인 것으로 간주함으로써 그 요구에 대답한다(『형이상학』 125). 역사적 인간의 언어는 존재 진리의 언어이며, 그것은 시 지음(dichten)과 사유(denken)를 통해 존재에게 "존재 진리가 드러나는 언어"의 낱말을 찾아 준다(『형이상학』 131). 형이상학은 인간의 숙명이기에, "존재 사건이 스스로를 드러내지 않으면, 존재 사건은 인간존재를 불러낼" 것이다. 그것은 "죽을 자로 하여금 사유하고 시(詩)짓게" 하는 시대로 이끌어 간다(『형이상학 극복』126).

존재자에 대한 존재의 차이는 존재론적으로 무(無)로 사유된다. 존재를 무로 규정하는 것은 존재자를 없애거나 부정하는 것이 아니다. 존재는 존재자 전체와 동일한 존재론적 층위에서 이해되지 않기에, 이를 무로 만듦(die Nichtung)으로써 말할 수 있을 뿐이다. 무로 만듦은 "존재자 전체를 무와 마주치게 함으로써 단적인 타자로 드러나"게 한다. 그것은 한편으로 "존재자를 넘어서는 것" 자체이기에 초월이라 이름한다.[39] 존재는 "스스로를 무 속으로 들어가서 머물러 있는 현존재의 초월 속에서만 드러내 보"인다(『형이상학』 103). 존재자를 넘어섬, 초월이 형이상학 자체이며, 여기에 인간 본성으로서의 형이상학이 자리한다. 그러기에 "형이상학은 현존재의 근본 사건"인 것이다(『형이상학』 107). 인간으로서 우리가 지금 이곳에서 현존할 때 어떠한 방법으로든 철학함은 형이상학적 사건으로서 우리에게 생겨나게 된다(『형이상학』 109).

형이상학이 최종 근거에 대한 학문, 그것을 근거 짓는 학문이라면 최종 근거를 설정한 뒤의 형이상학과 최종 근거를 무(無)로 이해하는 형이상학은 구별된다. 그것은 형이상학이지만, 전통적 의미의 형이상학은 아닐 것이다. 형이상학적으로 사유한다는 것은 각 시대에 펼쳐지는 존재의 역사적 운명(Geschick)이 그때마다 스스로 통찰하는 것이다. 현존재의 형이상학은 결국 현재의 자리와 시간에 대한 숙고를 의미하기에 그러한 형이상학에 따라 사유한다는 것은 존재의 스스로 보냄을 우리에게 다가오게 하는 것이다. 탈형이상학은 현대의 변화된 삶

39　M. 하이데거, 『형이상학이란 무엇인가』 87, 89쪽. 그러기에 "존재자의 존재에서 무의 무화 작용이 일어난다". 같은 책 91쪽.

에서 전통 형이상학으로는 더 이상 존재의 진리를 사유할 수 없기에, 그래서 존재의 스스로 보냄이 더 이상 현재에 다가오지 못하기에, 다른 근원적 사유로 전환함을 의미하는 것이다.[40] 존재 드러남은 역사적이며, 그 터전은 현존재의 현재이다.[41]

2) 탈형이상학적 사유의 방향

존재 망각의 역사는 형이상학이 안고 있는 자신의 본성에 따른 숙명적 과정이다. 그러기에 형이상학은 존재 망각으로 그 완성에 이르게 된다. 그것은 한편으로 완성이며 종말이지만, 또 다른 관점에서는 새로운 형이상학으로의 시작을 말한다. 그럼에도 그 시작은 전통 형이상학의 폐기나 거부가 아니라, 거기서 주어진 형이상학 이해의 역사를 감내하고 그 터전 위에서 가려져 왔던 존재에의 사유를 다시금 회상시켜 내는 새로움을 의미한다. 그것은 사유함과 시 지음(denken und dichten)에 의한 존재에의 회상이다. 하이데거의 (탈)형이상학적 사유에 내재된 고유함은 형이상학을 최고의 존재자로 설정된 존재가 아니라 그때마다의 존재자의 존재에 대한 사유로 전환한 것, 근대에 와서 완성에 이른 전통 형이상학의 역사 전부를 벗어나 근원으로 회귀함으로써 존재에의 회상을 현재에서의 존재 드러남과 연결 짓는 데서 찾을 수 있다. 이러한 고유성에 상응할 때 그 사유는 탈형이상학적으로 이루어지는 것이리라.

---

40 「"신은 죽었다"는 니체의 말」/숲길, 같은 책 342쪽: 형이상학의 극복은 "모든 가치를 전환하는 새로운 원리의 정립과 더불어 형이상학 전체의 전향"을 수행하는 것이다.

41 G. Figal, *Heidegger zur Einführung*, Hamburg 1992, S. 31: 하이데거에 있어서, "철학은 시간의 근본적인 현재성을 통해 역사적으로 규정된다."

존재 역사의 본질은 하이데거에 의하면 존재 자체를 감내하면서 초월하는 존재 사건이다. 존재자의 진리를 사유하는 존재 보냄의 과정은 "존재자성의 역사적 운명으로서, 아직은 은닉되어 있는… 존재 망각의 운명으로서 사유"되는 형이상학을 넘어서며, 그 과정을 초극함은 "존재의 치유로서 생기"된다(『형이상학 극복』 89-90, 91). 전통 형이상학의 완성으로 이루어진 종말은 "형이상학에 의해 각인된 세계의 붕괴와 형이상학에서 유래하는 대지의 황폐화를 통해 동시에 수행"되는 세계, 존재 망각이 최고에 이른 시대이다. 그것은 역사성을 사유하지 못하고, 다만 연대기적인 역사에 의한 것, 기술적인 시대에 머물러 있는 모습이다(『형이상학 극복』 91-92).

인간의 본질과 연관된 근원적인 형이상학적 사건은 존재에 대한 이해이며, 존재 사건을 듣는 것이다. 그것은 존재에로 초월해 가는 것이다. 인간의 본질은 근본적으로 초월성에 자리한다. 그러기에 형이상학은 최고의 존재자, 최고의 가치, 기술 과학시대, 객체에 의한 표상과 그에 대한 인식이 아니라 그 모두의 있음에 대한, 있음의 의미 일반에 대한 사유이다. 그것은 최고의 존재자를 넘어서고, 존재 사유를 망각한 역사를 감내하면서 한편으로 초월해 가는 과정을 의미한다. 존재자의 존재는 언제나 현존재의 현재에서, 그 역사적 경험과 존재의 역사, 존재 경험과 이해의 역사를 넘어 존재의 소리를 현재화하는 이행이다.

전통 형이상학은 "존재 그 자체를 사유하지 않으며, 그래서 존재자와 존재의 차이를 사유하지 못"한다는 하이데거의 지적은 결국 "형이상학은 존재 자체의 진리에 대해 묻지 않"는다는 명제로 표현된다(BH 320). 형이상학이 형이상학인 근거는 그 본질에서부터 존재자와 존재의 차이를 사유하기 때문이다(『동일성과 차이』 40). "존재를 존재

자와의 차이"에서, 나아가 "존재자를 존재와의 차이에서" 사유할 때만
우리는 존재를 사태에 상응하게 사유할 수 있다(『동일성과 차이』 53).
존재자에서 존재로의 사유는 초월의 과정이다. 그것은 존재자를 넘
어서는 어떤 "넘어감"이지만, 존재자란 터전을 떠나 존재로 향하는
의미의 실체적 도약을 의미하는 것은 결코 아니다. 그것은 차이를 차
이로서 사유하는 것이며, 존재가 생성의 차이로서 사유되는 것이다.[42]

　　탈형이상학적 사유는 전통 형이상학의 폐기나 그와는 다른 어떤 형
이상학을 수립하려는 시도가 아니라, 존재자의 존재를 사유하는 가운
데 근원으로 회귀하는 사유로, "존재에의 회상"으로 드러난다. 그 과정
은 자신의 진리 안으로 스스로를 감추고, 스스로 물러나는 그 사태의
사유이다. 존재의 감춤과 드러남, 존재 망각과 존재 감춤의 이중성을
안고 있는 형이상학의 역사는 그 자체로 탈형이상학적이다. 존재자의
비은폐성의 역사로서 존재가 스스로를 드러내고 탈취하는, 감춤과 드
러냄의 이중적 과정, 그를 통한 스스로 생겨남으로서의 존재 모아 보
냄은 존재 회상의 행위에서 드러날 것이다.

다. 탈형이상학의 이성개념

1. 형이상학 이후 철학의 이성개념 : 하버마스의 의사소통적 이성

1) 철학은 세계의 근거 문제와 그에 따른 이해 일반의 문제를 해명하고
자 하며, 나아가 사물 존재자와 그 지평으로서 존재에 대한 이해를 추
구한다. 그럴 때 존재론은 존재자의 다원성과 차이를 넘어서는 존재의

42　M. 하이데거, 『동일성과 차이』(*Identität und Differenz*, 1957), 신상희 옮김, 민
음사 2000, 57쪽: 또한 64쪽: "차이는 형이상학의 본질을 짓는 근본적인 개요도를 형
성한다."

특성으로, 나아가 그에 대한 이해와 해석의 문제로 규정된다. 역사와 사회, 학문 활동의 의미와 근거는 이에 따라 해명된다. 문화와 역사, 종교와 예술을 비롯한 인간 행위 일반은 모두 형이상학의 패러다임에서 해명의 실마리를 찾아가게 된다. 관건이 되는 것은 이러한 문제인식에서 세계와 세계 이해의 문제, 인간의 이해와 해명을 이끌어 가는 이성의 문제이다. 형이상학은 언제나 이성의 자기규정에 근거하여 정초되기에, 탈형이상학의 문제 역시 이성개념을 넘어 이성의 근거 설정을 어떤 원리에서 정립하는가에 달려 있다.

오늘날 철학의 변용이 거론되는 이때 형이상학을 근거 짓는 이성개념은 과학 내부적으로는 주어지지 않을 것이다.[43] 이에 비해 언어적 상호 이해의 패러다임으로 제시되는 이성개념은 우리의 현재를 전체적으로 해석할 수 있는 이성이다. 그것은 공동체의 의사소통을 가능하게 하지 못할 때, 결코 이루어질 수 없게 된다. 그러한 이성에 근거한 형이상학은 전통 형이상학에서 보듯이 동일성이나 전체성을 보증하는 규범적 형이상학일 수는 없다. 여기서 하버마스는 근대 의식 철학 이후의 위기 상황에서 철학의 극복 노력을 4가지로 제시한다.[44] 그것은 인간의 삶과 의미, 공동체를 해명할 수 있는 형이상학 이후의 사유이다. 그 사유는 생활 세계를 해명하고 소통할 수 있는 이성 이해에 의해 가능할 것이다. 의사소통적 이성은 이러한 관점에서 의미를 지닌다. 그 이성은 대화적 이성이며, 윤리적 적합성과 인식론적 정합성을 보증

---

43 철학의 변용 담론은 현대 철학의 지평에서는 빈번하게 논의된다. J. 하버마스, 『탈형이상학적 사유』, 앞의 책 300쪽 참조.

44 J. 하버마스, 『탈형이상학적 사유』, 앞의 책 290 이하: 그것은 문헌학적으로 작업하는 계보학으로서의 철학, 과학의 타당성을 보증하는 철학적 유물론과 과학철학, 또는 형이상학 비판이거나 형이상학의 고전으로 회귀하는 철학이다.

하는 이성이다. 인간의 이성은 근대적 인식 이성이나 어떤 선험성을
전제하는 이성, 또는 주체의 내적 능력으로 이해해서는 안 될 것이다.

2) 후기 근대 이래 변화된 세계의 경험은 경제 사회적 상황과 새로
운 시대의 경험을 반영하는 "역사적-해석학적" 학문을 필요로 한다.
그러한 학문과 이성은 역사의 경험과 정황을 사유하지 못하는 이성,
탈맥락화한 이성을 넘어 탈근대의 지평에서 의미를 지니게 되는 것이
다. 이러한 이성은 전통 이성개념에 비해 선험적이거나 초세계적인 어
떤 특성을 포기한 이성이다. 그 때의 이성은 전통 이성 이해에 따라 전
개된 근본 개념들이 현실 해명의 타당성을 상실하게 되는 빈 공간에
위치하게 될 것이다.

여기서 하버마스는 이러한 형이상학 이후의 사유를 탈근대적 문제
상황의 맥락에 따른 의사소통적 이성으로 제시하고자 한다. 이러한 이
성은 명백히 근대 의식 철학을 넘어 언어철학으로의 패러다임 전환과
이성개념의 변화를 반영하고 있다고 말하는 하버마스는 의사소통적
이성의 철학을 미완성에 그친 근대의 기획으로 완성하고자 한다.[45]

하버마스는 이러한 기획을 "생활 세계적 배경"에서 정당한 지위를
획득하는 철학이라고 말한다. 이성이 역사에 자기 원리를 부과하거나
이성의 구조에 근거하여 세계 해명을 시도할 때, 그것은 전통적 형이
상학의 원초적 동기에 충실한 것이다. 근대의 "이성과 그 원리에 따른
합리성"이 어떻게 과학주의적으로 해명된 세계에서 정당성을 상실했
는지 보여 줌으로써 하버마스는 역사-해석학적 학문들은 의사소통적

---

45   J. Habermas, "Die Moderne - ein unvollendetes Projekt", in *Kleine Politische
Schriften, Frankfurt/M 1981, S. 444-464.

이성의 행위에 의해서 타당성을 지닌다고 말한다. 그것은 철학이 자신을 과학으로 변형시키고자 한 시대의 오류를 보여 준다. 이때 형이상학으로의 회귀는 반동적일 수밖에 없게 된다. 의사소통적 이성은 부정적 형이상학을 넘어 "신에게 버림받은 세계의 절망을 선포하지도 않"지만, 그에 대한 주제넘은 위안을 장담하지도 않는다. 또한 철학의 고유한 과제였던 타당성의 영역도 포기하지 않는다.[46] 오히려 그것은 상호 이해의 가능성을 제시하는 이성이며, 상호 주관성을 가능하게 하는 것, 역사적 정황을 통해 규정되며 그 근거로 작용하는 이성을 의미한다.

3) 형이상학의 회귀 대신 하버마스는 "형이상학은 다른 유형의 철학으로 대체"될 것이라고 말한다. 그것은 의사소통적 이성을 통해 전통 형이상학이 해체된 자리에 필요한 상호 이해의 어떤 터전이다. 그는 이 철학을 형이상학 이후의 철학으로 제시한다. 이성은 계몽의 기획으로 구현되었지만, 그 한계 때문에 주어진 포스트모던적 상황이나, 이성을 무의미하게 만드는 해체주의는 위험하다. 포스트모던적인 극단적 이성비판을 거부하고, 형이상학 이후의 사유를 가능하게 하는 의사소통적 이성에 근거한 형이상학은 선험적 근거나 세계와 존재에 대한 절대적이며 총체적인, 동일성과 단일성에 근거한 본질 형이상학을 거부하는 것이다.

하이데거의 근대 형이상학 도식 비판과 그것을 틀 지운 인식 이성 비판에 대해 하버마스는 그것이 신비적 사고로의 회귀라고 비판한다. 그것은 결국 서양의 이성 이해의 전통이 지닌 합리성을 약화시키고,

---

46 J. 하버마스, 『탈형이상학적 사유』, 앞의 책 50, 51-61, 202-203쪽.

철학의 고유성을 신비주의적 모호함으로 후퇴시키는 결과를 낳게 될 뿐이다.[47] 근대의 기획에 대한 명백한 차이에도 불구하고 하버마스와 하이데거의 근대 이성에 대한 비판은 일정 부분 같은 맥락에서 이해된다. 서구의 현재는 근대 이성의 기획에 따른 것이며, 이러한 위기의 극복은 근대 이성에 대해 이성의 자기 해명이 새롭게 정립됨으로써 가능하다는 생각에서는 차이가 없다. 나아가 하버마스의 격렬한 비판에도 불구하고 근대 인식 이성의 범주를 넘어서는 새로운 이성 이해를 모색하는 과정, 특히 언어학적 전회에 대한 접근과 해명에서 이 두 철학자는 훨씬 더 친화성을 보인다.[48]

의사소통적 이성의 기획을 통해 다시금 근대의 기획을 완성하려는 하버마스의 의도는 그 자체로 완성에 이를 수 없는, 미완의 기획에 그칠 수밖에 없다. 의사소통적 이성은 본질과 실체론적 구조를 벗어나 있는 화용론적 이성임에도 불구하고, 하버마스는 근대의 기획에 과도하게 집착함으로써 자신이 주장하는 이성 패러다임의 탈근대적 성격을 보지 못하고 있다. 탈근대적 이성의 기획으로 근대적 형이상학을 시도하는 기획은 자체모순을 내포하고 있다. 하버마스가 미완성에 그친 서구 근대의 기획, 이성의 자기 해명을 의사소통적 행위의 지평에서 찾고 있다면, 하이데거는 근대의 "계산하며 표상하는 이성"에 대해 숙고하는 사유와 다른 근원의 사유를 통해 이성의 자기 이해를 새롭게 정립하고자 시도한다는 차이를 지닌다.

47   J. Habermas, *Der philosophische Diskurs der Moderne*, Frankfurt/M 2007, 10 Aufl. 6ste Vorlesung.

48   W. Welsch, *Vernunft*, op. cit., S. 142-145 참조.

2. 내재적 초월의 이성

1) 철학의 종말을 말하는 해체주의를 넘어서는 사유의 계기는 역설적
으로 해체주의자들이 기대고 있는 하이데거의 사유에서 얻을 수 있다.
하이데거는 철학의 종말이 사유의 종말을 의미하는 것이 아니라 사유
가 또 다른 근원으로 이행해가는 것이라고 말한다. 다가올 사유는 더
이상 철학이 아니다. 그것은 형이상학으로 이해된 철학보다 더 근원적
으로 사유하는 작업이기 때문이다. 근원적 사유로서의 형이상학, 그것
은 전통 형이상학 이후의 형이상학임은 말한 나위가 없다. 따라서 이
러한 관점에서 본다면 오늘날 탈형이상학이 논의되는 철학적 지평은
전통 형이상학은 물론, 서구 근대에 의해 완성에 이른 형이상학을 넘
어 또 다른 근원으로, 또 다른 이성 이해를 통해 우리의 현재로 이행해
가는 과정에서 생겨나는 형이상학일 것이다. 그 근원은 사유의 역사에
서 이미 주어졌지만 존재 역사의 과정에서 잊혀지고 은폐되었다. 그
사유는 형이상학보다 더 근원적으로 사유하기 때문이다. 여기에 탈형
이상학의 사유 동인이 자리한다. 그것은 존재의 도래, 존재 역사에 상
응하는 길임에는 틀림이 없다.

근대에 이르러 완성에 이른 형이상학은 자신을 인간학으로 이해한
다.[49] 그것은 하이데거가 말하듯이 인간의 것일 뿐이다. 인간학으로 변
형되는 철학은 결국 형이상학으로 인해 몰락한다. 그러한 인간학은 형
이상학을 떠나 생물학과 물리학, 심리학을 포함하는 넓은 의미의 자연
의 학으로 정립된 학문을 의미한다. 이에 비해 초월적으로 극복된 형
이상학은 인간의 존재 의미를 수용하고 그에 근거하여 인간의 존재 드
러냄의 행위를 정초하는 철학이다. 인간은 그 본질에서부터 형이상학

---

49   M. Heidegger, "Überwindung der Metaphysik", VA 82-83.

적인 존재이다. 그는 비록 모순된 존재이며, 하늘과 땅, 선과 악 사이에 자리한 중간자(中間子)적 존재이지만, 그 안에 매몰되어 있는 존재는 아니다.

인간은 자신의 한계와 조건성을 넘어 그의 존재성을 이루어 가며 그것을 형성해 가는 과정의 존재이기에, 궁극적으로 존재성의 초월을 지향하는 존재이다. 인간은 존재 이해를 통해 단적으로 초월해 가는 존재다.[50] 이러한 초월은 결코 인식론적 선험성이나, 어떤 외재적인 초월 세계를 향한 것, 또는 존재자적인 것으로 이해할 수는 없다. 그것은 이성의 원리에 따른 초월일 수는 없다. 그러기에 여기에서는 초월을 존재자의 존재에 따른 것, 존재론적 초월로 이해하고자 한다. 그 때의 초월은 외재적 지향성을 대변하는 초월론이 아닌, 내재성의 초월론으로 규정해야 할 것이다.

2) 내재적 초월성은 자신의 근거를 가능하게 했던 형이상학에 대한 자기 회귀를 통해 정초된다.[51] 선험성을 배제하는 내재성에 따른 초월은 자신의 한계와 모순을 극복하기 위해 자신의 근거를 이중적으로 넘어선다. 그것은 근거의 감내와 역사의 변형, 시간성의 초월에 따라 이뤄진다. 현존재가 초월한다는 것은 자신의 본질에 따라 세계를 형성한다는 의미이다. 현존재의 초월은 존재 이해의 계기이다.[52] 그의 초월은 인간의 근거를 그 본질에서 자유롭게 하는 것, 즉 근거에서의 탈피는

50 Vgl., M. Heidegger, *Sein und Zeit*, op. cit., S. 38.

51 슬라보예 지젝, 『죽은 신을 위하여』, 김정아 옮김, 도서출판 길 2007. 여기서 지젝은 기독교를 가능하게 했던 전통 형이상학과 그 귀결인 현대 문화를 넘어 기독교가 자리해야 할 문화적 지평에 대해 말하고 있다.

52 M. Heidegger, "Vom Wesen des Grundes", in *Wegmarken*,, op. cit., S. 135-160.

물론 현존재의 탈자적 특성과 초월을 의미한다. 현존재는 세계를 기획 투사 하면서 존재자를 넘어서며, 자신의 자유에 상응해서 자신으로 존 재한다. 그것을 하이데거는 초월의 본성으로 이해한다. 자신의 존재론 적 지평에 대한 회귀적이며 그를 넘어서는 형이상학은 이성의 자기 회 귀와 자기 구현적 특성에 기인한다.

　탈근대적 이성은 자기 회귀적이며 자기 구현의 과정에 의해 스스로 규정된다. 또한 그 이성은 자기초월적이다. 그것은 자신의 존재를 위 해 선험적 세계를 필요로 하지 않는다. 이성은 자신이 자신을 규정하 고, 자신의 원리로 되돌아옴으로써 정의되는 것이다. 자기초월이란 자 신의 조건과 근거를 감내하며 넘어섬으로 자신의 원리를 이룩해야 하 는 이중성을 표현하는 말이다. 그러기에 이러한 이중적 극복을 통한 자기 성취야말로 탈근대적 이성의 원리이며, 이에 근거한 형이상학을 우리는 탈형이상학으로 이해하고자 한다.

　철학은 구원에 이르는 길을 제시한다. 그러나 그것은 그리스도교적 구원이거나 어떤 종교적 구원을 의미하지 않는다. 그것은 인간이 자신 의 존재 의미를 이해하고 그에 근거하여 세계를 내재적으로 초월해 갈 수 있을 때 주어지는 구원이다. 이런 노력을 억압하는 데서 해방되는 것이야말로 철학이 제시하는 구원과 해방이다. 그것은 하버마스가 이 해하듯이 다만 이성의 강한 힘으로서 세계를 해석하고 진리에 이르는 특권적 통로를 열어 줌으로써 가능한 것은 아니다. 이성 중심과 인간 중심의 사고에 근거한 하버마스의 철학은 결국 미완성에 그친 근대의 기획을 보완하려는 것에 지나지 않는다.

　3) 이 시대에 요구되는 형이상학은 이런 탈근대적 상황에서 인간의 조건, 초월과 과정성, 모순성을 수용하면서 그 흔들리는 터전에서 세

계를 해석해 낼 형이상학과 그것에 따른 이성에 의한 것이다. 그것은 존재론적 해석학, 내재적 초월론으로 해명되는 존재 이해, 그러한 형이상학을 의미한다. 그러기에 근대의 철학이 휴머니즘으로 완성되었으며, 이에 존재의 사유가 망각되었다고 비판하는 하이데거와 달리 철학은 이렇게 이해되는 인간을 위한 형이상학으로 자리매김되어야 한다. 인간을 위한 지식이나 이성이 아니라, 존재의 지평을 내재적으로 초월하는 형이상학은 결국 이성 이해의 전환과 초월적으로 정초된 이성 이해에 근거하지 않고서는 불가능하다. 이러한 이성은 인식 이성에 의한 지식 체계를 넘어 인간의 삶 전체와 생명의 원리를 진지하게 수용하면서, 그것을 초월해 나갈 수 있는 능력을 지닌 것이어야 한다.

인간 이성은 세계와 역사, 자연과 인간을 해석하려는 내적 본성이다. 그것을 보편적인 생명성에서 생겨난 인간의 지성으로 이해한다면, 그러한 생명성의 지성이 지니는 특성을 탈근대적 이성개념으로 제시할 수 있다. 이 이성은 현재와 역사적 경험의 성찰에서 주어지는 초월적 결단을 위한 이성이다.

생명성의 원리는 이성 이해를 새롭게 정립할 해석학적 근거가 된다. 이성은 생명성의 원리에서 이해된다. 생명성은 삶의 이성과 생명 감성을 포괄하는 원리를 가리킨다. 여기에는 생명으로서 인간이 지닌 초월성이 함께 담겨 있다. 생명에 대한 존재론적 성찰을 통해 우리는 생명이 자기 조직성을 지니고 있으며, 동일한 기원과 공생명의 원리를 지니고 있음을 도출하였다. 그것은 바로 생명의 역사성에 대한 성찰을 통해 얻어 낸 해석학적 원리이다. 여기서 생명은 자체 존재성과 상호 영향성을 지닌 존재이기에 그러한 존재성을 가능하게 하는 어떤 이성을 말하는 것이다. 그것은 생명체가 지닌 자체 목적성과 초월성을 포함하는 생명성의 원리이다. 내재적 초월론은 이러한 생명성의 원리에 근거하여 이루어질 것이다.

4) 은폐된 형이상학의 역사를 되돌리는 것이 탈형이상학적 사유라면, 그것은 "아무것도 묻지 않는 이 시대에 가장 물을 만한 것"에로 향해 가는 행위이다.[53] 그런 의미에서 철학은 우리에게는 가장 필연적인 것이다. 철학은 그리스적이며 유럽적이란 하이데거의 말은 그리스적, 유럽적 사유 경험에서 주어진 철학을 의미한다. 존재 드러남을 역사와 현재에서 사유하는 것은 우리의 역사와 현재에서 철학한다는 의미이다. 존재는 언제나 존재 이해의 역사와 그 현재에서 드러나기 때문이다. 그러기에 존재 사유는 현재의 우리, 사유하는 현존재 없이 이루어지지 않는다. 존재 사유는 한편으로 보편적이면서 특수하며, 특수하면서 보편적이다. 그런 의미에서 존재 사유의 동일성과 차이를 말할 수 있다. 철학함이란 그리스-유럽적 형이상학의 역사에서 우리의 현재를 사유하는 형이상학의 길을 걸어가는 과정이다.

이에 상응하여 "형이상학의 본질 역시 형이상학이 아닌 어떤 다른 무엇"이 되고자 한다. 그러기에 형이상학은 "존재 진리를 사유하는 그 사유에서 극복"된다. 형이상학의 극복은 존재 자체에 대한 회상을 의미하기에, 사유하지 않는 본질에의 사유는 형이상학 안에서 형이상학을 넘어서는 형이상학을 지향한다. "형이상학은 다양한 변형을 통해 존재를 말"한다.[54] 탈형이상학은 형이상학의 근원에 자리하지만, 또 다른 의미에서는 그 근원을 넘어서 있다. 철학이 종말에 이른 시대에 필요한 사유의 과제는 존재의 역사성을 사유하는 것이다. 철학이 기술

---

53   M. Heidegger, *Grundfragen der Philosophie*, GA 45, Frankfurt/M 1984, S. 13.

54   M. 하이데거, 『형이상학이란 무엇인가』, 같은 책, 19, 21쪽.

적–과학적으로 각인된 산업화 시대에 이것을 극복하는 사유는 형이상
학의 역사를 감내하면서 존재 사유의 역사에 감추어진 존재의 소리에
귀 기울이는 것이다. "고유하게 사유되지 않았던 어떤 것", 사유가 마
땅히 관계해야 하는 것, 즉 존재자를 드러내는 존재의 본질, 존재 사건
자체를 듣고 그에 따르는 것이다. 그것은 존재를 존재 자신이 드러나
는 "사태에 고유한 현재"에로 가져오는 것이다. 사태 자체, 그것은 존
재의 사태가 처한 현재이다.

　철학은 "그 각각의 시기에 각기 고유한 필연성"을 지니고 있다(『사
유의 과제』 143). 지금, 철학하는 우리에게 철학의 과제는 우리의 현재
에서 드러나는 존재 사유, 존재가 처한 현재를 사유하고, 그에 의해 존
재자를 존재자로 드러나게 하는 사유 행위이다. 탈형이상학적 사유에
의해 사유해야만 하는 것, 철학의 종말에서 사유되지 않고 남은 것은
존재 드러남의 현재이다.[55] 그것은 존재에의 회상으로 이루어진다. 존
재의 회상은 존재 역사에 대한 회상이며, 회상의 현재에 대한 사유를
의미한다.

55　M. 하이데거, 「철학의 종말과 사유의 과제」, 같은 책 149, 150, 157쪽 이하 참조.

8

탈형이상학의 형이상학

가. 탈형이상학적 자연 이해

1. 초기 그리스인들이 '자연에 대한 놀라움'에서 철학을 시작하였으며 자연의 근원(ἀρχή)에 대해 질문했다면 근원적 의미에서의 철학은 자연철학일 것이다. 철학이 존재의 존재자성(Seiendheit)에 대한 관심에 이어 주체로의 전환으로 인해 인식론적 관심을 갖게 되고 언어로의 전환에 의해 의미론으로 탈바꿈한 것은 철학의 발전이면서도 한편 철학적 진리 이해가 축소되어 온 역사라고 말할 수 있다. 그에 따라 오늘날 인간은 모든 실재를 수용, 성찰하고 그와 관계를 맺는 인간 삶의 내재적 의미 지평과 초월적 영역 전반에 걸친 변화와 위기를 맛보고 있다. 이러한 변화와 위기는 한 세기가 끝나면서 생기는 자연스러운 현상이 아니라 한 시대를 매듭짓는 전환점에 놓여 있는 우리가 겪는 변화와 위기, 그 시대의 틀을 짜 주었고 이끌어 왔던 모든 구조와 체계의 변화와 그로 말미암아 유래되는 위기이다.

　철학은 언제나 그 시대 그곳에서의 '나(Ich)'가 지닌 문제에 대한 가
장 구체적인 사유의 노력이면서 동시에 가장 보편적인 전 공동체의 사
유 작업이다. 그러기에 오늘날 우리가 접하고 있는 문제는 철저히 이
시대의 산물인 동시에, 전 시대의 흐름 안에서 이미 잉태되었던 가장
보편적이며 포괄적인 영역 전체에 걸친 문제이다. 따라서 문제의 답
역시 이러한 흐름 안에서 찾아야 할 것이다. 시대적 변화와 위기의 체
험에서 철학의 과제는 시대의 징표(signum temporis)를 읽고 그 안에
서 모든 실재를 수용, 성찰하는 현재적 사유틀을 이끌어 내는 데 있다.
오늘날 우리는 '인문학'과 '인간성'이 위기에 처해진 시대를 살고 있
다. 이러한 시대에 흘러 넘치는 위기의 외침에 무뎌지거나, 또는 지나
친 신경성 반응도 아닌 엄격한 사유의 작업으로 문제의 끝을 직시하여
답을 찾아가야 하는 것이 시대의 소명일 것이다. 이 같은 관점에 따라
우리는 모든 시대가 위기의 시대라는 일반화의 오류에 빠지지 않고 책
임 있는 지성으로서 진지한 열정으로 현재의 위기에 대해 접근하고,
그에 대한 대안적 사유를 제시해야 한다. 그런 까닭에 오늘날 인간과
인간 실재 전반에 걸친 철학적 사유 작업을 이끌어 갈 방향을 간추려
보는 일은 매우 중요하다.

　나아갈 방향은 위기의 본질에 자리하고 있다. 여기서의 철학의 과제
는 서구의 정신을 지향하기 위해 전통을 파기하거나 또는 전통적 정신
에로 회귀하려는 폐쇄적이며 대결적인 자세에서 얻어질 수는 없다. 그
것은 오히려 우리의 삶과 문화, 역사 안에서 그 모두를 아우르면서 우
리의 말과 이야기로 이루어진 새로운 사유틀을 이끌어 냄으로써 가능
할 뿐이다. 이러한 노력을 위해서는 인간과 모든 삶의 지평인 자연을
실재적이면서 동시에 초월적으로 성찰하는 작업이 그 핵심적 실마리
를 제공할 것이다.

　근대성의 문화적 형태는 인간의 삶을 변화시키며, 그에 따라 역사와
세계, 문화와 자연에 대한 이해 역시 변화를 겪게 된다. 그것은 고대
이래의 원초적인 자연에의 체험을 차단하고, 자연과 인간의 관계를 변
화시킨다. 이러한 문제에는 자연 이해의 틀을 성찰하는 이론-해석학
적 관점과 인간의 관계를 규정하는 실천-윤리적 문제가 관건이 될 것
이다. 그러한 맥락에서 탈형이상학의 중심 과제는 존재론적으로 정초
된 생명철학으로서 인간 실존 일반에 대한 이해 지평과 자연 이해에서
요구되는 역사성, 인간과 자연과의 역동적인 관계성을 이해하고 그 해
석의 틀을 정초하는 데 있다. 그 원리를 생명성이라 부른다면 이것이
전통 형이상학의 존재론을 넘어서는 근거가 된다.

　2) 자연 표상의 변화와 자연 이해의 분열

　19세기 이래 정신학문과 자연과학의 분열은 방법론적 이원론에 집
중하는 독일관념론에 의해 촉발되었다. 이에 따르면 학문이란 이성
의 원리에 따라 과학적 객관화 도식을 정립하는 체계이다. 그 체계는
학문 일반에 대한 이론적 방법론을 설정하는 데서 구별된다. 따라서
이제 학문의 기준과 진위 판단은 방법론에 의해 결정된다. 근대성의
학문에 있어 방법론이야말로 "학(學)"의 시금석이다. 부브너(R. Büb-
ner)의 말과 같이 이러한 방법론의 차이에 따라 자연에 대한 근대 학
문의 문제점이 야기한 결과가 정신학문(Geisteswissenschaft)과 자연
과학의 분열이란 현상이 나타난다.[1]

　그것은 자연에 대한 두 가지 학문 형태 가운데 하나의 학문만이 정

1　Rudiger Bübner (Hg.), *Die Trennung von Natur und Geist*, München 1990, S.
7-24.

당하고 유효한 지식을 제공할 수 있다는 전제와 정당성 주장에서 기인한다. 그 결과 인간이 자연에 접근하고 그에 대한 관계를 맺는 방법상의 논의를 이원론적으로 분열시킨다. 자연과학과 정신과학의 이원론적 분리는 나아가 정신과학에 대한 자연과학의 침해와 간섭을 불러일으키며, 오늘날 보듯이 과학이 진리 주장을 전유하는 현상이 일반화된다. 철학의 위기는 그렇게 시작된다. 위기 극복과 소통의 길은 "학(學)" 일반의 근거가 되는 근대성을 극복하는 길이며, 근대의 특수한 문제에 대한 해결을 의미한다. 그 길은 "진리에 대한 공동실존적이며 관용적인, 진리를 통합하는 과정"이며 진리 이해와 수용의 과정에 따라 그 모습을 달리할 것이다.[2]

근대 이래의 자연에 대한 과학주의(scientism)는 자연법칙의 발견에 관한 하나의 그리고 특정한 세계관일 뿐이다. 자연과의 관계를 대상화하며 객체화하는 도구적 합리성에 따라 설정하는 사유는 결코 인간존재의 지평인 자연을 총체적으로 이해할 수 없게 만든다. 예를 들어 인간이 자연 안에서 체험한 것을 표상하는 행위나 또는 자신과 자연 세계와의 관계에서 이해하는 윤리, 규범 체계, 가치 등은 과학에 의해 주장될 수 있는 어떤 것이 아니다. 근대의 세계관은 인간의 자기 이해와 밀접히 연관된다. 세계와 자연, 인간과 인간성, 진리와 의미 체험 등을 과학적 관점과 패러다임에 의해 수용하는 근대성은 특정한 세계관, 그것도 불과 300여 년 이래의 실험에 불과하다. 과학은 자신만의 고유한 질문과 관심, 관점에 따라 자연을 파악하고 탐구하려는 노력이다.

모스코비치(S. Moscovici)는, 과학은 "자신이 관계하는 모든 것을

---

2 Johannes Thiele, Die Wiederverzauberung der Natur, in: Jürgen Audretsch (Hg.), *Die andere Hälfte der Wahrheit. Naturwissenschaft, Philosophie, Religion*, München 1992, S. 192-214 참조.

새롭게 만든다. 그것은 우리가 살고 있는 지구와 우리의 삶을 가능하게 하는 진리를 변화시키려는 모험"이라고 말한다.[3] 인간이 맺는 자연과의 관계, 자연 이해와 수용, 그에 따른 진리 이해는 자연과학에 의해 급격히 변화하고 있다. 과학은 점점 더 격렬한 자연의 소용돌이 속으로 이끌려 가며, 자연의 고유성을 무시하고 자연을 그 자체로는 거의 존중하지 않는다.[4] 자연과학은 "의미에 관계되거나 정서적인 감동은 폐기한다. 그 결과는 과학적 거대성과 삶에 적대적인 과도함"뿐이다.[5] 이점에서 자연에 대한 인간의 관계 설정을 근본적으로 성찰하기 위해서는 과학적 자연 이해에 대한 반성이 절실히 요청된다.

근대의 학문적 이상이 이 시대를 지배한 이래 자연과 종교, 신화나 예술은 과학적 학문과는 다른 삶의 자세와 사유양식으로 간주되었다. 근대에 이르기까지 세계에 대한 이해는 주관적 패러다임에 의해 이루어진다. 그것은 근대성이 자연에 대한 "정신의 우월이란 사고"를 표현하는 것이다.[6] 그러나 이성이 자연의 선물임은 칸트가 이미 우주의 자연역사성에 대한 의식에서 제시했으며, 이때 사고란 우리 안에서 이루어지는 자연의 진행 과정이며 그 결과다. 이성은 인간 본성에 주어져 있지만, 그 자체는 자연 역사에서 기인한 것이다.

그럼에도 이성 우월적 사고는 자연과 이성을 대립되는 것으로 파악

---

3   S. Moscovici, *Versuch über die menschliche Geschichte der Natur*, S. 325-354.
4   이러한 성찰은 실증주의적인 영국철학에서도 발견된다. 화이트헤드는, "과학은 자연에서 어떠한 개체적인 향유도 발견해 낼 수 없으며, 아무런 목적도 찾아낼 수 없다. 과학은 자연에서 어떤 창조성도 발견해 내지 못한다"고 본다. (『열린 사고와 철학』, 오영환/문창옥 역, 고려원 177-178쪽.) 생기 없는 자연은 아무것도 지향하지 않는다. 생명의 본질은 그것이 자신을 목적으로 하여, 고유한 가치를 획득해 가는 과정에 자리한다. 같은 책 140, 157쪽 참조.
5   J. Thiele, op. cit., 195.
6   R. Bübner, op. cit., S. 162.

하며 계몽주의 이래 혼란스러우며 어둠에 갇혀 있는, 개화되지 않은 (자연적) 자연을 이성에 의해 인식하고 장악하고자 했다. 즉 자연을 이성의 원리에 따라 변화시켜 가려 한 것이다. 이 모두는 계몽의 이름으로 정당화되었다. 여기서 이러한 잘못된 일면성을 수정하는 자연 표상은 이성 중심의 학문에 대한 회의에서 시작된다. 다른 한편에서는 이성 중심의 관념론적 형이상학에 대해 신화, 예술 등의 진리 주장으로 이성 중심의 학문에 대응하려는 경향이 나타나기도 한다.

이러한 왜곡의 원인과 근거를 해명하고, 자연에 대한 논의를 인간적인 사물의 상호성과 전체성에서 고찰함으로써 문제 해결의 새로운 사유를 창출하는 것이 철학의 시대적 과제이다. 자연에 대한 분열상은 자연과 인간, 세계와 실재를 생성의 원리에 따라 고찰함으로서 극복 가능하다. 여기서 고대의 자연 체험을 원용한 "포이에시스(ποίησις)"로서의 자연이 지닌 존재론적 원리가 중요한 의미를 지닌다. 그것은 인간이 진리 역사에서 체험하는 자기 창조적인 "포이에시스" 성격에 따라 "피시스(φύσις)"로서의 자연을 해석하는 길이다. 이런 해석학은 자연의 존재론적 의미를 드러내는 새로운 사유다. 이 존재론적 해석학이 탈형이상학 체계 가운데 하나란 사실은 명백하다.

3) 자연형이상학의 성격과 방향

탈형이상학적 자연철학을 정초한다는 과제는 궁극적으로 '더 이상 있지 아니한' 규범과 '아직 아니' 형성된 규범 사이에서 갈등을 겪는 현대인에게 새로운 규범을 다원적으로 제시하려는 의도에서 이루어진다. 여기서 철학적으로 가장 의미 있는 움직임은 인간과 세계, 역사와 문화에 대한 이해의 틀, 진리해석의 관점과 틀을 새로이 형성하려는 모색이다. 자연 이해의 새로운 정립을 통해 이러한 과제를 달성하며,

근대성 극복의 단초를 찾으려는 시도는 어떠한 모습으로 나타날까. 그
것은 하나의 자연형이상학의 확립인가, 아니면 자연에 대한 과학철학
인가. 그럼에도 이러한 학문 체계의 성립을 논의하기 이전에 무엇보다
먼저 필요한 것은 이 작업이 시작되는 문제 지평에 대한 분석이다. 그
것은 일차적으로 자연과학의 성과에 대한 철학적 반성을 통해서가 아
니라, 근본적으로 "자연은 무엇인가" 라는 질문에서 출발할 것이다. 이
러한 자연철학의 중요한 과제를 슈베머(O. Schwemmer)의 생각을 참
고하여 4가지 관점에서 고찰해 보기로 한다.[7]

"자연과 환경 문제"가 그 첫 번째 과제다. 이것은 생태계 파괴의 문
제가 근대성의 철학적 사유틀에 의해 야기되었다는 반성에서 시작한
다. 오늘날 급진적으로 대두되고 있는 생태계에 대한 인간의 책임을
강조하는 윤리철학 내지는 환경 철학의 조류가 그러한 견해를 대변하
고 있다. 그럼에도 새로운 자연철학은 단순한 환경 철학이 될 수는 없
다. 이러한 맥락에서의 자연철학은 단지 생태계 오염 내지 파괴에서
야기된 환경 철학이 아니다. 오히려 이 자연철학은 소외·왜곡된 구조
를 양산한 사유 체계를 문제시한다. 이 철학은 가장 기본적인 인간 조
건인 자연 세계와 생활 세계인 넓은 의미의 환경이 왜곡됨으로써 인간
또한 왜곡되는 현상을 비판한다. 그를 통해 이 철학은 자연의 올바른
존재의미를 드러내려 한다.

두 번째 관점은 "자연과 역사의 관계"에서 이루어진다. 그것은 역사
와 자연의 관계를 철학적 성찰에서 뿐만 아니라, 자연 이해의 해석학
적 터전을 역사성에서 고찰하도록 만든다. 인간의 자연 이해가 역사적

---

7 O. Schwemmer, *Über Natur. Philosophische Beiträge zum Naturverständnis*,
Frankfurt/M 1991, S. 7-14 참조.

임에 따라 자연 역시 그 역사성에서 올바르게 드러날 것이다. 따라서 탈형이상학적 자연철학은 인간의 역사성에 자리하고 있으며, 자연을 역사적으로 이해한다. 자연은 인간의 역사성을 벗어난 순수 객관적 대상일 수가 없다. 세 번째 관점은 "자연과 과학"의 관계이다. 이것은 무엇보다도 자연과학이 자연을 근대의 역사에서 탈주체화시키고 탈역사화했다는 반성에서 시작된다. 이는 자연에 대한 지식의 두 가지 형태, "과학과 철학"이라는 방법론과 구조, 성격과 방향성에서 구별되는 두 학문의 관계이다. 철학적 지식은 개인과 존재성에 연결되는 데 비해, 과학은 개인의 주체화와 역사화에 종속되지 않은 지식이다. 새로운 자연철학의 과제에 대해, 슈베머는 이러한 두 가지 지식의 형태에 근거한 서로 구별되는 자연 이해를 해명하고 이것을 성찰적 연관 안으로 끌어오는 것이라고 정의한다.

자연 이해를 위한 네 번째 관점은 "자연과 이성"의 관계에 대한 해명이다. 이는 고대철학에서는 이미 익숙하였던 피시스(Physis)와 노모스(Nomos)의 구별에 따른다. 서구 전통 안에서 정신과 자연은 이원론적으로 대립하는 것으로 파악된다. 이원성을 극복하는 길은 사유의 고유함을 수용하는 생명의 본래적 실제성에 따라 이를 지속적인 현재성으로 간주하는 것이다. 이성 중심주의에 대한 초월적 극복의 시도는 결코 이성을 폐기로 이해할 수는 없다. 이성의 지반을 무시한 어떠한 철학도 인간을 그의 본래성에서 파악하지 못하게 만들 것이기 때문이다.

오늘날 이성 중심주의에 대한 극복은 '또 다른 이성'에 의해 제시되는 것이 아니라 잊혀 왔던 '이성의 다른 부분'을 긍정함으로써만이 가능할 것이다. 이런 맥락에서 합리주의적 전통과 그에 대한 극복으로 제시된 철학의 성과, 또한 오늘날 철학의 중요한 자산인 형이상학적 성과의 의미는 결코 축소되지 않는다. 우리가 새로이 창출해야 할 철학적 사유는 이 모든 사유를 초월적으로 극복하는 것 안에서, 즉 이성적 진리가 인간이 지닌 원형적 진리에 의해 파생된, 제2의 진리틀임을 자각하는 것이다. 인류가 체험한 원형적 진리의 체험을 간직하고 있는 것은 서구 이성 중심의 철학이 아니라, 자연과의 통합적 실재를 간직하고 있는 세계이다. 이것은 예술과 신화, 문학과 철학이 진리 주장의 고유한 정당성을 유지하면서도 서로 총체적으로 관계 맺어지는 그러한 세계를 의미한다. 이러한 비판적 작업에서 자연에 의한 것들은 이성의 다른 부분으로, 진리 체험과 역사 체험의 또 다른 터전으로 이해된다. 이점에서 자연은 우리 자신의 다른 부분으로서 우리를 위해 현실화된다.

자연철학의 형이상학은 일차적으로 자연 사물이나 존재자 전체 또는 질료적 세계에 대한 자연주의적 철학을 정초하려는 작업이 결코 아니다. 오늘날 타당하게 수용할 수 있는 자연철학은 이러한 문제 지평에서 인류의 원형적 진리에 접근하려는 탈형이상학으로 정립되어야 한다. 이것은 인간의 보편성과 초월성, 그의 역사성 및 타자와 맺는 관계의 총체성에서 정립되는 철학이다. 이러한 철학의 주된 방향은 궁극적으로 모든 생명에 대한 자각과 그들의 정당한 의미와 가치를 되찾으려는 생명철학으로 나아가게 된다. 생명철학은 한편으로 생명의 존재 의미를 드러내는 형이상학이며, 그 삶의 과정을 존재론적으로 의미 부여하는 철학이다.

이는 자연에 대한 근본적 이해의 틀과 인간 및 자연의 새로운 관계에 대한 논의이기도 하다. 여기에는 자연과의 만남, 자연과 자연 생명에 대한 존중과 배려, 나아가 근대의 과학적 패러다임(paradigm)과 기술 내지 기술 공학적 세계상과 그를 뒷받침하는 자연에 대한 정복·지배의 사고들이 핵심적 문제가 된다. 자연에 대한 유기체-생명 세계적 이해와 수학-자연과학적 내지는 기술 공학적 자연 수용의 관점이 대립되는 것이다. 우리가 자연을 생명을 지닌 유기체로 여기고, 우리 자신 또한 자연의 일부로 수용하며, 그에 따라 자연을 생명체적 관련성에서, 인간과 자연의 상호 교류적 측면에서 모든 실재를 수용하는 역동적인 살아 있는 존재로 이해하는 것이다. 철학적 사유는 어떻게 가능할까. 자연을 존재자가 아닌 존재로 이해하고 그 역동성과 생명성을 해명할 철학이 필요하다. 그럴 때 자연과 화해하며, 더불어 살아가는 새로운 관계 맺음이 가능할 것이다. 그것은 명백히 근대의 사유틀과 자연에 대한 이해를 넘어선다.

나. 탈형이상학의 자연철학

1. 자연과 예술

근대성에 의한 인간과 세계와의 관계는 초월적으로 해명된 인간 이성의 성격과 원리에 따라 해명이 가능하다. 문제는 이성의 근원성이 어떻게 유래하며, 인간과 자연 양자에서 어떻게 가능하느냐에 달려 있다. 그 문제는 근원적 동일성과 개별적 차이의 관계 규명 문제이기도 하다. 셸링은 자연과 정신을 차이(difference)로서 서로를 구성하는 요점으로 추론하며, 동시에 이러한 차이에 근거한 정신과 자연의 동근원성을 논구한다.[8] 자연과 정신의 차이와 동근원성이 어우러져 드러나는 탁월한 터전은 셸링의 자연철학에 의하면 예술이다.[9]

예술은 자연과 정신의 비분리성, 인간의 자연에 대한 원체험이 오늘

---

8   F.W.J. Schelling, *Sämtliche Werke* I/3, Stuttgart 1856-1861.

9   Manfred Frank, *Einführung in die frühromantische Ästhetik*, Frankfurt/M 1989, 11. Vorlesung.

날 여전히 살아 있는 분야이다. 예술을 통해 자연을 일깨우려 하는 것은 바로 자연의 고유한 본질을 성스러움에로 드러내는 일이다. 예술은 자연을 대상적 이용의 관점이 아닌 있는 그대로의 본래성을 표현하는 양식이다. 예술과 자연의 연관성, 예술과 존재 체험의 구조 동일성은 "존재 드러남의 일치성과 투쟁성"에 근거한다. 이것은 예술에서, 하이데거에 의하면 "그리스인들의 비극시(悲劇詩)"에서 가장 순수한 형태로 드러난다.[10] 이렇게 자연과 정신의 구조 동일성과 비분리성은 다름 아닌 예술작품에서 올곧게 현시된다. 셸링은 이러한 특성에 근거하여 예술을 모든 현상에 대한 철학적 해명의 기관(organ)으로 표현한다.

예술은 자연을 지향하는 것만이 아니다. 반대로 자연도 예술을 향할 수 있고 예술에서의 추론이 자연에 해당될 수 있다. 예술은 자연의 산물을 그저 똑같이 따라한다는 의미에서의 모방이 아니라, 오히려 "자연 안으로 옮겨 들어가 […] 자연을 보충하고 자연을 완성할 수 있음, 자연을 향상시키고 능가할 수 있는" 창조적인 행위이다. 여기에는 창조적인 성격, 스스로 이루어져 간다는 특성에 의해 "예술이 자연과 똑같이 움직인다"는 사실을 함축하고 있다. 아리스토텔레스는 플라톤을 따라, 자연은 유일한 웅장한 예술작품으로 간주할 수 있으며, 나아가 "완전한 예술성을 지닌 것은 자연적인 것에 상응"한다고 말한다. 그것은 바로 "전체적 자연은 예술을 통해 모사될" 수 있으며, 반면 "전체 자연은 예술과 테크네 모형"을 통합하며, 그들과 함께 "합목적론적 사고를 따른다"는 의미이다.[11] 이것은 예술과 자연의 "전체적인 구조 동일성에 근거할 때에만 가능"하다.[12] 여기서 우리는 그리스인들이 이해했듯이 자

10　M. Heidegger, *Gesammte Ausgabe* Bd. 40, Frankfurt/M 1976ff., S. 176.

11　K. Gloy, *Das Verständnis der Natur*, Bd I. S. 127ff. 참조.

12　예술과 자연의 전체적인 구조동일성에 대해 아리스토텔레스, 『자연학』 II. 2,

연을 스스로 그러한 피시스로 받아들이게 된다.

2. 창조적 자연

피시스(φύσις)로서의 자연은 만들어지거나 소멸될 수 있는 것이 아니다. 피시스의 자연은 자기 창조적이다. 창조적 자연의 성격과 그에 대한 원초적 체험이 태초 이래 올곧게 남아 있는 분야는 예술이다. 창조적 자연의 특성은 예술작품 안에서 가장 특출하게 그 자체로 창출되며 참되게 보존된다. 이러한 피시스로의 자연은 예술작품 안에서 스스로 솟아나오고, 스스로를 간직하며 작품을 자신 안에 보존한다. 이러한 "창조와 보존"의 특성은 예술이 지닌 자연에 대한 근원적 만남과 관계를 건립(Stiftung)의 3가지 공동놀이, 즉 선사로서의 건립, 정초로서의 건립, 시원으로서의 건립이란 성격에서 이해하게 한다.[13] 이러한 의미에서의 예술이란 "밖으로 그리고 앞으로 이끌어 내어 놓는 탈은폐"이며, 따라서 포이에시스(ποίησις)에 속하는 것이다. 포이에시스로서의 시작(詩作)이란 바로 모든 예술의 본질, 즉 "본질적으로 존재하는 것을 아름다움에로 열어 보이는 탈은폐"의 행위이다.[14]

　　자연의 올곧음을 드러내는 예술의 성격을 하이데거는 자연의 일부로 사는 인간의 본래적 거주를 묘사하는 것이라고 말한다. 예술의 건립을 통해 인간은 "자신이 거주하는 터전을 축복하며", "도래하는 성스러움을 노래하며" 이로써 근원적 진리를 드러낸다. 이렇게 함으로

193a, 또한 II, 199a 15-17 ; Physik II, 8. 참조.

13　M. Heidegger, 『예술작품의 근원』/『숲길』(1935/36) ; Hubert Sowa, *Krisis der Poisis, Schaffen und Bewahren als doppelten Grund im Denken Martin Heideggers*, Würzburg 1992 참조.

14　M. Heidegger, *Die Technik und die Kehre*, Pfullingen 1962 (『기술과 전향』, 이기상 옮김, 서광사 1993) 34-35쪽 참조.

써 시인은 하늘과 땅의 대립과 투쟁을 화해시키면서 서로 어우러지게 만든다. "근원 가까이 건립하며 머무르는 것은 근원적 거주"이다. 이것은 자연과 화해하는 행위를 통해 근거 지어지고, 이에 따라 이제 "대지의 아들은 이 터전 위에 살아야만" 한다. "대지의 아들이 이 대지 위에서 시적으로 살아"가는 것은 자연을 화해시키는 것이며, 자연을 서로 조화롭게 만드는 것이다. 그것은 북동풍의 바람을 타고 근원적 고향에 가까이 가는 것이며, 하늘과 땅의 어우러짐에 의해 열매가 영글고, 그 "빵과 포도주"로, 대지와 하늘과 더불어 성스럽고 근원적인 화해, 축제의 시간을 열어 가는 것이다.[15]

인간과 어울려지는 이러한 자연, 역사와 세계, 인간의 이해와 근원적 체험이 어우러지는 이 축제의 시간과 놀이의 판은 자연이 자연으로서 드러나는 터전이다. 그것은 자연이 대상화되는 것이 아니라 창조적 자연으로 이해할 때 가능하게 된다. 자연의 특성은 "창조의 지향성"에 대한 존재론적 이해에 따라 결정된다. 예술과 연결된 자연철학의 존재론적 지평의 논의에서 중요한 것은 지향성과 목적성에 대한 성찰이다. 자체 목적성에 따라 아리스토텔레스는 예술과 자연이 그 본질과 성격에 있어 동일하다고 말한다. 그러나 이것은 기계론, 인과율, 결정론이란 세계의 내적 원리에 외부적으로 부여된 근대적 합목적성을 의미하지는 않는다.[16] 이 목적성은 도구적 이성에 의해 추

---

15   M. Heidegger, Gesammte Ausgabe Bd. 4, Frankfurt/M, S. 148-149.

16   『자연학 II, 4장』; 아리스토텔레스의 목적론은 자연 연관의 구조적 원리로서, 절대적이고 보편적인 우주론적 원리이다. 이것은 그리스인들에게는 질서 잡힌 구조 연관성을 의미했으며, 바로 예술과 테크네의 영역에서는 '의식적 행위'와 연관되어 주어진다. 그리스인들은, "전체 자연은 목적성의 지배"를 받는다고 생각한다. 그럼에도 그 목적성은 서구 형이상학적 전통에서 말하는 더 상위의 의도, 초월적이며 선험적, 이성적인 계획과는 별개로 생각할 수 있다.

구되는 것이 아니라 예술과 테크네의 의식적인 행동이라는 맥락에서
통찰할 수 있는 것이다. 그것을 아리스토텔레스를 따라 질서 잡힌 구
조 연관성으로 규정할 수 있다. 이점에서 아리스토텔레스와 플라톤은
일치한다. 아리스토텔레스는 "신과 자연은 아무것도 헛되이, 즉 목적
없이 행하지 않는다"고 말한다.[17] 그는 목적론적 자연관을 펼치면서 이
를 자연 연관의 구조적인 원리이며 보편적인 우주론적 원리라고 추론
한다.[18]

아리스토텔레스에게서 자연이란 자연의 내적 원리를 바탕으로 연속
적인 운동 안에서 하나의 목적을 향해 내닫는 것이다.[19] 목적성은 "자
연에 존재하는 객관적 목적이 존재하는가" 라는 논의에 따라 그 이해
의 방향이 달라지게 된다. 그런데 인간 이성 이전의 세계 이성, 자연
자체의 지혜라는 설정은 과연 타당한 것일까. 아니면 전체 자연·세계
에 어떤 합목적적 의미부여나 궁극의 존재자, 정신적 위격(persona)의
존재가 필연적일까? 또는 그것이 근대의 합목적성이 상정하는 기계론
적, 합리적인 진보의 목적일까? 자연은 자체 목적적인 존재일까, 아니
면 자체에서 출발하여 스스로를 향하는 것일까? 이 작업은 지향성의
의미를 자연의 목적성과 연결 지어 규정하는 것이기도 하다. 이런 모
든 문제에도 불구하고 질문은 탈형이상학의 자연철학을 정립하기 위
한 모색이다.

---

17   Aristoteles, 『De caelo』, I.4, 271a 33.

18   아리스토텔레스, 『형이상학』 V. 권 4장, 1014b 16-1015a 19; 『자연학』 II, 1.
192b-193 b. 참조.

19   아리스토텔레스는 예술과 기술, 자연을 이 자체 목적론에 따라 연결, 종합시키
려는 의도를 지니고 있다. 『자연학 II』, 8, 199b 30-33. K. Gloy, op. cit., S. 121-122
참조.

3. 탈형이상학적 자연철학의 해석학적 구조와 특성

1) 자연철학적 진리 이해의 틀

창조적인 포이에시스 성격에 따라 자연을 이해함으로써 우리는 개별 실재의 내재적 목적과 진리 주장을 수용할 수 있게 된다. 그것은 선험적이며 초월적인 궁극의 목적성을 설정하지 않으면서도 자연과 인간, 실재와 인간의 조화를 이루려는 노력이다. 포이에시스적 자연 이해의 틀은 진리의 원형, 상호 관계적 모형이다. 이 모형은 자연에 대해 자기 충족적이며, 자기 활동성, 생성, 원인과 목적을 부여한다. 그것은 개별실재와 인간에게 그의 목적과 궁극의 근거를 돌리는 작업이며, 동시에 이 모든 것을 통합하는 보편성과 유기적인 관계성을 존재론적 진리의 터전과 역사의 지향성에서 찾는 것이다. 이데아계나 조화 우주 전체에 부여된 합목적성과 궁극의 근거를 전제하지 않고서도, 더 많은 역동성으로 인간과 자연의 질서, 그 조화를 그 자체로 유지할 수 있다. 그러한 특성들은 자연과 인간의 어우러지는 관계에서 주어지는 역동성이다. 역동성은 역사성과 관계성, 공속성과 비공속성이라는 존재론적 의미를 지닌다. 이로써 자연 이해의 특성에 근거해 진리 이해의 틀을 새로이 구성할 수 있게 된다.

진리를 인격적이며 생명체적 원리에 따라 이해하는 길은, 타당성으로서의 진리가 존재 진리에 근거하기에 본질 동일적이지만 그것은 존재자의 측면에서 차이로 규정된다. 이제 진리는 차이와 동일성의 역동성을 가리킨다. 여기에 자연과 인간의 역동성에 의한 진리 이해의 틀이 자리한다.

2) 자연과 인간의 역동성

① 역사성

존재는 "그때마다 본질적으로 하나의 모아 보냄의 사건으로 존재하며", 이러한 존재 모아 보냄(Geschick)에 의해 존재 의미는 "스스로 역사적으로 변화"한다. 존재 사건은 역사적이다.[20] 존재 이해의 터전으로서의 인간 현존재는 역사적으로 존재하기에, 그에 따른 자연 이해 역시 역사성에서 그 이해의 지평을 형성한다. 그 까닭은 역사가 존재의 모아 보냄이며 존재 드러남의 역사이기 때문이다. 역사적인 것에 대한 개념 역시 광범위하고 피시스로 이해되기에[21], 피시스는 역사성으로 체험된다. 그것은 자연이 피시스로 체험될 때 역사가 시작되는 것이며, 그 체험은 예술과 사유에서 드러나기 때문이다. 이러한 역사적 변화와 투쟁이 없는 곳에는 단지 "존재자는 그저 눈앞에 놓여 있을"따름이다.[22] 근원적 경험과 세계가 있는 곳에 역사가 이루어진다. "인간을 비로소 탈은폐의 길로 보내는, 이러한 모아들이는 보냄"을 하이데거는 존재의 역운(Geschick)이라 부르며 여기에서 모든 역사의 본질이 규정된다. "이러한 의미에서의 모아 보냄은 역시 "밖으로-끌어-내어 놓음(Her-vor-bringen)"이며, 그 특성은 바로 '포이에시스'이다.[23]

역사는 인간과 자연이 맺는 관계에 의해 이뤄진다. 역사는 관계의 역사이며, 동시에 역사에 의해 관계성이 규정되기도 한다. 따라서 인간과 자연을 관계성과 역사성에 의해 규정하지 않고 주체-객체적 도식으로 파악하는 근대성은 역동성을 매몰시킬 뿐이며, 그에 따라 자연과 인간 이해는 왜곡, 축소될 수밖에 없다. 근대적인 인간성 이해를 극복

20　M. Heidegger, *Die Technik und die Kehre* (1962) 이하 TK로 인용, S. 38.
21　M. Heidegger, Gesammte Ausgabe, Bd. 40 S. 43 참조; "세계 생성(Welt-werden)이야말로 그 진정한 의미에서의 역사이다." GA, 40 S. 108.
22　M. Heidegger, GA, 40 S. 108.
23　M. Heidegger, TK, S. 24.

하기 위해서는 인간을 궁극적으로 자연의 역사에 의해 파악해야 한다. 자연의 역사란 다름 아닌 자연을 존재론적으로 이해하며, 이러한 이해에 따라 자연에의 체험을 재현하는 생명체가 그것을 언어적으로나 혹은 비언어적으로 표현한 것을 의미한다. 자연사는 결코 자연의 시간적 변화를 기술한 것이 아니다.

② 관계성

하이데거는 릴케 시(詩)를 빌려 자연을 "열림"이라 부른다. 그것은 감행된 것(Gewagtes)으로서 존재자에게 "전체적 관련을 내맡김"한 것이다. 이 관련 개념을 근대 철학에 근거하여 인간 자아가 대상과 맺는 관련으로 표상한다면 그것은 관계성을 잘못 이해하는 것이다. 관련이란 근원적 의미에 기초해서 이뤄진다.[24] 즉 그것은 순수한 관련, 충만한 자연, 생명, 존재의 감행을 의미한다. 그것은 "주위 세계적인 도구 연관이 아니라 오히려 자연의, 즉 자연 존재자의 본질적으로 다양한 존재 연관"에서 이루어진다.[25] 탈은폐의 다양한 방식, 존재론적인 산출, 대상·부품으로 드러냄, 포이에시스적으로 드러냄을 통해서 인간은 다른 존재자와의 관계를 설정한다. 이 문제는 그 자신 자연의 일부이기도 한 인간이 자연과 맺는 관련 내지는 인간이 자기 자신과 맺는 관련에 대한 질문이다.

이같은 상호 연관성, 공동체적 질문은 환경 문제와 과학적-기술적 진보가 생명과의 관련에서 거론되는 문제이며, 공동체의 철학적 문제를 포함한다. 세계와 자연은 존재 드러남의 역사가 이루어지는 터전으

---

24   M. Heidegger, Holzwege, Frankfurt/M 1950, S. 279-280.
25   F.-W. 헤어만, 『하이데거의 예술철학』, 이기상/강태성 옮김 1997, 211-212 참조.

로서, 이 관계성이 이루어지는 터전(Topos)이다. 관계성의 터전에서 세계가 세계화하며 사물이 사물화한다. 사물은 세계사방(Geviert)의 거울놀이에서 "세계를 밝혀-세우며", "세계의 열린 터전을 열어"놓는다.[26] 사물의 세계 관계성은 자연의 존재론적 특성에서 이해된다.

자연전체는 거대한 관계의 그물망, 세계사방의 거울놀이이다. 그것은 자연에 있어 자신에게 고유하게 생겨나는 존재 사건이며, 땅과 하늘을 그리고 심연의 흐름과 지상의 힘을 서로 친밀하게 마주 대하게 한다. 나아가 "하늘과 땅을 세계-사방으로 규정하는 그러한 마주하는 지역", 세계사방의 어우러짐으로 스스로를 이해하게 만든다. 존재 진리는 "하늘과 땅, 죽을 자와 신적이라는 사방의 거울-놀이"[27]로서의 '세계의 세계화'[28] 속에서 사유된다. 자연은 일체의 사물을 대립과 투쟁을 넘어 하나로 통합하는 세계사방의 열려진 영역이다. 그럼에도 이러한 통합은 전체화나 획일적인 통합이 아니다. 차라리 그것은 투쟁과 대립, 통일과 통합이 역동적으로 어우러지는 공간을 가리킨다. 이러한 의미에서 휠덜린은 자연의 본질을 '성스러움'으로 간주한다. 그것은 "모든 것에 영감을 줄 수 있고 모든 것을 창조적으로 만들며 모든 것을 현재화함"으로써 이루어지는 것이다. 인간의 자기 정체성은 동일성과 차이성의 역동적 관계에서 나타나며, 존재 역사적이며, 진리 이해의 틀 안에서 인간의 자기 이해가 규정된다.

이제 세계는 환경(Umwelt)에서 공동 세계(Mitwelt)[29]로, 인간은 대

---

26 M. Heidegger, Das Ding/VA 참조.

27 M. Heidegger, VA S. 163.

28 M. Heidegger, TK S. 43.

29 예술과 본질 동일성에 근거해서 고찰할 때 자연을 더 이상 단지 인간을 위한 삶의 터전으로 보지 말고, 역사적 동근원적 자연, 우리와 함께하는 공동 세계(Mitwelt)로 받아들일 것을 요구한다.

상이나 타자가 아닌 동료인간으로 이해된다. 인간이 자신을 존재의 주인이 아닌 '존재의 목자'로, 그 역동적 관계성에서 자신을 이해하는 것은 인간의 자연 역사적 자기 이해에서 기인한다. 이러한 이해는 인간 행위를 결정할 것이며, 자연과 실재의 존재 방식을 규정한다. 이때 인간은 더 이상 폐쇄된 공간, 폐쇄된 공동체에 사는 것이 아니라, 열린 공간·열린 자연의 거울놀이의 어우러짐 안에 사는 공존재(Mitsein)로 이해된다.

③ 공속성과 비공속성

자연을 역사성에서 이해함으로써 인간에 대한 질문 역시 인간학적이 아니라 역사적·존재론적 질문으로 나타난다. 그 질문은 "인간은 무엇인가"가 아니라, 역사성과 관계성 안에서 성찰된 "인간은 누구인가"라는 질문이 되어야 한다. 그것은 존재 자체의 본질로부터 주어진 인간 본질에 대한 규정이다. 인간은 단지 질문하는 역사적인 존재이기에 포이에시스적 인간이며, 존재의 소리를 듣는 현존재이다.[30] 이러한 인간존재와 자연과의 관계는 공속성과 비공속성의 역동성에서 이해된다.

인간의 본래적 성품은 자연에서 기인하며, 자연에 의해 이루어지고 자연을 떠나서는 있을 수 없다. 인간은 자연에 속해 있으면서도 존재의 소리를 들음으로써 자연을 초월해 있는 비공속적 존재이다. 자연의 일부이며 자연에서 생겨났음에도 불구하고 인간은 이성, 언어와 문화를 지니고 있다. 이러한 특별한 이중적 위치에 의해 인간은 세계와 자

---

30   M. Heidegger, GA 40, S. 234. 하이데거에 의하면, 근원적인 시작의 신비성을 이해하는 것이 훌륭한 역사적 인식이다. 그러한 인식은 결코 "반쯤의, 또는 완전히 과학적인 것이 아니라", "어떤 다른 것, 즉 신화이다". GA 40, S. 252-253 참조.

연에 속해 있으면서 동시에 세계와 자연을 인식하며 그를 변화시킬 수 있는, 세계 초월적 존재로 자리하게 된다. 인간은 자연과 긴밀히 관계하며, 점진적으로 세계를 구성해 왔다. 인간과 자연은 상보적 관계에 있다. 그것은 일면적, 지배적, 중심적 관계를 의미하지 않는다. 자연의 소외는 이러한 관계, 그 지평인 자연의 왜곡을 의미하며 동시에 관계의 한 축인 인간 왜곡과 본래성 상실을 불러오게 된다. 전통 형이상학에서 인간은 본질 존재로 자리한다. 이에 비해 탈근대의 사유에서는 존재 역사적 진리 생기의 사건에 따라 인간을 이해한다. 그것은 존재 역사적 대상으로서의 자연이 아닌 피시스와 포이에시스적 성격의 자연을 통해 인간 본성을 규정하는 사유이다.

자연의 존재론적 특성에 따르면 존재 의미를 드러내는 인간은 자기 창조적인 현존재이다. 이것은 곧 생명의 존재론적 본질이기도 하다. 그러나 인간은 존재 이해 없이 이러한 자기 창조를 이루어 갈 수 없다. 인간의 존엄성과 인간성은 인간을 초월하는 초월 행위, 그 지향함 자체에 근거한다. 이러한 지향함을 우리는 포이에시스적 인간의 역동성으로 이해하며, 진리 추구란 이름으로 규정한다. 그에 따라 진리 이해의 틀은 모든 실재의 존재론적 진리 주장을 받아들이면서도 그것들을 존재 자체의 의미를 통해 통합하게 된다.

이러한 시도는 존재 드러남의 과정을 차이와 동일성[31]의 역동성을 통합하는 다원적인 통합성의 사유에서 만들어 간다. 이 사유는 자연과 인간의 관계를 존재론적 동일성과 차이성에서 규정한다. 인간과 자연

---

31 여기서 말하는 동일성이란 "반대되는 것과 함께 속해 있음"을 의미하는 것이다. 그것은 "존재와 사유가 서로 대립된다는 의미에서 서로 일치하는 것, 즉 서로 함께 속해 있다는 의미에서의 동일한 것이기 때문이다." M. Heidegger, GA 40, op. cit., S. 226 참조.

의 관계는 상호 역동적이며 자기 창조적이다. 이것은 서로의 본질동일
성에서 차이를 받아들이며, 일치와 공동선을 이룩하고 동시에 자연물
각각에 최고의 궁극성을 부여한다. 역동적 관계성과 궁극의 개별자들
의 존재론적 진리 주장을 수용함으로써 생기는 공동체성이 진리이며,
자연이 지닌 존재론적 의미이기도 하다. 형이상학 이후의 형이상학을
생명성에 대한 사유를 통해 정초하려는 시도는 이러한 존재론적 의미
를 필요로 한다.

탈형이상학적 자연 이해는 물론, 이를 통해 자연과 맺는 새롭고 근
본적인 관계는 자연의 존엄성을 유지함으로써 역사에 새로운 희망을
제시할 수 있을 것이다.[32] 그것은 자연 체험에 따라 자연에 고유한 자
체 의미를 부여하는 것이며, "자연의 현재화"라는 명제에 의해 이루어
지는 가정이다. 그것은 자연에 그 자체로 근거 지어진 정당성을 부여
하며, 자연이 그 자체로 자신의 생동성을 유지할 수 있게 한다. 이를
통해 인간은 실존의 원천적 의미를 생명인 자연을 통해 보존할 수 있
게 된다. 그것은 인간과 자연이 모든 실재를 포괄하는 그러한 역사성
과 관계성에서 주어지는 역동성에 의해 올바르게 정초될 것이다. 자연
은 대상적 객체가 아니라 생명 자체이기에 여기서 기인하는 것이 역동
성이다.

3) 이성의 이원성 극복

자연철학의 새로운 발전은 이성철학의 비판적 전환에 연결되어 있
으며, 근대 이성철학에 대한 극복의 단초를 자연에 의해 틀 지워진 인
간 이해에서 찾으려는 시도를 담고 있다. 그것은 타자성에 대한 새로

---

32 J. Thiele, op. cit., S. 201 참조.

운 이해를 요구한다. 즉 자연과 인간을 근대적인 대당적 타자가 아닌
동일성과 차이성의 역동적 관계에서 주어지는 타자로 이해하려는 사
유의 전환을 의미한다. 이 과제는 타자를 그의 고유한 관점에서 인정
하는 것이며, 이제 인간과 타자의 자기 정체성 역시 그에 따라 이루어
질 것이다. 이때 "인간의 자연에의 공속성과 비공속성이란 변증법"은
이로써 현대자연철학의 근본 질문이 된다. 탈형이상학적 자연철학은
인간과 자연의 관계성에 자리한다. 뵈메는 이 상호 관계들이 만나는
곳으로 '인간 몸'에 주목하여 그에 의한 패러다임 정초와 그 역할을 강
조한다.[33]

이성의 철학에 의해 주변부에 머물렀던 여러 원리들, 감성과 의지,
자연과 신체, 신화와 예술 등에 대한 복원, 나아가 자리 바꿈의 노력은
'다른 이성'이 아닌 '이성의 다른 부분'에 의한 다원성의 원리로 제시
된다. 이성의 다른 부분의 철학은 이성의 성과에 대한 포기 없이 이루
어져야 할 것이다. 이성의 다른 부분을 철학적으로 인정하는 데 따른
모든 어려움은 이 두 부분의 분리와 수용이란 이분법에서 비롯된다.
분리란 위협적이며-혼란한 것에서, 수용이란 철학이 이성의 정립에 스
스로 순응하는 한에서 주어진다. 이성에 대한 수용과 분리라는 양립적
전략은 인간에게는 무엇보다도 가장 가까운 자연, 즉 인간 육체(몸)의
원리에 맞아떨어지게 된다. 이러한 본질에서 제한된 인간의 본능적,
동물적 측면으로서의 몸은 원리를 설정하는 도구로서의 이성의 목적
에 연결되어야만 할 것이다.

그럼에도 근대성의 틀 안에서는 자연과 문화, 자연과 기술, 자연과
법칙의 고전적 이분법은 극복되지 못했으며, 여전히 자연은 비자아

---

33   G. Böhme, op. cit., S. 130-132 참조.

(Nicht-Ich)로, 언제나 다른 연관에서, 즉 인간-자연 관계의 비인간적 연관성에 머물러 있다. 따라서 인간의 몸에는 자연에 대해 제기한 합리적 질문을 위한 핵심적 역할이 놓여 있다. 왜냐하면 몸 안에서 자연의 연관성은 인간의 자기 관계가 되기 때문이다. 자연철학적으로 충족된 몸의 철학이란 기반에서 자연이 인간 안에서 스스로 어떠한 관계를 설정하는지 질문할 수 있을 것이다.

분명한 것은 인간 몸의 자연철학적 논의가 실천적으로 뿐만 아니라, 이론적으로도 사유틀 변화의 역할을 충족할 것이다.[34] 비록 인간의 자기 몸에 대한 관계를 이론적으로는 충분히 해명되지 못할지라도, 이것을 수행하는 방식에 따라 인간의 자연 관련성 전반에 대한 사유의 틀이 드러날 것이다. 따라서 오늘날 가능한 인간과 자연의 관계 변화는 인간이 자연에 의해 자기 자신과 가지는 관련성에 따라 해명될 것이다. 자연에 의한 인간관계의 변화는 명백히 사고, 철학, 이성의 변화라는 '존재의 정세'(Konstellation des Seins)를 떠맡게 될 것이다. 이러한 관계 변화와 자연 이해의 새로운 정립은 다시금 존재론적 성찰을 필요로 한다. 여기에 생명철학의 중요한 사유동인이 자리한다.

4. 탈형이상학적 자연철학의 진리 이해

존재론적 성찰과 근거 정립에 의한 새로운 자연철학의 해석학적 지평의 제시가 자연형이상학의 정초를 위한 제일의 철학적 원리란 사실은 명백하다. 그럼에도 불구하고, 존재론적 자연철학은 오늘날 자연과학의 성과에 대한 반성 없이는 어떠한 정당성도 지니지 못한다. 자연과

---

34 생명은 타자와의 상호 소통적 존재이며, 그의 이성은 의사소통적 이성(kommunikative Vernunft)이다. 따라서 몸이란 상호 의사소통을 위한 통로이고 주체이며, 타자와의 만남의 장이다.

학에 대한 존재론적 성찰은 자연과학을 통한 존재론적 관련을 거론하
는 것이며, 자연과학의 성과를 수용하여 실재 전체를 바라보는 새로운
관점을 정립하는 작업이다. 철학이 인격적 진리에 관계한다면, 철학은
"자연은 무엇인가"라는 질문의 진리 사건에 의해 자연과학의 발달과
대립할 이유가 없다. 철학은 이런 질문을 나의 관계성, 혹은 일반적으
로 자연과 인간의 관계에 대한 질문으로 제기할 수 있다.[35]

　이러한 문제 제기에 의해 자리매김될 자연철학은 더 이상 자연을 단
지 지식과 이용의 대상으로 보지 않고, 자연과 인간의 관계성에서, 공
속성과 비공속성, 차이와 동일성의 생동하는 역동성에서 자연을 규정
할 것이다. 역동성이란 다원적 총체성으로서의 자연에 대한 인간이 맺
는 본질 관계에 의한 자기 이해의 틀을 의미한다. 이러한 이해가 진리
의 사유틀을 새롭게 규정할 것이다. 자연과학은 본질적으로 존재론적
자연 이해의 틀 안에서 자신의 정당한 의미와 방향을 발견할 수 있다.
자연에 대한 존재론적 해명 없는 자연과학적 지식은 맹목적일 뿐이다.
자연과학적 지식은 존재자가 열린 터전 가운데에 존재하며, 사물과 인
간 사이에 열려-있음이 존재할 때 의미를 지닌다. 개별 학문은 이 열어
놓은 터전 안에서 존재자에 관계한다.

　자연 이해의 존재론은 인간의 유기체성과 자연의 유기체성, 자연의
고유한 권한과 법칙, 내재적 목적과 자연의 역사에서 그 고유한 주체
성에 따라 자연 개념을 생명의 총체성으로 이해하는 것이다. 이러한
관점에서 탈형이상학적 자연철학은 인간의 생동하는 실존이 자연의
일부임을 깨달을 수 있게 한다.[36] 그것은 인간이 더 이상 자연에 대한

35　G. Böhme, op. cit., 127-128 참조.

36　Jürgen Mittelstraß, Leben mit der Natur. Über die Geschichte der Natur in
der Geschichte der Philosophie und über die Verantwortung des Menschen

지배자가 아니라 자연과 함께하는 생명체로 자신을 이해하는 것이다. 이것은 두 가지 관점에서, 즉 실천-윤리학적이며 이론-해석학적 관점에 따라 방향 지어질 것이다.

1) 실천-윤리학적 관점

자연에 대한 새로운 이해에 필요한 것은 한스 요나스(Hans Jonas)가 말하듯이 "다시금 두려움과 떨림을 배워야만" 하는 당위적 요청이다. 그것은 신적 존재의 선행적 규정과 별개로 거룩함에 대한 경외심을 유지하는 일이다. 근대의 정신이 자연과 거룩함, 신적인 것과 초월적인 것에 대한 두려움과 떨림, 신뢰와 의탁을 상실하였다면 이제 우리의 과제는 그 자리에 다시금 두려움과 떨림을, 생명에 대한 경외심과 초월적인 것에 대한 믿음을 새롭게 회복하는 일이다. 그것은 생명의 소여성에 대한 비밀스러운 인식이며 자연의 모든 사물들과의 사려 깊은 관계에 대한 원의, 세계에 대한 착취적 관련을 거부하는 실천-윤리학적 전환을 의미한다.

하이데거가 근대정신의 특성으로 '탈신성화'를 거론한 것은 이러한 맥락에서 재해석할 수 있다.[37] 인간이 자연에서 거룩함과 신성함을 발견할 수 있을 때 근대의 성스러움의 상실, 이성의 이름으로 세속화된, 인간이 모든 것의 주인된 상황을 극복할 길을 찾게 될 것이다. 이로써 자연 안에서 거룩함에 대한 경외감과 모든 생명에 대한 침해 불가능성, 장악 불가능성(Unverfügbarkeit)을 유지할 수 있게 된다. 그것은 내적 생명의 법칙이 열려지는 시간의 도래를 의미하며, '도래하는 신'

gegenüber der Natur. S 37-62, in: O. Schwemmer, *Über Natur*. op. cit. 참조.
37 M. Heidegger, Die Zeit des Weltbides(1938), in *Holzwege*, op. cit. 참조.

을 맞이하는 길이다. 또한 전통 형이상학에 의해 가려진 "진리의 다른 반쪽을 발견함"으로써 과학과 근대 이성의 일면성을 극복하는 길이기도 하다.

그럼에도 자연형이상학의 이해가 실천-윤리학적 관점에서만 주어져서는 안 될 것이다. 오히려 실천-윤리학적 이해는 자연에 대한 해석학적 틀 안에서 타당하게 나아갈 방향을 얻을 수 있다. 틸레(J. Thiele)는 이를 위해 자연에 대한 이성적 인식과 신비주의적 이해의 통합을 새로운 정신의 시대라는 모습으로 형상화한다. 이러한 신비주의는 존재 근거와 종합적 인식의 결합을 체험함으로써 자연 안에서 스스로 자리하고, 자연과 함께한다. 이로써 자연 안에서의 모든 생명이 유기적인 공동 존재의 동기를 드높일 수 있으며, 그 사유는 이러한 원칙을 도출할 수 있게 한다. 이렇게 방향 지워진 신비주의는 자연과 진리 체험의 서로 다른 두 개의 대륙을 연결 짓는 길이라고 틸레는 주장한다.[38] 그는 자연 이해의 원리를 중심으로 탈근대주의적 관심에 따른 미래전망의 발전과 생태학적 윤리를 설정함으로써 근대적 자연 이해의 극복이 가능하다고 생각한다. 그 원리는 1) 자연에 대해 다시금 매혹됨, 2) 전통적 유럽적 신비주의, 3) 자연에 대한 지식과 자연에 대한 지혜의 대비와 통합 원리이다.

이러한 존재 원리에 따라 자연을 이해한 전통은 이미 니콜라우스 쿠사누스(Nicholaus Cusanus)가 지녔던 "자연이란 책에서 해석함"(legere in libro naturae)이란 자연관에서 찾아 볼 수 있다. 쿠사누스는 자연을 질서 지운다는 사고(ordo naturae)와 모순의 일치(coincidentia) 사유로 대립과 조화라는 표상을 제시한다. 이로써 그는 세계와

38 J. Thiele, op. cit., S. 198.

신, 초월 세계와 현세 세계의 이원성을 극복할 초월적 길을 찾으려 한다. 또한 에카르트(Meister Eckhart)는 자연의 빛에 따른 "내적인 눈"으로 영혼의 인식능력과 사랑의 능력을 보여 줌으로써 신적인 자연에서 그 근원에 대한 신비적 동경과 모든 생명에 영혼을 부여하는 길을 열어 주었다. 이를 통해 그는 자연 지각의 혁명을 준비했다고 말해도 좋을 것이다. 이러한 자연 이해는 근대에 이르러 스피노자가 "만들어지는 자연과 스스로 이루어 가는 자연"(natura naturans/natura naturata)을 구별하면서, "자연 안에서 신을 인식하고, 신 안에서 자연을 바라보는" 태도를 설정할 때 다시금 그 모습을 드러낸다.

그럼에도 이것이 자연에 대한 경건함과 자연신비주의, 근대 이전의 자연 이해에로 돌아가는 것을 의미한다면 우리가 지향하는 탈형이상학적 자연철학의 대안이 될 수는 없다. 그렇다면 어떠한 인간 인식의 틀에 의해 자연의 고유함과 자연에서 얻은 원초적 체험, 자연 체험을 되살릴 수 있을까? 이를 위한 질문은 다시금 자연에 대한 다른 체험의 가능성은 무엇인지에 대한 문제로 이어진다. 그것은 자연과 인간의 자율성과 주체성을 증대시키는 길이기도 하다. 분명한 것은 소외된 자연과 생명의 존재 원리를 회복하는 것이 인간의 자유와 자율성을 위한 길이란 사실이다.

2) 이론-해석학적 관점

자연을 분석과 관찰, 기하학적 방법론과 인과율에 따라 고찰하는 근대과학은 특정한 방법론적 사유틀에 근거한 세계관이다. 그것은 결정론적이며 인과율적인 세계관, 기계론적이며 가역적인 세계관이다. 이러한 '과학주의'에 따라 근대과학은 자연을 고대의 신화적 자연 이해와 중세의 스콜라철학적 자연철학에 비해 도구적 합리성, 방법론적으로 근대성에 근거하여 자연을 이해하였다. 이제 철학은 쇄신된 모습과 새로운 사고가 첨가된 이성의 출현, 근대의 자연 이해에서 새로운 시대, 사유틀 변화(paradigm change)에 따른 새로운 자연 이해가 요구된다. 이렇게 자연을 이해하는 자연해석학은 인간이 자연과 동근원적으로 자신을 수용할 길을 열어 줄 것이다.[39] 인간은 그 자신 자연의 일부이기에 자연에 대한 자신의 관계를 스스로 규정해야만 한다. 인간의 자연에 대한 공속성과 비공속성[40]에 따라 자연철학의 근본 문제가 달리 설정된다. 이러한 문제 설정이 자연철학의 근본적 방향을 제시하고, 오늘날 존재론에서 타당한 위치를 설정할 것이다.

새로운 자연 이해를 위해 피시스와 포이에시스 개념을 재수용하는 일은 근대 자연과학적 성과를 무시하거나, 자연을 대상으로 고찰하는 인식을 넘어선다. 우리가 철학적으로 우리 자신에 대해 진지하게 말할 수 있기 위해서는 자연에 근거를 두는 근본적인 지식이 드러나야 한다. 앎에 대한 원의가 일반적 의미에서 본성 및 자연에 근거하고 있기에 지식의 본질적 성격은 자연의 근거에서 유래한다. 인간이 자연과 동근원적이기에 지식은 그 존재론적 근거를 벗어날 수가 없다. 인간의 근원적 체험은, 그 체험 지평에 대한 이해 과정(episteme)을 매개한다.[41]

그 과정은 궁극적으로 체험지평에 대한 존재론적 선이해와 그 앎을

---

39 R. Bübner, *Die Trennung von Natur und Geist*, op. cit., S. 17-18 참조.

40 공속성과 비공속성에 따라 인간은 자연의 일부임을 자각하면서 동시에 자연의 전체를 대변하여 자연을 지켜야 하는 책임을 달성해야 할 것이다. Meyer-Abich, op. cit., S. 68 참조.

41 이해의 과정은 시간의 영향사적 원리에 의하면 미래의 지향성에 따라 과거의 지식과 현재의 이해의 과정이 순환적이며 상호 영향을 끼치면서 역동적으로 작용하는 해석학적 과정을 특성으로 한다.

살아 있는 관계에 의해 매개하는 역동성을 따른다. 또한 인간은 질문하는 자로서 그의 앎과 질문은 공동체성과 역사성을 갖는다. 따라서 존재론적 이해는 앎에 참여하는 관계성과 앎과의 역동성, 역사성과 그로 인한 보편성에 근거한다. 이러한 이해의 원리는 궁극적으로 인간의 지향성에 의해 선험적으로 근거 지어진다. 진리 사건으로서의 앎은 객체에 대한 대상적 지식이 아닌 지평에 대한 과정으로서의 이해에 근거하며, 그 앎을 매개한다.[42]

하이데거가 테크네를 기술이나 예술이 아니라 앎(Wissen)이라고 번역할 때, 앎은 사물에 대한 단순한 지식의 모음이 아니라, 테크네의 고유한 의미에 상응하는 앎으로서, "개개의 있는 것이 그렇게 있을 수 있도록 해 줌, 즉 존재를 작품-안으로-자리하게-해 줌"을 의미한다. 그것은 또한 존재자의 탈은폐성이기도 하다. 피시스로서의 자연에는 앎의 과정으로의 알아들음이 속해 있다.[43] 피시스와 테크네는 짝을 이루는 개념이다. 그것은 '에피스테메(ἐπιστημη)'와 연결된다. 근대의 학문성이란 이러한 시적이며, 사유적인 에피스테메의 결여태(ά-privatio)이다. 아리스토텔레스는 '에피스테메'와 '테크네'를 탈은폐의 방식과 대상이란 관점에서 구별한다.[44] 그것은 끊임없이 자기 스스로 되어 가며, 존재자로 있게 만드는 자연의 생동적 행위를 의미한다. 테크네와 에피스테메는 포이에시스에 근거한 탈은폐함의 방식이다.

이에 따라 "자연이란 무엇인가?"라는 질문을 위한 형이상학적 이해의 지평은 현존재의 해석학적 특성에서 그 단초를 찾을 수 있다. 이해란 "현존재 실현의 본래적 형태, 즉 세계내적 존재"이기에, 자연에 대

42 M. Heidegger, Ursprung des Kunstwerkes/HZ S. 45.
43 M. Heidegger, GA 40, S. 258. S. 227 참조.
44 아리스토텔레스,『니코마코스 윤리학』, 제6권 3장과 4장 참조.

한 이해는 현존재의 존재 방식과 관련을 맺는다.[45] 따라서 그것은 자연
과학과 진리, 인간-자연의 관계설정에의 단초를 제시할 수 있어야 한
다. 자연철학은 '앎(episteme)의 구조'에 따라 1) 자연과 인간의 역사
성, 2) 관계성, 3) 자연 이해를 진리 사건과 인간 이해의 틀로 수용하는
다원적 통합성, 생명체적 진리관을 지향한다. 이러한 3가지 구조 원리
는 인간 생명과 삶의 관련에 대한 질문이 자연 이해의 틀 안에서 제시
됨을 의미한다. 이러한 해명이나 질문 제기가 없는 자연철학은 단지
인식이론적 철학이거나 실천-윤리적 철학이지 자연의 철학이 될 수는
없다.[46] 따라서 새로운 자연철학의 정립 가능성은 인간 실재를 수용하
는 사유틀(인식틀)에 근거한다.

3) 자연형이상학의 존재론적 지평

오늘날 철학영역에서는 과학철학과 철학적 자연주의, 언어철학 등
의 철학이 일정한 대상과 그로 인한 특정 해석의 눈이 되는 경향이 두
드러진다. 이러한 경향은 물론이고, 철학이 철학에 대한 지식이란 의
미에서 철학사가 되는 것은 철학의 몰락을 의미한다. 이때의 자연과
자연과학에 대한 해석학적 이해는 마침내 철학을 자연과학의 지식 체
계적 근거를 제시하는 원리로 작용하게 만든다. 이때의 자연철학은 자
신의 근거를 정립하기 위한 결정적인 조건을 자연과학, 정확히 말해
"철학에서 해방된 자연과학"에서 찾고 있다. 그것은 철학이 자연과학
과 "경쟁하거나 혹은 협력하는 것, 자연과학의 개념적 원천으로 제시"

---

45   H.-G. Gadamer, *Wahrheit und Methode*, Tübingen 1986, S. 259.
46   '자연의 철학'은 따라서 자연에 대한 철학(gen. obj.)이 아닌 자연에 의한 철학
(gen. suj.)으로 이해되어야 한다. G. Böhme, op. cit..; R. Bübner, *Die Trennung von Natur und Geist*, S. 13-16 참조.

될 수 있기 때문이다. 새로운 자연철학이 이러한 모습으로 나타날 때 이는 "자연과학의 엄청난 발견에 압도되거나 혹은 그 스스로 하나의 대상을 해석하는 지식의 체계로 전락하는 것"이다. 그때 자연철학은 실패할 수밖에 없다.[47]

　철학이 철학사나 개별과학이 되는 위험은 철학의 죽음을 의미한다. 자연과 윤리에 대해 철학이 그 규범적 타당성을 근거 짓는 학문일 수 있지만, 이런 작업조차도 결코 어떤 사회의 필요성에 의해 제기되어서는 안 된다. 따라서 오늘날 자연철학의 정당한 방향은 일차적으로 환경으로서의 자연에 실천적 원칙을 제공하는 실천철학의 시도를 넘어서는 것이어야 한다. 현대의 자연철학은 어떠한 철학적 전문성과 타당성을 찾을 수 있을까. 그것은 자연과학적 이론일까, 아니면 자연과학에 대한 이론일까. 아니면 규범적인 진술의 근거를 위한 담론이거나, 어떠한 과학철학일까.[48] 그것이 어떠한 형태를 지니든 존재론적 지평

47　Gernot Böhme, Bedingungen gegenwärtiger Naturphilosophie, 123-133, in: Schwemmer, *Über Natur*, S. 126-127; 한국분석철학회에서 펴 낸 『철학적 자연주의』에서는 이러한 견해를 대변하는 전형적인 예를 보여 주고 있다. 여기서 철학적 자연주의란 1) '과학적 방법'을 사용하는 개별 학문으로서의 철학에 대한 논의, 2) 인식의 자연적 과정에 대한 기술적 작업으로서의 인식론적 과제, 3) 세계에 대해 시간적·공간적인 세계로 자연과학적으로 접근하는 변형된 심리학주의적 과제를 지닌다고 말하고 있다. 그리고 그 내용으로 "자연주의 인식론", "자연주의 심리철학", "자연주의 과학"을 거론하고 있다. 한국분석철학회 편, 『철학적 자연주의』, 철학과 현실사 1995.

48　여기서 주목할 만한 또 하나의 관점은 자연에 대한 객관적 관념론이다. V. 회슬레는 실재론적인 견해를 유지하면서도, 이와 더불어 무엇 때문에 유한한 정신이 관념적 구조를 파악하는 선험적 사유를 통해 자연에 접근할 수 있는지 해명한다. 그것은 "자연이 주관적이며 상호 주관적 정신이 관념론적 영역에 의해 구성된다면, 이러한 체계의 틀에서 정신은 자연을 통해 산출되는 것"이기에 "실재론의 진리 또는 주관적 관념론의 진리까지도 개념화"할 수 있다. "자연은 이러한 관념적 구조에 의해 존재론적으로 규정"되기 때문이다. 이렇게 "관념적 구조는 주관에 의해 자연에 덧씌워진 것이 아니라, 자연의 본질을 결정"짓고 있다. 그럼에도 객관적 관념론은 철학사적 맥락에

을 벗어나 주어지는 자연철학은 과학적 학문의 범주를 벗어나지 못하
게 된다.

자연철학은 일정한 역사적인 자연과학의 발전 상태를 자연에 의한
원칙으로 실체화해야 한다. 관념론 이래의 철학은 의도적으로 이러한
자연철학을 폐기하고, 자연철학을 단지 자연과학에 대한 성찰 내지는
철학 이론으로 제한하였다. 그것은 자연과학의 독립성과 객관적 타당
성을 존중하는 사고였는데, 이에 따라 자연철학은 자연과학에 대한 해
명에 머무르게 된다. 이러한 노력은 당연히 자연과학에 대해 철학적으
로 고찰하는 대다수의 자연철학을 위해 중요한 것이며, 인식이론적 특
성화에도 중요한 의미를 부여한다. 그러나 이러한 철학적 고찰은 형이
상학적 자연철학이 아니다. 인간의 공동체적인 역사적 실재성은 자연
에 종속되어 있다.[49] 따라서 자연의 의미에 대한 존재론적 해명 없이
수행하는 모든 공동체적이며 역사적인 실재성 탐구는 공허할 수밖에
없다.

자연철학은 "자연이란 무엇인가"라는 질문이 존재론적 터전에 근거
해서 제기되는 데서 출발한다. 이 존재론적으로 해명된 자연철학 위에
서야 비로소 인간의 실재에 관계되는 사유의 작업은 올바른 방향을 찾
게 된다. 새로운 자연철학은 이러한 의미 지평을 넘어 인간의 실재 수
용, 새로운 생명체적 진리틀의 모형으로 주어져야 할 것이다. 이 담론

서, 나아가 오늘날 철학 영역에서 결코 일반화된 철학이 아니라는 사실은 분명하다.
그럼에도 그는 "이 객관적 관념론이 철학사의 최종적 위치를 차지할 뿐 아니라 근거를
이론적으로 확정짓는 가장 확실한, 인식론적이며 존재론적인 이론"이라고 주장한다.
Vittorio Hösle, *Philosophiegeschichte und objektiver Idealismus*, München 1996;
Begründungsfrage des objektiven Idealismus, in: *Philosophie. und Begründung*,
hrsg. vom Forum für Philosophie Bad Homburg, Frankfurt/M 1987, 212-267.
49   F.J. Wetz, op. cit., S. 176 참조.

은 유럽 합리성에 대한 비판을 담고 있다. 이로써 자연철학은 근대성 극복과 대안으로서의 새로운 사유틀을 지향한다.

5) 자연과학적 형이상학을 넘어

오늘날 자연철학적 작품은 사변적인 철학자들에 의해서가 아니라 오히려 자연과학자들의 영역에서 나타난다. 그와 함께 인간 생명에 대한 생명과학의 지식을 토대로 수많은 자연철학적 작품이 쇄도하고 있다. 현대 진화생물학적 자연철학은 이로써 생명에 대한 진리를 전유한다. 그러나 이러한 현상은 철학의 결함이라기보다는 철학이 강단 철학적 개념을 넘어 세계 개념에서 자신의 위치를 새롭게 설정해야 하는 철학 자체의 표지일 수 있다. 철학은 단순히 자신의 좁은 영역을 벗어나 인간 실재 전반, 인간의 문제사 전반에 걸쳐 대답을 제시해야 한다. 그것은 이 모든 원리를 총괄하여 인간과 자연, 생명과 문화의 철학을 새롭게 정립해야 하는 과제이다.

탈형이상학의 자연철학은 철학적 전통과 원리 안에서 어떠한 조건들을 원용할 수 있을까? 철학은 지극히 개인적이며 인격적인 문제의 추구이면서, 공동체적인 인간의 실재 해석을 둘러싼 싸움이다. 따라서 철학이 개별영역의 지식 체계나 철학사, 특정 세계관에 빠지지 않으면서도 진리 사건을 읽어 낼 수 있는 틀을 찾아야 한다. 자연형이상학을 위한 지반은 전통과 원리를 통해 그 비판의 기준이 선택되어야 한다. 이점에서 자연철학을 역사에서 재구성하고 복권하려는 요구가 일어나게 된다. 현재의 철학은 근대성의 문제와 과학-기술적 진보의 절박한 문제에 대해 대답을 제시함으로서 뿐 아니라, 전적으로 다른 정신적 발전을 위한 철학의 관련성을 통해서 정당하게 드러날 것이다.

프리고진은 『확실성의 종말: 시간, 카오스, 그리고 자연법칙』(1997)

에서 "자연관의 변화는 새로운 형태의 문화적 진화를 가져올 하나의 요동"이라고 말한다. 이제 자연과 생명에게 정당한 존재론적 원리와 진리 주장을 되돌려주고, 그 모든 총체성으로 생명에 근거하여 진리와 사유를 틀 지을 때 우리는 근대를 넘어, 근대를 초월적으로 극복하는 새로움을 맞이하게 될 것이다. 인간이 자연과 새로운 관계를 형성함으로써, 자연이 인간에게 건네는 진리 사건의 기회를 알아듣게 될지 아니면 그 길을 놓치게 될지는 전적으로 우리 자신에게 달려 있다.

다. 탈형이상학의 생명철학

1. 생명 형이상학의 개요

탈형이상학적 사유를 자연에 대한 새로운 이해에서 찾으려는 시도는 생명철학에서 그 구체적 사유 계기를 촉발할 수 있을 것이다. 이런 사유계기를 여기서는 탈형이상학의 생명철학으로 제시하려 한다.

  1) 생명체로서의 인간에게 주어진 본질적 특성은 죽음에 대한 태도에서 잘 드러난다. 죽지 않는 것은 생명이 아니며, 생명이 생명인 까닭은 죽음이 있기 때문이다. 그러기에 생명과 삶의 의미는 역설적으로 죽음에서 주어지며, 죽음에 마주했을 때 비로소 생명과 삶을 바라보는 그만의 고유한 의미가 드러난다고 말할 수 있다. 생명체는 자신의 죽음을 가장 자연스럽게 맞이해야 하며, 그렇게 죽어갈 수 있을 때 가장 존중받는 죽음이라고 말할 수 있다. 삶의 마지막 시기를 맞이했을 때 어떠한 치료법을 동원하더라도 회생이 불가능하고 죽음이 임박했다면, 불확실하고 고통스러운 생명 연장 수단으로서의 기계적 처치를 거부할 수 있다. 인간은 그 자신이 고유한 생명체로서의 품위와 권리를

존중받는 삶을 이끌어 갈 뿐만 아니라, 그에 못지않게 자신의 죽음을 존엄하고 유일무이하게 받아들일 권리를 지니고 있다.

그럼에도 오늘날 문화에서 보듯이 생명은 존중받지 못하고, 삶은 갈수록 피폐해지고 있으며, 죽음은 잊혀지고 있다. 수정과 출산에서부터, 삶의 여러 단계에서 생기는 의학적 문제와 함께 생명의 마지막 단계인 죽음에 이르기까지 인간은 유일무이한 존재로서 올바르게 수용되고, 존엄하게 대우받고 또 그렇게 죽어 갈 정당한 권리와 의무를 지닌다. 생명윤리는 여기에 관계하여 생겨나는 문제를 철학적이며 인간학적으로 뿐만 아니라, 신학적으로 성찰하는 모든 학적 작업을 포괄한다. 생명윤리학은 학제적이며 총체적인 인간 생명과 관계하여 주어질 것이기에 인간을 통합적으로 사유할 때만이 생명윤리학은 올바르게 방향 잡힐 것이다. 생명윤리의 구체적인 주제는 윤리학의 과제이지만, 생명윤리학을 위한 전제와 생명윤리를 위한 기초가 되는 학적 토대는 생명을 이해하고 규정하는 형이상학적 사유틀에 근거하여 정초될 수밖에 없다. 그러기에 오늘날 필요한 생명의 형이상학은 전체적 맥락에서 탈형이상학적 관점에서 정립되어야 할 것이다.

2) 과학철학적 관점에서만 말하자면 생명과학은 결코 생명의 원리에 대한 해석에 관여할 수 없다. 그 순간 생명과학은 과학의 범주를 넘어 철학으로, 신학으로 작동하게 될 것이다. 즉 생명현상에 대한 지식을 넘어 그것이 생명의 원리라고 주장하는 순간, 그 과학은 더 이상 과학이 아니라 생명에 대해 해석하는 학문으로 탈바꿈하게 된다. 그러한 해석은 학문론적 관점에서 말한다면, 자연과학이 아니라 과학철학이며 자연신학이다. 자신의 지식과 발견이 순수 객관적 과학이라고 주장하면서 이를 확대하여 생명의 원리라고 주장하는 것은 개념 과잉이다. 그

것은 자신의 과학철학과 자연신학적 관점을 객관적 과학의 얼굴로 포장한 뒤 진리라고 주장하는 잘못된 행위에 지나지 않는다.

인간의 모든 지식은 해석 과정을 거쳐 형성된다. 생명에 관한 과학적 지식 역시 해석된 지식이며 해석을 필요로 하는 지식이다. 예를 들어 진화심리학에서 주장하듯이 인간의 마음과 생각은 뇌에서 일어나는 신경화학적 과정을 거쳐 수행된다. 이것은 과학적으로 밝혀낸 사실일 것이다. 그러나 그러한 사실에 근거하여 마음과 생각은 다만 신경화학적 차원에서 일어나는 현상에 불과하며, 그러기에 그 이상의 어떤 형이상학적 지평이란 다만 환상이라고 주장하는 것은 객관적 사실이 아니다. 그것은 이런 현상에 대해 그들의 철학으로 해석해 낸 것이다. 발견된 지식과 그 의미에 대한 해석은 다른 층위에 자리한다.

현대의 생명과학에 근거하여 이를 철학적이며 자연신학적으로 해석하고 마침내 인간을 다만 외적인 유기체적 단계로 환원하려는 경향은 우리 문화 안에 매우 강력하게 작동하고 있으며, 또 그만큼 위험하기도 하다. 이러한 과학에 대한 올바른 이해와 해석은 생명철학을 위해서는 반드시 다루어야 할 전제가 된다. 이들의 지식에 전적으로 의지하는 것이 위험하다면, 반대로 이러한 자연과학적 지식을 우리의 선험적 신념에 근거하여 미리 재단하고 도외시하는 것도 마찬가지로 맹목적이다. 생명의 진리가 현상으로 드러날 때 이 현상에 대한 지식은 생명을 이해하기 위한 중요한 수단이며 전제가 된다. 그와 함께 생명의 진리는 현상을 넘어서는 이해와 해석을 필요로 한다. 이러한 영역은 과학의 범주를 넘어서 있다.

3) 칸트(I. Kant)가 밝혔듯이 윤리학은 형이상학적 지평에서 결정된다. 증명을 필요로 하지 않는 정언명령이나 근원적 도덕규범은 윤리학

의 성찰에 따라 해명된다. 그 윤리학적 성찰은 학문적 과제를 수행하는 형이상학적 토대 안에서 올바르게 이뤄지며, 또 그에 따라 다르게 형성된다. 생명철학을 위한 또 다른 전제는 생명을 이해하고 해석하는 형이상학적 지평, 생명을 생명으로 받아들이는 존재론적 결단이다. 이러한 결단은 자연과학적으로 해명될 수가 없다. 생명을 위한 문화와 윤리는 결국 생명을 생명으로 받아들이고 존중하는 선험적 토대에서 결정된다. 이런 영역은 전적으로 생명 형이상학의 범주에 속한다.

　많은 철학자들이 말했듯이 생명은 한편으로 자연적이지만, 또한 인간의 삶이며, 의미론적이고 존재론적이기도 하다. 생명이 생명으로 자리하기 위해서는 자연적 토대와 조건을 필요로 한다. 그러나 생명의 터전은 이것이 전부가 아니다. 우리가 아는 생명, 우리 자신인 생명은 자연적 현상과 토대는 물론 그를 넘어서는 생명의 과정, 흔히 삶이라 부르는 과정 없이 존재하지 않는다. 그 어느 것 하나라도 배제한다면 그 생명은 생명일 수가 없다. 생명을 이해하기 위해서는 이 두 차원이 모두 필요하다. 생명은 살아 있으면서 동시에 살아가는 것이며, 또한 그렇게 죽어 가는 것이다. 생명은 자연적이지만 동시에 그런 자연을 넘어서는 것이기도 하다. 이런 까닭에 철학의 첫 시작이었던 고대 그리스 문화에서도 자연적인 생명 "zoe"과 의미론적인 생명 "bios"를 구분하여 이해했다.

　이런 체험은 동아시아 철학에서도 명백히 나타난다. 생명이란 『역경』에서 보듯이 생겨나고 또 생겨나는 것으로 이해했으며, 하늘의 본성(性)을 따라 형성되는 것이란 생각이 동아시아 철학의 출발이기도 하다. 생명은 다만 실체적이거나 현상적 차원을 넘어서는 생성과 과정이라는 차원을 지니고 있다. 생명을 생명이게 하는 원리는 결코 실체적이거나 현상적 차원에서 해명되지 않는다. 그런 까닭에 생명을 존중하고 생명을 생명이게 하는 철학과 윤리학은 역시 이런 차원을 넘어서는 지평을 필요로 한다. 생명철학은 그 자체의 학문적 작업과 함께 이를 위한 해석학적 지평과 존재론적 결단에 근거하여 형성될 것이다.

오늘날 우리 사회는 지나치게 물질 중심적이며, 문화는 현상적 차원을 넘어서는 영역을 보지 못하는 맹목으로 치닫고 있다. 이런 진단은 자신의 시대를 비판하고, 모든 문화를 비관적으로 조명하는 철학자의 병 때문이 아니다. 자본주의와 과학기술은 서구의 근대가 이룩한 큰 성과임에는 틀림이 없다. 이러한 문화적 성과에 의해 인간은 물질적 빈곤과 한계에서 해방된 듯하며, 엄청나게 발전하는 기술 문명 안에서 그 어느 시대에서도 불가능했던 물질적 혜택과 자유로움을 누리고 있는 듯하다. 그러나 그러한 현란함을 조금이라도 물러서서 보면 곳곳에서 병들고, 죽어가는 문화, 의미를 보지 못하고 생명과 인간을 존중하지 못하는 허무와 냉소의 물결을 금방 느낄 수밖에 없는 것이 현실이다.

오늘날 우리가 보는 온갖 현상은 이런 사실을 너무도 분명히 보여주고 있다. 생명철학을 위한 구체적인 작업과 함께 생명과 인간의 삶을 위협하는 온갖 반문화에 맞서는 것, 잘못된 문화에 대해 "아니오"라고 말하는 것 역시 매우 중요한 철학적 행위이다. 생명윤리학을 위한 구체적인 작업만큼이나 생명이 존중받고 우리의 삶을 인간다운 삶으로 유지하기 위한 사회적 행위도 생명철학의 중요한 과제 가운데 하나임에는 틀림이 없다. 그러기에 우리는 이런 죽음의 문화에서 참다운 인간으로 살기 위해서 생명과 인간이 존중받는 문화적 토대를 만들어 가는 데 함께해야 할 것이다. 이 모두는 생명철학의 형이상학에서 가능하다. 이 생명 형이상학은 거듭 과학적 자연철학의 영역을 넘어설 뿐 아니라, 전통 형이상학 범주에서 해명할 여지도 넘어선다. 생명에 대한 형이상학적 해명은 철저히 형이상학 이후의 형이상학을 지향한다.

2. 진화생물학의 인간 이해

1) 인간의 본성을 진화론적으로 해명하려는 학문은 최근에 생겨난 진화심리학에 기반한다. 이 학문은 인간의 마음을 다윈주의의 관점에서 이해해야 한다고 주장한다. 인류학자 존 투비와 심리학자 레다 코즈미디스는 인간의 행동이 유전자와 직접 관련되는 것이 아니라 행동의 기초가 되는 심리적 작동 방식이 유전자와 관련을 맺는 가운데 표현된다고 주장한다.[50] 이들은 1992년 진화심리학(evolutionary psychology)이라 이름하는 이론 체계를 정립시켰다. 이 이론은 두 개의 과학 이론에 기초한다. 1950-60년대 인지혁명으로 사고와 감정의 동역학을 정보와 연산 개념으로 설명하는 경향과, 1970년대 이래의 진화생물학 분야에서 일어난 혁명, 즉 생물체의 복잡 적응 설계를 복제자들 사이의 생존을 위한 선택이란 개념으로 설명하는 이론을 결합시키면서 탄생했다. 인간의 행동에는 유전자가 직접 관련되는 것이 아니라, 그러한 행동이 근거한 심리적 작용과 기능이 유전자와 관련된다. 이들은 예를 들어 전쟁 유전자란 것은 존재하지 않지만 전쟁이 본성과 무관한 환경의 산물, "빈 서판"(tabula rasa) 위에 쓰여진 문화적 산물이란 주장도 오류라고 말한다. 마음은 이러한 구조와 작용에 의해 형성된 것이며, 이것이 생존과 번식 전략에 따라 구체적으로 작동한다.

진화심리학은 우리 마음을 진화의 결과로 해석한다. 마음이란 결국 뇌의 움직임에 의한 것, 뇌의 화학적 작용에 지나지 않는다. 이것은, "마음은 연산기관들로 구성된 하나의 체계이며, 그 연산기관들은 진화의 과정, 식량 채집 단계에서 인류의 조상이 부딪혔던 문제들을 해결

---

50 J. Tooby/L. Cosmides, "The Psychological Foundation of Culture", in *The Adapted Mind*, J.H. Barkow(ed.), Oxford Univ. Press, 1992.

하기 위해 자연 선택이 설계한 것"으로 이해하는 관점이다.[51] 그 기본
원리는 역설계(reverse-engineering)에 있다. 인간의 지각기능들은 역
공학을 통해 '잘못 설정된 문제'를 해결하고, 나아가 인간의 몸과 마음
을 다윈주의의 관점에서 설계된 기관으로 이해한다. 몸이나 마음이란
결국 진화 과정에서 어떤 목적을 위해 생겨났으며, 그에 따라 그러한
구조로 형성되었는지를 역설계를 통해 밝히려 한다. 역설계의 원리는
생물체의 기관이 유기체의 번식과 생존에 도움이 되는 능력 때문에 존
재한다는 진화생물학의 관점에 근거해 있다. 그래서 인간의 의미론적
이며 성찰적 행위는 물론, 윤리와 종교, 예술과 철학까지도 진화적 층
위에서 해명하려 한다.[52]

　이런 주장은 진화생물학을 통한 소박한 자연주의적 철학자의 순진
한 해명으로 받아들일 수 있지만 그 뒤에는 존재 의미를 성찰하지 못
하는 자연주의(naturalism)적 관점과 함께, 인간의 형이상학적 특성을
보지 못하는 맹목적 과학주의(scientism)가 자리한다. 자연주의가 자
연적 사실에 기반한다면 과학주의는 과학 지식을 진리의 준거로 주장
한다. 생물학주의(biologism)는 인간을 생물학적 현상에 제한시켜 그
러한 지식에 기반하여 인간을 해명하려는 모든 주의와 주장을 가리킨
다. 이 모든 주장 뒤에는 철학사적으로 자연주의와 관계되며, 그러한
오류를 철학사는 자연주의적 오류라고 규정했다.

　자연주의적 오류(naturalistic fallacy)는 자연적 사실을 당위적 규범

51　S. 핑커, 『마음은 어떻게 작동 하는가』, 소소출판사 2007, 23쪽; 또한 안토니오 다마지오, 『스피노자의 뇌』, 임지원 옮김, 사이언스북스 2007; 존 R. 설, 『마인드』, 정승현 옮김, 까치 2007 등 참조.
52　대표적인 견해가 윌슨의 사회생물학과 모든 학문의 대통합을 주장하는 이론이다. E. 윌슨, 『사회생물학』, 민음사 1992; 같은 저자, 『통섭 - 지식의 대통합』, 사이언스북스 2005 참조.

으로 해명하는 데서 생기는 오류다. 흔히 흄(D. Hume)이 주장했고, 무어(G.E. Moore)가 명제화했다고 알려져 있지만, 사실은 그 이전 철학자들도 이미 이런 주장이 오류임을 밝혔다. 이 개념은 윤리학에서 자연적 사실에 따른 윤리적 규범 설정의 오류를 지적하는 데 사용한다. 자연적 사실은 인간을 조건 짓는 필연적 토대이기에 당위적 규범도 이런 사실에 기반해야 한다는 생각은 옳은 것일까. 자연 상태에서 뱀은 개구리의 실존적 상황이나 생명적 현상에 관계없이 포식한다. 거기에는 어떤 윤리적 규범도 존재하지 않는다. 이런 현상을 인간의 윤리적 영역에 그대로 적용하는 것이 과연 용납될 수 있는 일일까. 용납될 수 없다면 어떤 이유와 근거에서 그러한가? 생존경쟁이 치열한 현실에서 무한 경쟁은 인간 세상에서 필연적인 현상이 아닐까. 그런데 그것이 옳지 않다면, 왜 옳지 않은 것일까.

자연주의를 오류라고 말하는 사람들은 인간이 그런 필연적 사실에 매여 있거나 그에 따라 결정된 존재 이상이라고 생각한다. 인간은 자유의지를 지니고 있으며, "그럼에도 불구하고" 그 이상의 자리로 나아가며 그렇게 살아가는 자유로운 존재이기 때문이다. 그런데 이런 생각이 과연 옳은 것일까. 인간에게 자유의지가 존재하기나 하는 것일까? 아니, 인간에게 자유의지가 있다면 어디에 자리하는 것일까? 그 자유의지는 어디에서 주어진 것일까? 이에 대한 해명은 존재론적 층위에서 가능할 수밖에 없다. 진화생물학의 생명 이해는 존재론적 관점을 결여하고 있기에 치명적인 한계를 지닌다.

2) 생명현상의 자연적 특성
생명철학을 근거 지우기 위해서는 생명에 근거한 형이상학적 원리를 정초해야 한다. 이 원리를 위해 먼저 생명현상에 담긴 특성을 다섯

가지로 요약한다.

① 자기 존재: 생명은 스스로 자신의 존재를 창조하며(autopoiesis), 그 자체로 자신을 유지하는 존재이다. 생명은 자기복제자로서 배발생을 통해 스스로를 창출하며, 또한 신진대사를 통해 에너지를 얻음으로써 삶을 이어간다. 생명체는 자신의 개체를 중심으로 해서 항상성(homeostasis)을 유지하는 존재이다. 그와 함께 생명체는 생식을 통해 자기복제하는 존재이며, 환경에 적응하고 반응하며 성장한다. 생명체의 특성은 무생물과 달리 스스로 자신의 존재를 보존하고 유지하면서 생명으로 성장해 가는 내적 원리에서 나타난다.

② 동일한 기원: 생명체는 근본적으로 동일한 기원을 가진다. 지구상의 모든 생명체는 하나의 생명현상에서 출발하여 수많은 다양한 생명체로 변이되었다. 기원에서의 동일성과 현상에서의 차이가 생명체의 이중적인 모습이다. 생명체에 있어서 다양성이란 존재론적 근거가 된다. 다양성이 없었다면 지금과 같은 생명체란 애초에 존재할 수가 없었을 것이다. 게놈의 다양성을 지금의 필요에 의해 조작하거나 동일한 게놈으로 복제하는 것은 이러한 다양성을 없애버림으로써 생명종의 멸종을 부를 위험을 안고 있다. 생명 종의 다양성이 급격히 쇠퇴하는 생태계 파괴 역시 생명에는 엄청난 위기로 다가온다. 존재론적 동일성에 대한 우리의 이념은 이러한 다원성에 대한 해석에 따라 새롭게 이해될 것이다.

③ 역사적 존재: 생명체는 또한 36억 년에 걸친 역사의 결과물이다. 초기의 무핵 생명체에서 진핵생명으로, 시아노박테리아가 배출한 산소로 인해 그때까지 지구를 덮고 있던 혐기성 생물의 판도를 변화시킨 역사에서, 또한 20억 년 전의 다세포 생명과 유성생식 과정을 거쳐 오

늘에 이른 생명체는 모두 이러한 역사의 흐름을 간직하고 있다. 우리 유전자에는 생명의 역사가 기록되어 있다. 현재의 생명은 궁극적으로 진화 역사의 결과물이다. 인간 생존의 터전인 현재의 환경 역시 생명체가 만들어 낸 역사의 산물이다. 인간의 마음과 지능, 뇌와 언어조차 이런 진화의 결과이다. 뇌를 비롯한 인식기관들은 그런 과정에서 생겨난 것이지만, 그것이 곧 복잡성의 증가를 의미하지는 않는다. 인식기관의 진화가 일직선으로 진행된 것이 아니듯이, 생명체의 역사 역시 단선적 진보의 과정을 밟은 것은 아니다. 생명 역사의 흐름에 대한 이해 없이 생명을 이해할 수는 없다.

④ 공생명: 생명체는 근본적으로 공(共)생명이며, 다양한 생명체들의 협력과 경쟁을 통해 생존하는 존재이다. 생명체는 근본적으로 다른 생명체를 필요로 한다. 이 필요가 때로는 그들의 목숨일 때도 있다. 삶을 위해 죽음을 필요로 하는 것이 생명이란 존재이다. 이런 의미에서 생명체는 그 자체로 모순적이다. 이것은 생명 내재적으로도 그러하다. 죽음이 없는 생명체는 생명일 수가 없다. 죽음이 삶을 결정한다는 것에 생명체의 자체모순적 특성이 자리한다. 독립된 유기체로서 하나의 생명조차도 단독적인 유전체를 지닌 생명체는 아니다. 우리 몸에도 수많은 다른 생명체가 함께 살며, 그들 없이 우리 몸은 생존하지 못한다는 생물학적 지식은 생명체가 본질적으로 공동의 생명체임을 여지없이 보여 준다.

⑤ 상호작용: 몸과 정신으로 드러나는 인간의 생명은 유전자에 쓰여진 형태로 이루어지지만, 그것이 발현되고 드러나는 것을 유전자가 홀로 결정하는 것은 아니다. 여기에는 우리의 내적 조건, 몸과 의식, 정신과 심지어 의지와 욕망 따위의 실존적 상태까지 총체적으로 작용한다. 그 뿐 아니라 외부적 환경, 다른 사람과의 관계, 사회적 조건, 제도와 시

스템도 함께 작용한다. 그 모든 것을 해명하는 것은 인간의 자기 이해를 위해 필요한 일이지만, 그 가운데 어떤 것도 홀로 인간을 규정하지는 않는다. 예를 들어 인간의 의식을 결정하고 문화를 습득하며 교육을 행하는 뇌는 인간의 모든 행동을 총괄해서 지휘한다. 이것은 세대를 거쳐 대응해야 하는 유전자의 결점을 개체 차원에서 보완하는 체계이다.

3. 생명성의 형이상학적 특성

1) 현재라는 시간과 공간의 지평에서 존재 의미를 드러내야 하는 인간은 현존재로서의 존재론적 과제를 지닌다. 그것은 존재자의 존재 의미를 망각한 역사를 넘어 언제나 변화된 형태로 끊임없이 되돌아와 존재자와 존재의 존재론적 차이를 드러내는 사유 작업을 의미한다. 그것은 인간의 사유에 내재된, 역사적 한계와 모순을 감내함으로써 존재 드러남의 역사, 그 역운(Geschick des Seins)을 드러내는 내맡김(Gelassenheit)으로 이루어진다.[53] 그것은 형이상학을 통해 "형이상학을 드높이는 방식", 그것을 "보다 높은 형태로 변형"하는 것, 존재자의 존재 의미를 현재의 시간에서 드러내는 작업으로 이루어진다. 그래서 이 작업은 형이상학을 폐기하는 것이 아니라 "또 다른 근원으로 이행해 가"도록 한다.[54]

생명 형이상학은 세 가지 관점에서 제기된다. 그것은 먼저 생명에 대한 개념적 이해를 형이상학적인 맥락에서 해명하려는 관점을 가리킨다. 생물학을 학적으로 반성하고 그 의미를 해명하려 시도한 마이어(E. Mayr)는 생물학을 법칙성의 학문이라기보다 개념에 의해 정립되

---

53 M. 하이데거, 「형이상학의 극복」, 『강연과 논문』, 박찬국 옮김, 이학사 2008, 89-126쪽, 89, 91쪽.

54 M. 하이데거, 「형이상학의 극복」, 99-101; 104-106쪽 참조.

는 학문으로 규정한다. 이 점에서 현대의 생물 이해의 학문은 다른 자연과학과 과학철학, 특히 물리학이나 물리학에 기반한 과학철학과는 명확히 구분된다.[55] 생명, 특히 인간의 생명을 다루는 생물학은 학문은 객체적 법칙을 발견하는 학문이 아니라 발견한 법칙을 해석하는 학문이기 때문이다. 생명과학은 전 우주적으로 통용되는 보편적 과학 법칙이 아니라, 다만 지구란 행성에서만 발견되는 독특하며 유일회적 사건인 생명현상을 해명하는 학문이다. 마이어에 따르면 생명을 다루는 생물학의 과학은 생명현상의 독특함과 자율성이란 특성에 기초한다. 그 자율성을 해명하는 학문은 자연과학적 맥락에서 인간존재의 외적 세계에 현전하는 법칙을 발견하는 것이 아니라, 인간존재와 관계하여 이를 해명하는 자율적 체계로 존재할 수밖에 없다.

그 근거를 마이어는 생명체가 지니는 특성인 창발성(emergence) 즉, 생명이 스스로 그렇게 되어 가는 특성에서 찾는다. 생명현상은 물리학을 비롯한 여타의 법칙 중심 과학의 실체론적 근거와는 다른 층위에서 해석되어야 한다. 생명체의 특성인 창발성을 이해하는 것은 생명을 단지 유전자나 유전 물질의 규칙에 제한시키는 환원론적 사유를 넘어선다. 실체론적 사유는 타당하지 않으며, 생명체로서의 인간을 총체적으로 이해하지 못하게 만든다. 이런 주장에 근거한다면 실체론적 사유에 근거한 철학, 그에 의한 생명현상 이해와 접근 행위, 예를 들어

---

55 E. 마이어, 『생물학의 고유성은 어디에 있는가』, 박정희 옮김, 철학과현실사, 2005, 134-135쪽 참조. 마이어를 비롯한 진화생물학자들은 전통적 의미에서 진화생물학자였지 결코 철학자로 분류될 수 없는 사람이다. 그러나 이들의 생명 해명은 이미 과학의 범주를 넘어 자연철학의 지평으로까지 확산되고 있다. 생명에 대한 이해에 있어서는 더 이상 전통적 의미의 철학만을 따로 설정할 수가 없게 되었다. 생명 형이상학은 이런 연구 결과와 상호 소통하면서 생명의 존재론적 의미를 드러내는 작업으로 이어져야 한다.

분자 의학(molecular medicine) 등은 한계를 지닐 수밖에 없다. 생명에 대한 올바른 이해는 유전자에 대한 이해와 해석을 실체론이 아닌, 생명이 스스로 그렇게 되는 현상의 독특성, 생명성에 의해서만 타당하게 이루어질 것이다.

　현대의 생명과학은 단순히 진화생물학이나 이후의 자연과학적 생물학, 또는 분자 의학적 영역을 넘어서 있다.[56] 유전자 생명과학 일반은 이미 자연철학적이거나 자연신학적 작업, 심지어 형이상학적인 해석으로 확대되고 있다. 이러한 해석의 자연주의적 오류는 말할 필요도 없이 그 안에 담긴 인간 이해와 학문 체계, 사회와 문화 일반에 대한 진리 주장이 문제가 된다. 생물학주의(biologism)는 자연과 생명에 대한 이해를 통해 사실과 가치 사이의 구분을 무시하면서 형이상학적 영역으로까지 자신의 주장을 전거로 확대하기에 문제를 안고 있다.

　그래서 케이는 이러한 생물학주의가 "인간의 삶과 역사를 자연의 언어로 바꾸어 번역"하여, "인간 자신에 대한 개념을 바꾸고, 이 새로워진 인간의 개념을 통해 삶의 문제들에 대한 우주적 지침을 찾으려는 시도"라고 밝히고 있다(케이, 18). 그것은 전통적 자연철학, 자연에서 신의 존재와 설계, 인간의 윤리성을 확인하려는 경향을 넘어서 있다. 진화생물학적 자연철학은 "자연 어디에서도 신을 발견할 수 없으므로" 이를 환원주의적 도덕체계에 대한 연역으로 대신하려 한다. 인간은 "자연 선택된 유전 프로그램의 표현"이기에, 이러한 "프로그램의 생존과 번식이 인간의 궁극적인 목적" 가운데 하나이다(케이, 19). 이들은 철학일반과 형이상학에 이르기까지 생물학적 태도를 견지하면서, 그

56　생명과학의 연구 결과와 그 해석의 문제를 총체적으로 지적하고, 현대 진화생물학의 생물학주의를 비판한 저서인 하워드 L. 케이, 『현대생물학의 사회적 의미』, 뿌리와이파리 2008 참조.

방법론과 연구 결과를 통해 이런 지평을 새롭게 설정하려 한다. 예를 들어 크릭은 인간이 "자연선택의 과정에 의해 단순한 화합물로부터 진화"했기 때문에 바로 "그 안에 존재한다"고 말한다.[57] 생명의 목적이나 의도, 생명의 논리는 자연 선택의 원리를 단순히 재생산하는 데 있다.

오늘날 이러한 해석은 인문학 일반으로까지 확산되어 지식일반과 학문 전체에 커다란 영향을 미치고 있다. 그에 따른 지식과 학문 체계의 전환과 변형의 요구는 결코 무시할 수 없을 정도로 위력적이다. 문제는 케이의 말처럼 그 안에 담긴 형이상학적이며, 도덕적, 사회적 가정과 지식 해명이다(케이, 24). 생명과학의 발전이 지금처럼 계속되는 한 이러한 변화는 더욱 강화될 것이다. 그 변화는 결코 되돌릴 수 없다. 진화론에 대한 철학적 해명과, 학문 영역에서 이루어진 수많은 논란은 익히 알려져 있다. 나아가 이후 이루어진 현대의 생물학 일반에 대한 철학적 해명의 노력, 인간 본성에 대한 사회생물학적 접근, 학문론에 대한 최근의 통섭 논의 등을 철학적으로 비판하고, 이러한 학적 해명에 대한 철학적 대결이 전개되고 있으며, 지금도 여전히 논란 속에 있다. 유전자에 대한 과학을 넘어 그에 대한 해명은 사회 전반, 정책적 차원, 일상적인 삶과 문화적 차원에까지 더 이상 철학의 영역에서 배제할 수 없는 범위로 확산되고 있다. 여기에 생명 개념에 대한 형이상학적 반성의 작업이 요구되는 이유가 있다.

2) 생명 형이상학의 두 번째 지평은 해석학적 관점에서 주어진다. 그것은 생명을 이해하려는 철학의 형이상학적 지평에 관계된다. 이것

---

57 F. Crick, *Of Molecules and Men*, Seattle 1966, p. 93. 케이, 같은 책, 84쪽에서 재인용.

은 개념으로서의 형이상학이라기보다 이해의 체계에 관계되는 형이상
학에 관한 논의이다. 케이는 그러한 해명 안에는 모든 생명을 자연적
층위에서 이해하려는 형이상학적 야심이 담겨 있다고 본다. 생물과학
적 지식을 자연철학적, 신학적인 관점으로 해석하는 자크 모노와 쟈
콥, 도킨스와 윌슨 등의 현대 생물학자들의 이해 체계는 서구 철학사
의 맥락에서 반형이상학적 해명의 전형적인 예일 것이다.[58] 생명철학
에 근거한 형이상학은 일차적으로 생명 이해의 형이상학과 생명의 원
리에 근거한 해석학적 형이상학을 지향하는 두 방향에서 이루어진다.
생명에 대한 해석학은 인간 이해 또는 과학철학적 범위는 물론, 진화
생물학에 의해 이해하는 사회와 문화 체계에 대한 층위를 넘어서 있기
때문이다.

모든 학문, 개별 과학이 언제나 "단지 다른 존재자들 중의 하나의 존
재자만을, 존재자의 어떤 특정한 하나의 영역만을 사유"한다면, 철학
은 존재자의 존재를 사유한다.[59] 생명을 존재론적 층위에서 사유한다
는 것은 생명과학에서 보듯이 존재자로서 생명을 이해하는 층위를 넘
어 존재자로서의 생명의 존재에 관계된다. 그것은 존재 의미를 드러내
는 사유에 기반하여 생명과학이란 개별 학문이 의미를 지닐 수 있다는

58 하워드 L. 케이, 같은 책, 95쪽; 또한 사회생물학의 자연신학적 경향에 대해 같
은 책 151쪽 이하 참조; 장회익,『삶과 온생명 - 새 과학 문화의 모색』, 도서출판 솔
1998; 그 외 L. 마굴리스/D. 세이건,『생명이란 무엇인가?』, 도서출판 지호 1999; 그
외 진화생물학에 근거하여 자연철학적이며 심지어 자연신학적인 관점으로 생명과 인
간의 본성은 물론, 사회와 문화 체제 전반에 걸친 해석을 시도한 이들은 거론조차 하
기 어려울 정도로 흘러넘치고 있다. 그 외 심리철학적 관점에서 인간의 마음과 신에
대한 표상을 해석하려 시도하는 D. Dennett 등의 이론은 이러한 영향력이 전통적인
철학과 인간학, 윤리학은 물론 형이상학적 영역으로까지 미치고 있음을 잘 보여 주는
예일 것이다.

59 M. 하이데거,『니체 I』, 박찬국 옮김, 2010 도서출판 길, 51쪽.

뜻이다. 생명을 사유하는 인간은 그 자신이 생명체로 존재하므로, 그 이해는 스스로를 향하는 자기성(Selbstheit)이란 특성을 지닌다. 그 이해는 객체적인 또는 인식론적인 층위에서 이루어지는 것이 아니다. 그 것은 결코 개별 존재자로 이해하는 것이 아니라, 존재자의 존재에 대한 존재론적 해명에 기반한다. 생명의 철학은 존재론적 형이상학을 요구한다.

생명에 대한 이해를 형이상학적 관점에서 새롭게 정립한 사람으로 무엇보다도 요나스를 거론할 수 있다.[60] 그 역시 이런 관점에서 생명철학은 자기성(自己性)을 떠나 자리하지 못한다고 말한다.[61] 그것은 생명의 내면적 정체성이기 때문이다. 이와 관련하여 요나스는 생명을 이해하는 것이 전적으로 생성의 관점에서야 가능하다고 주장한다.[62] 목적없는 자연이 조화로운 체계로서 생명을 생성했다. 생명의 생성 운동은 결코 체계의 운동을 반복하는 것이 아니라 "가중되는 질서와 필연성", "특정한 형태와 법칙을 향"한다. 생명을 이해하는 두 측면은 "생성에 대한 이해"와 "존재에 대한 이해"이다. 이 두 측면을 함께 다룰 때만이 생명을 타당하게 해명할 수 있다. 그를 위해 요나스는 생명의 원리인 자유와 함께 시간성에 기반한 역사성을 제시한다. 생명체의 필수 요건은 지각과 행위를 위한 자유에 있다. "모든 생명체적 존재의 기초를 이루는 기반층이 자유의 특성을 가지고 있"(요나스, 21)는 것이다. 자유 개념은 결코 정신적인 의미 연관만 지니는 것이 아니라 생명체 전체에

---

60   H. 요나스, 『생명의 원리 – 철학적 생물학을 위한 접근』(*Das Prinzip Leben*, 1972), 한정선 옮김, 아카넷 2001.
61   한스 요나스, 같은 책, 193–194쪽 참조.
62   한스 요나스, 같은 책, 127쪽 "생성으로 존재를 이해하는 것", 또한 143–147쪽 참조.

속하는 존재 방식을 지칭하는 개념이다. 자유는 존재론적으로 기술되는 개념이다.

"존재의 깊은 곳에서 활동하고 있으면서 자유의 양태를 지향하는 경향성이 바로 동기가 되어 생명이 없는 실체에서 생명이 있는 실체로 이행했다는 것, 즉 물질이 생명을 향해서 최초로 자기 조직화했다는 것"(요나스, 22)이 그에게는 가장 설득력 있는 생명에 대한 가정이다. 이에 근거하여 제시하는 생명 형이상학의 해석학적 지평은 실체론 철학과 그에 근거한 존재자 중심의 형이상학을 넘어서는 생성과 시간성을 해명하는 지향성을 지닌다. 그 원리에 근거한 형이상학은 내재적 초월의 형이상학으로 정립된다.[63]

4. 생명의 탈형이상학적 특성

1) 생명에 대한 형이상학적 해명은 우리를 탈형이상학적 사유 지평으로 이끌어 간다. 생명 형이상학은 근원적으로 탈형이상학적 맥락에서 형성되는 것이다. 생명에 대한 이해를 생명과학의 층위를 넘어 새로운 형이상학적 원리에 근거하여 해명하려는 이유 가운데 하나에는 생명을 다만 학적 대상으로 바라보는 근대 철학의 형이상학적 체계에 대한 비판이 자리하고 있다. 오늘날 생명과학의 연구 업적을 원용하여 인간을 다만 유전자 층위로 해명하려는 생물학주의의 한계를 극복하는 데 이러한 형이상학적 원리가 근거로 작용할 것이기 때문이다. 생명은 무엇보다 먼저 인간의 생명이므로, 인간의 자기 이해와 자기성(自己性)이란 특성을 떠나 이해되지 않는다. 생명은 결코 대상으로만 존재할 수 없다.

---

63 요나스는 초월을 표출하는 양극성이 생명의 근저에 자리하고 있다고 말한다.(요나스, 24쪽)

현대의 학문은 정신과 영혼, 그래서 생명까지 자연 인식에 있어 불필요한 잉여로, 죽은 질료로, 물리적 사태의 총체로만 이해함으로써, 생명을 생명 없는 것의 개념으로 설명하는 한계를 지닌다. 그것은 데카르트적 근대 형이상학의 피할 수 없는 논리적 귀결이다.[64]

근대의 형이상학에 기반한 과학적 체계는 생명을 인식의 대상이거나 그에 기반한 지식 체계로만 이해하려 한다. 그러한 체계는 결국 생명을 소외시킬 것이며, 이해하려는 대상과 이해하는 주체가 동일하며 상호작용하는 생명에 대한 인간의 자기 이해를 타당하게 설정하지 못하게 할 것이기 때문이다. 그 원리에 의한 탈형이상학의 체계는 근대의 형이상학에 기반한 현대 사회와 문화 체계, 존재자를 인간의 소유와 장악의 대상으로 설정하는 객체주의적 체계에 대한 비판과 극복의 사유 체계로 작동할 것이다. 그러기에 요나스는 생명에 대한 철학적 해명은 다른 어떤 형이상학적 비판보다 더 과격하게 데카르트의 건축물을 파괴시켰다고 말한다.[65] 생명에 대한 이해는 전통 형이상학을 감내하면서 우리의 현재와 현존재를 사유할 새로운 계기로 작용한다. 그런 까닭에 요나스는 진화론 이후의 생명에 대한 사유가 존재론적 질문을 새롭게 제기할 것이라고 말한다. 여기에 근대성 극복의 철학과 그에 따른 탈형이상학의 사유 근거가 자리한다.

이와 연관하여 피어슨은 들뢰즈 철학의 특성을 싹트는 배아적 생명에 대한 사유로 이해한다.[66] 그를 통해 들뢰즈의 사유는 생명의 잠재성을 정당하게 드러내며, 생명의 생성적 반복을 통해 존재자의 차이를

---

64   한스 요나스, 같은 책 176-177쪽.
65   한스 요나스, 같은 책 125, 127-135쪽 참조.
66   키스 안셀 피어슨, 『싹트는 생명 – 들뢰즈의 차이와 반복』, 이정우 옮김, 산해 2005.

사유할 수 있게 하는 철학이다.[67] 생명체는 차이를 산출하는 구조이며, 생명체가 발생하는 과정을 사유할 수 있을 때 존재 의미를 새롭게 이해할 수 있다.[68] 생명은 차이를 생성하는 과정과 그 잠재성에서 이해된다. 생명은 생성의 과정에서만 실재한다. 그것은 물질적 질료로 존재하는 것이 아니다.

2) 탈형이상학은 결코 전통 형이상학을 부정하거나 또는 어떠한 형태의 반형이상학을 의미하지 않는다. 다양한 형이상학적 견해와 달리 이를 굳이 탈형이상학이라 이름하는 이유는 그 체계가 지니는 전통 형이상학과의 관계 설정 때문이다. 탈형이상학이 맺는 전통 형이상학의 근본적 이해 체계와의 관계는 이중적이다. 여기서는 그 안에 담긴 근본적 사유 동기와 형이상학적 개념을 한편으로 감내하고 수용하면서, 다른 한편으로는 비틀린 이해의 체계를 넘어서려는 의도가 결정적 요인으로 작동한다. 인간의 현사실적 지평은 사유의 역사를 떠나 존재할 수 없기에, 이 지평을 형성한 형이상학의 역사적 체계와 이러한 방식으로 관계 맺을 수밖에 없다. 탈형이상학은 전통 형이상학의 지평을 떠난 다른 층위를 말하지 않는다.

생명 형이상학으로 지향하는 탈형이상학의 성격은 인간의 형이상학적 특성과 초월성에 근거한다. 그것은 단지 전통 형이상학의 규범적 가치와 원리, 근거를 부정하는 것이 아니라, 그것을 다른 지평에서 새롭게 설정하려 한다. 그것은 이성의 원리와 초월성의 특성, 동일성과

---

67   분자생물학자들조차 생명을 물질이나 실체를 넘어 끊임없이 동적 평형을 유지하려는 과정과 살아 있음에서 이해해야 한다고 말한다. 후쿠오카 신이치, 『동적 평형』, 김소연 옮김, 은행나무 2009, 209-211쪽.

68   고이즈미 요시유키, 『들뢰즈의 생명철학』, 이정우 옮김, 동녘 2003 101-103쪽.

보편성을 달리 설정하는 것이라기보다는 그 특성을 감내하면서 극복하려 한다. 이러한 노력은 생명의 생성과 차이의 원리가 드러나는 동일성의 다원성이 지니는 특성을 드러내는 사유 작업을 의미한다. 생명 형이상학에 근거한 탈형이상학은 전통 형이상학이 설정한 기반을 벗어나지 않지만, 그럼에도 다른 지평에서의 사유를 지향한다.

형이상학을 정초하기 위해 반드시 필요한 조건은 형이상학적 사유를 전개하는 인간의 지성적 지평에 대한 이해이다. 칸트가 『순수이성비판』에서 그랬듯이 형이상학적 체계를 수립하기 위해서는 이런 작업을 수행하는 인간의 지성에 대한 이해가 선행적으로 요구된다. 이성과 오성의 구분과 한계 설정, 감각적 인식과 표상된 감각적 자료에 대한 이성적 반성에 대해 분석하고 해명하는 작업은 형이상학을 수행하는 인간의 지성을 이해하고 해명함으로써 가능해진다. 생명 형이상학은 이를 수행하는 지성을 이성과 오성의 범주를 넘어 생명성으로 설정하려 한다. 그것은 전통 형이상학에 의해 수행되었던 이성과 감성의 구분과 분리를 넘어서며, 존재의 근거를 실체성에서 찾으려는 철학의 한계를 극복하는 데 있다. 탈형이상학적 사유로 동기 지어진 생명 형이상학은 이러한 관점을 생명성이란 토대에서 해명하고 그에 따라 철학적 체계로 정초하려는 것이다.

생명 형이상학은 전통적으로 이해되었던 존재자의 존재를 최고의 존재자나 존재자성 또는 어떤 실체론적 관점에서 이해하지 않는다. 오히려 앞에서 보았듯이 생명이 지니는 생성의 측면을 강조한다. 생명은 본질적으로 생성하며, 살아가는 과정에서 이해된다. 생명의 본성적 특성은 질료적 관점이나 존재자적 지평에서는 결코 올바르게 이해될 수 없다. 생명은 죽음으로 완성에 이를 것이기에 언제나 살아 있음의 과정에서 자신의 의미를 드러낸다. 그것은 역사의 기억과 미래의 결단을 중첩시키는 현재화의 길 위에 자리한다. 생명 형이상학은 생명의 생성과 과정, 시간과 역사성을 본성적 특성으로 수용한다.

이렇게 이해되는 생명 형이상학은 전통 형이상학과의 관계에서 이해되는 어떠한 반형이상학이거나 비실재론적 형이상학일 수 없다. 오히려 그것은 보편성 안에서 끊임없이 차이를 생성하며, 현재화와 존재자의 존재론적 의미를 드러내는 과정에 자리한다. 생명성의 특성을 해명할 형이상학적 체계는 전통 형이상학을 감내하면서 극복하는 이중적 행위, 초월적 극복의 사유 동인에서 탈형이상학이란 계기와 체계로 이어지게 될 것이다. 이렇게 형성되는 사유는 초월성을 내재화하는 과정에서 이해되는 새로운 사유이다.

4) 탈형이상학적 특성
(1) 자체 역동성과 타자와의 관계성

생명체는 무엇보다도 그 자체로 성장하고 반응하며 자신을 살아 있게 만드는 역동성에서 이해된다. 한마디로 자기를 창조하는 존재이다. 그것은, 생명체가 단순히 기계적인 구조와 달리 유기체 내의 여러 구조들이 상호작용함으로써 이루어지기 때문이다. 생명체의 구조가 지니는 역동성은 무생물과 구별되는 근거가 되며, 자체적으로도 생명을 생명이게 하는 원리가 된다. 생명체를 이루는 유전자의 발현은 환경과 상호작용하는 역동적 관계에 의해 결정된다. 이러한 역동성은 유기체 자체 내의 환경은 물론이고 외적인 생태계와의 관계에도 적용되는 원리이다. 오늘날 생명공학의 이념인 유전자 결정론의 허구를 넘어서는 단초는 이러한 역동성과 관계성에 대한 해석에서 주어질 것이다. 또한 여기에는 타자와의 관계도 포함된다. 생명은 다른 생명체와의 관계없이 존재하지 못하며, 이 관계에 따라 자신의 삶을 결정하기 때문이다. 그것은 생명체 자체가 자신의 역사 첫머리에서부터 공생명이었으며, 다른 생명체 없이 자신의 생명을 유지할 수 없다는 관점에서도 그러하다.

생명체는 그 진화의 역사에서 보듯이 하나의 생명에서 시작되었으며, 근본적으로 지구상의 모든 생명체는 공생의 관계, 공진화를 통해 진화된 존재이다. 그것 이외의 어떠한 원리가 생명 존중의 존재론적 원리일 수 있는가. 다른 생명과의 관계성, 상호작용의 원리를 성찰하는 것이 생명의 원리를 결정하는 중요한 근거가 된다. 그러기에 생명철학에서는 생명의 원리를 논의하는 요소로서 자체역동성과 관계성에 중요한 의미를 지닌다.

(2) 시간성과 역사성

생명은 궁극적으로 역사의 결과물이다. 이는 두 가지 관점에서 이해할 수 있다. 생명이 생명으로 존재하기 위한 터전은 주체로서의 "자기"와 환경이란 두 차원이다. 개체 그 자체만으로 생명은 생명체일 수가 없다. 생명체의 진화는 물론이고 환경으로서의 생태계 역시 결국은 45억 년에 걸친 지구 역사의 결과물이다. 그것은 다른 생명체가 이룩해 놓은 역사이다. 예를 들어 원시 지구와 달리 지금의 지구 대기에는 약 20% 정도의 산소가 있다. 메탄과 암모니아가 주성분이었던 원시 지구에 살았던 생명체에게 산소는 치명적인 독가스로 작용하였다. 그러나 36억 년의 생명의 역사가 오늘날과 같은 산소를 대기 중에 형성하였으며, 지금의 생명체는 이 대기 없이는 한시도 살아갈 수가 없다. 또한 단 한 모금의 물, 한 줌의 흙조차 36억 년의 생명의 역사와 무관하게 형성되지 않는다. 그 결과 지금같이 아름다운 생명계가 생겨나고 또 이렇게 살아가고 있지 않은가. 그 끝에 지적 생명체로서 인간이 태어났다. 생명체는 또한 스스로 성장하는 존재이다. 성장이란 자신의 조건에서 벗어나 미래의 다른 모습으로 바뀌어 간다는 의미이다. 모든 생명체는 하나의 생명체에서 시작되어 36억 년이란 역사를 자신 안에 간직하고 있다. 이처럼 생명체를 성찰하는 중요한 조건 가운데 하나는 시간성과 역사성에 대한 고찰이다.

생명의 원리를 시간의 과정에서 성찰한다는 것은 결국 불변하는 실체나 영원이란 관점에서 해석학적 원리를 설정하지 않는다는 뜻이다. 오히려 그것은 인간의 의미론적 행위와 해석의 관점을 시간의 과정에서 이해한다는 것, 즉 시간의 의미에 대한 성찰에서 주어지는 역사성에 따라 이해 일반을 설정하려는 노력이다. 이러한 관점은 현대 철학의 해석학적 흐름과도 일치한다. 생명을 성찰하는 원리에서 이끌어 낸 이해의 원리는 시간에 대한 성찰이며, 그에 따른 역사성임을 거듭 강조해야 할 것이다.

(3) 총체성과 다원성

근대의 기계론적 세계관과 달리 생명체의 상호작용은 총체성이란 관점에서 이해된다. 하나의 생명에서 시작되어 전체 생명과의 관계를 떠나서는 이해되지 않는 생명체의 총체성이 생명 논의의 중요한 원리가 된다. 생명체는 내부적으로 복잡성이란 원리로, 다른 생명체와의 관계에서는 총체성이란 관점으로 규정할 수 있다. 그것은 개체의 차이와 생명체로서의 동일성을 엮어 가는 원리를 의미한다. 그것은 중심과 주변이 서로 얽혀지면서 새롭게 중심을 형성하는 원리이다. 그러기에 다원적 생명 모두가 중심이 되는, 그러면서도 실체적인 중심이 없는, 중심 없음의 중심을 말한다. 근대 학문은 대상을 학적 관점에 따라 분리해 고찰함으로써, 그 대상이 지닌 전체성을 보지 못하는 맹점을 지니고 있다. 생명의 원리는 결코 부분으로 나누어 그 부분에서 얻은 지식을 총괄할 때 주어지는 것일 수 없다. 복잡성의 과학에서 말하듯이 전체는 부분의 합 이상이다. 생명이 지니는 총체성은 생명의 부분들이 합쳐진 총합이 아니라, 생명의 부분들이 상호작용하는 총체성 가운데에서 이해되는 것이다. 그럼에도 불구하고 이 총체성은 부분을 희생하지 않으면서도 전체로 작동하게 만드는 다원적 총체성이란 특성을 지닌다.

오늘날 서구 철학의 흐름인 일원성을 넘어 다원성과 다원성 가운데에서 이끌어 내는 동일성을 생각한다면 이러한 원리의 의미가 뚜렷이 드러난다. 흩어지는 중심, 다원적 중심성은 동일성과 중심적 일원성에 근거한 서구 철학의 한계를 넘어서는 특성임이 분명하다. 복잡성과 총체성에서 주어지는 다원성의 원리는 인간 중심주의는 물론, 자칫 허구로 흐를 수 있는 생태 중심주의를 극복하는 원리로 작용할 수 있다.

그와 함께 생명체의 총체성과 다원성은 동일성과 차이의 관점에서 이해할 수 있다. 서구의 철학은 그 시작에서부터 동일성을 중요한 원리로 이해하였다. 서구 철학은 어떤 의미에서는 동일성을 유지하고 보증하려는 노력이었다고 말해도 좋을 것이다. 그럼에도 차이 없는 동일성이란 획일적인 전체성으로 흐를 수밖에 없다. 현대 철학에 이르러 끊임없이 차이를 강조하는 흐름은 이런 동일성의 원리에 대한 반성이라고 말해야 할 것이다. 생명은 끊임없이 차이를 생성한다. 그것은 차이의 반복이며, 차이의 생성이고, 차이를 보존해 가는 과정이다. 그럼에도 불구하고 이러한 차이는 생명 전체에서 이해되는 차이이다. 생명의 원리에 포함된 동일성과 차이의 원리, 생명이 생성하는 차이의 반복을 성찰함으로써 우리는 새로운 사유의 매듭을 풀어갈 수 있을 것이다.

(4) 자기 창조의 내재적 초월성

생명체의 삶의 원리는 근본적으로 모순적이다. 생명체는 살려는 의지를 지닌 존재이다. 그런데 산다는 것은 무엇을 의미하는가. 생명체는 우리 모두가 경험적으로 알고 있듯이 죽음으로 끝이 난다. 살려는 의지를 지닌 존재가 역설적으로 죽음으로 결정되어 있는 것이다. 죽음에 대한 성찰, 그리고 죽음에의 의미부여는 생명체가 생명체일 수 있는 근본 조건이다. 마찬가지로 죽지 않는 생명체는 생명일 수가 없다. 나아가 생명체의 특성 가운데 하나인 자기유지의 원리는 필연적으로 다른 생명체의 죽음을 요구한다. 이처럼 생명체는 그 자체로 타자의 죽음은 물론 자신의 죽음까지도 포함하는 모순된 존재이다.

한편 그 자체로는 개체의 종말인 죽음이 새로운 생명을 탄생시키는 필연적 조건이 된다. 생명체의 진화는 궁극적으로 유성생식을 통해 이루어졌다. 그 유성생식은 결국 개체로서의 생명체가 반드시 죽어야 한다는 결과를 초래하였다. 그 죽음을 성찰하고, 그 의미를 설정할 때 생명의 이율배반성을 벗어날 수 있다. 여기서 생명 존중이란 문제의 해석학적 원리가 열리게 된다. 생명체의 살림, 다른 생명체를 살린다는 것은 어떤 의미를 지니는가. 자신을 죽이고 비움으로써 다른 생명체를 살린다는 이념 자체가 생명의 역사 끝에서 주어진 것이다. 생명 자체의 논리로만 본다면 이것은 생명의 본래적 원리를 거슬러 의도된 이념이다. 다른 생명을 살림으로써 자신의 삶에 의미를 부여하는 원리는 내재적 초월론에서 이해된다. 그것은 한편으로 생명체가 지닌 자기 창조(autopoiesis)의 특성을 성찰하여 얻게 된 원리이다. 생명은 삶과 죽음의 의미를 내재적이며 초월론적으로 정초하는 존재론적 원리를 필요로 한다.

내재적 초월이란 어떤 난해한 개념이 아니다. 생명체는 생명이 이루어지는 내부를 지니며, 이 내부의 정체성을 유지하면서 살아가는 존재다. 생명체는 생명의 여러 원리를 성찰하는 과정에서 자신의 내면을 초월해 간다. 내재하면서 초월하는 생명의 원리, 초월을 선험적으로 전제하는 것이 아니라 자신의 생명을 성찰하고 사유하는 과정에서 설정하는 초월의 원리를 내재적 초월성이라 이름하는 것이다. 이러한 특성과 원리에서 생명은 생명체적 조건을 넘어 삶을 통해 그 이상의 존재로 초월해 간다. 생명현상은 그 자체로 초월적이다. 그러기에 초월성에 근거하지 않은 생명 이해가 올바르게 정립될 수 없음은 자명하다. 초월성을 해명한 철학적이고 형이상학적인 원리를 정립할 수 있을 때 생명 이해는 그 이상의 학적 영역을 향해 나아갈 수 있게 된다.

5) 탈형이상학적 의미

생명은 철저히 생명을 둘러싼 환경과의 관계에 따라 존재할 수 있다. 또한 생명은 그 관계를 통해 자신의 존재를 유지하고 이어가며, 이를 통해 자신을 살려가는 존재이다. 생명은 삶을 영위하는 존재이다. 삶의 환경에는 살아 있는 것과 살아 있지 않은 것 모두가 포함된다. 생명은 하늘과 땅, 빛과 어두움, 공기와 흙과 관계할 뿐만 아니라 다른 생명, 다른 동물과 식물들과의 관계를 떠나서는 결코 존재하지 못한다. 생명은 다른 생명, 다른 사람 없이는 불가능하다. 생명은 철저히 관계망의 총체이며, 상호작용의 결과이다. 그러기에 생명은 모든 존재와의 관계와 상호작용은 물론, 그것들이 존재하는 지평을 떠나서는 상상조차 할 수 없다. 생명체로서의 생명은 언제나 개체적으로 존재하지만, 그럼에도 생명은 결코 개체 자체만으로 자리하지도 않는다. 생명은 개체이면서 전체이며, 공존하면서도 개별적으로 생존한다. 또한 생명체가 자리하는 원초적 조건인 이 관계망은 때로는 대립과 갈등으로,

때로는 공생과 공존으로 드러난다. 생명을 이해하기 위해서는 이러한 전체성과 개별성을 떠날 수가 없다.

생명은 다만 현상적 목숨을 이끌어 가는 존재에 머물러 있을 수 없다. 생명의 자기 창조성과 관계성을 생각할 때 이런 특성을 가능하게 하는 지평이 요구된다. 그 지평을 우리는 생명의 존재론적 의미와 초월성에서 찾으려 한다. 생명은 생명의 존재론적 의미와 초월성에 근거할 때 올바른 생명으로 자리할 수 있다. 생명의 의미를 밝혀내고 생명의 초월성을 내재적으로 규명할 수 있는 형이상학적 원리는 오로지 인간의 철학적 성찰을 통해 가능하다. 여기에 생명 형이상학의 본질적 특성이 자리한다. 그와 함께 생명의 전체성과 개별성, 동일성과 차이를 해명하지 않은 채 생명을 이해할 수 없기에 이런 원리를 성찰하는 철학적 작업이 요구된다. 이것이 생명학을 위한 형이상학이 의미하는 바이다. 생명학은 생명 형이상학에 기반할 때만 올바르게 정립될 수 있다. 왜냐하면 형이상학은 생명이 생명으로 있을 수 있는 근원적이며 기본적인 지평에 관계하는 학문이기 때문이다.

생명 형이상학에 담긴 새로움은 변화된 시대와 함께 인간이 지닌 이해 체계 일반의 새로움을 가능하게 한다. 여기에는 전통적인 서구 형이상학의 한계와, 동아시아인으로서 우리가 지닌 실재 이해의 체계 변화가 함께 작용한다. 서구 형이상학이 실체(substantia)론과 본질주의 철학을 지향함으로써 미처 이해하지 못한 생성과 현존성의 문제를 드러낼 형이상학적 개념은 어디에서 주어질 것인가. 또한 이성 중심주의와 동일성의 원리에 근거한 서구 형이상학의 역사적 전개는 이로써 가려지는 인간 지성의 총체적인 면과 잊힌 감성, 영성의 문제를 새롭게 보게 만든다. 그와 함께 차이와 다원성을 강조하는 철학적 흐름 역시 서구 형이상학의 계보사적 전개에 대한 강력한 비판과 보완의 성격을 내포하고 있다.

철학적 작업은 본질적으로 변화된 시대와 그에 따른 이해 체계에 관계하기에 새로운 형이상학적 이해는 새로운 윤리학적 체계로 이어진다. 여기에 생명에 대한 형이상학적 이해가 중요한 까닭이 자리한다. 생명을 새롭게 이해함으로써 우리는 생명에 대한 새로운 윤리학과 윤리 규범을 정초할 수 있게 된다. 생명 형이상학과 생명윤리학은 생명의 아름다움과 고귀함을 진지하게 받아들이는 데서, 생명 감수성을 철학적 사유로 수용하는 데서 출발해야 한다. 이러한 생명감수성과 생명의 특성을 생명성(生命性)으로 정의한다면, 생명 형이상학과 생명윤리학은 생명성에 근거할 수밖에 없다.

9

형이상학의 도래

가. 도래하는 형이상학적 사유

1. 철학사적 대결

형이상학은 고대 자연철학과 플라톤 철학에서 시작되어 아리스토텔레스에 이르러 비로소 이런 명칭을 지니게 되었다. 여기에 그리스 철학이 지닌 형이상학적 사유의 고유함과 그 본질적 특성이 자리한다. 분명 형이상학은 아리스토텔레스의 정의에서 비롯되었으며, 그에 따른 외연과 내포를 지니는 것이 사실이다. 그럼에도 불구하고 형이상학적 사유와 특성이 인간의 본성인 의미추구와 초월적 특성을 떠나서는 불가능하다면, 이러한 계보사적 전통에 포함되지 않지만 이를 성찰한 철학 역시 형이상학임을 부인할 수는 없을 것이다.

실제로 아리스토텔레스의 형이상학은 중세를 거쳐 수용되고 발전되면서 스콜라철학에서 보듯이 거대한 사유의 체계로 완성되었다. 이러한 완성에도 불구하고 형이상학은 근대에 이르러 인식론적 형이상학과 도덕 형이상학으로 전환되었다. 뿐만 아니라 근대를 비판하는 일련의 철학자들은 아리스토텔레스적 철학은 고사하고 근대의 형이상학적 철학조차 비판하고 있지 않은가. 이런 철학사적 역사와 계보사 역시 형이상학에 포함해야 할 것임에는 의심의 여지가 없다. 또한 동아시아 철학의 심오한 흐름 안에 담겨 있는 깊은 형이상학적 사유를 보지 못한다면 우리는 철학적으로 청맹과니라는 비난을 받아도 어찌하지 못할 것이다.

그러기에 문제가 되는 것은 동아시아인으로서 우리의 사유가 지니는 의미와 성격이다. 동아시아 사유가 서구 사유의 한계를 보완한다는 관점 또는 이분법적 우월성으로서의 관점으로 거론될 때 우리의 철학적 과제는 결코 달성되지 않을 것이다. 지금 여기서 철학적 사유를 펼쳐 가는 데 필요한 것은 우리의 현재를 해명할 형이상학적 사유 체계이다. 현재의 형이상학을 위해 중요한 또 다른 요소가 있다면 바로 형이상학의 전승에 대한 이해이다. 이러한 사유 체계를 이끌어 내는 데 있어 우리의 존재 경험에 대한 성찰과 함께 "영원의 철학"에서 정립되었던 위대한 형이상학적 사유에 대한 회상과 새로운 해석은 결코 간과할 수 없는 중요한 철학적 작업이다. 이러한 사유 작업을 전개하면서, 동과 서라는 두 철학적 전통의 만남은 매우 중요한 의미를 지닌다. 21세기 탈형이상학적 사유의 근본적 원리를 해명하는 철학에는 동과 서라는 두 사유 체계의 만남과 대결을 통해 학문적인 계기가 마련될 것이다.

그것은 선재적 목적성과 근원적 유래성이 아니라, 내재적 지향성에 근거한 초월론에서야 올바르게 방향 지어진다. 여기에 우리의 비교철학적 노력이 의미를 지닌다. 철학을 동서 철학의 만남과 대결을 통해 수행하는 일은 흔히 비교철학의 영역에서 이뤄진다. 과연 비교철학적 작업이란 철학의 같음을 밝히는 작업인가 아니면 다름을 드러내는 노력인가?[1] 철학함이란 맥락에서 이해할 때 그 작업은 그 어느 것도 아닌 우리의 철학함을 위해 두 전승에서 전거를 구하는 행위이다. 그 작업은 단순히 동과 서라는 두 사유 체계를 비교함에 있지 않고, 오히려 이 두 사유 체계의 해석을 통해 우리의 철학적 선(先)판단을 밝히는 작업을 의미한다. 이는 생명철학의 중요한 원리 가운데 하나인 역사성에 근거하여 사유하는 철학함의 본연적 태도이기도 하다.

동과 서의 철학은 각기 다른 철학적 사유 체계 내에서 철학적 사유를 전개했다. 사실 이러한 총체적인 철학적 지평을 도외시하고 두 사유 체계를 오늘날의 철학적 개념과 논리적 체계 안으로 단순 수용하는 것은 철학적 해석학의 관점에서는 아무런 의미도 지니지 못한다. 그러기에 인간 사유의 총체성과 역사성에 근거하여 지향적 초월성에 따라 두 사유 체계를 우리의 철학적 관심사에 따라 새롭게 해석하는 것이 중요하다. 그것은 초월과 생성의 이름으로 존재를 새롭게 이해하는 길이다. 이러한 노력을 우리가 처한 철학적 상황에 상응하여 본다면 이 철학은 존재와 생성의 해석학으로 정초되어야 할 것이다. 사실 철학이란 니체의 언급처럼 다양한 해석의 가능성을 제시하는 것이 아닌가. 그러기에 우리의 철학함이란 관점과 과제에 따라 근대성과 실체론적 사유를 넘어 상호 영향사적인 생성의 역동성의 원리에서 현재를 사유하는 철학의 원리를 제시하는 일이 중요하다. 이 양자는 여하한 형태

1　비교철학적 연구의 목적을 변규룡은 일반적으로 ① 하나 또는 둘 이상의 동일하거나 상이한 문화권 간의 교섭 관계의 객관적·역사적 연구, ② 동일하거나 상이한 문화권 간의 유사점을 종합 내지 비교하는 연구, ③ 위의 두 연구를 전제로 하여 철학함의 출발이며 귀결인 주체적 자각의 관점에서 비교의 근거로 삼는 태도로 요약한다: 「비교 사상의 가능성과 방법론」, 『한국에서 철학하는 자세들 – 철학연구 방법론의 한국적 모색』, 심재룡 외, 집문당 1986, 281쪽 이하 참조.

로든 그들 시대에 전개된 사유의 정통적 체계 내지 그 한계를 넘어 근원적 사유로 나아가려 했다. 그것이 바로 생명철학을 전개하려는 우리의 존재론적 해석학과 같은 지평에서 이해될 수 있기 때문이다.

2. 윤리학적 관점

인간이 지닌 초월적이며 의미론적 지평을 성찰하고 해명하는 학문을 철학에서는 형이상학으로 제시한다. 철학적 주장은 물론, 그에 기반한 윤리학은 형이상학을 떠나서는 결코 가능하지 않다. 형이상학은 그 자체로 이러한 근본적 토대에 관계하는 학문이기 때문이다. 자연주의는 물론 오늘날 널리 퍼져 있는 생물학주의는 특정한 형이상학에 기반해 있다. 다만 그들은 전통적인 반유물론적이며 관념론적인 철학을 형이상학의 전부로 규정하기 때문에 이를 배격할 뿐이다. 그들이 말하는 형이상학은 서구 2500년의 철학사에서 규정된 형이상학이다. 형이상학은 존재자의 제일원인과 근거를 해명하며, 존재자를 존재자란 이름으로 논의하는 존재의 학문이다. 그러기에 반형이상학이라 말하는 그 주장도 이미 형이상학이며, 몰형이상학이란 말 역시 형이상학적이면서 형이상학을 거부하는, 그 자체로 이율배반적 언설에 지나지 않는다.

문제는 형이상학이 무의미하다는 주장이 아니라 어떤 형이상학이냐는 데 있다. 근본적으로 형이상학적 존재인 인간이 펼치는 인간의 모든 의미론적 행위가 바로 형이상학이기 때문이다. 인간의 역사는 인간의 존재론적 이해의 역사이며, 이는 곧 형이상학적 역사이기도 하다. 학문 일반이 형이상학에 근거하듯이 윤리학 역시 형이상학에 근거한다. 생명윤리학을 비롯한 인간의 윤리 철학에는 그 학문적 원리를 근거 지울 형이상학을 필요로 한다. 현대사회의 다양한 윤리적 변화에 상응하는 철학적 윤리학을 위해 지금 그 체계를 근거 지울 수 있는 형이상학이 요구된다.

그럼에도 불구하고 철학의 계보사에서 우리는 수없이 많은 형이상학의 형태를 보게 된다. 그 까닭은 형이상학을 규정하는 작업이 그 자체로 그가 지닌 형이상학적 태도에 따라 결정되기 때문이다. 과연 우리는 어떤 형이상학을 말하는가? 아니 우리 시대가 필요로 하는 윤리학은 어떠해야 하며, 그것을 근거 지울 형이상학은 과연 어떠한 원리에 따라 정립될 수 있을까. 오늘날 과학기술과 자본주의의 발달로 급격히 변화하는 사회에서 실천철학은 어떠해야 하는 것일까. 우리의 탈형이상학은 이런 동기를 사유의 작업으로 드러내야 한다.

그것은 궁극적으로 서구의 근대를 벗어나는 한편의 노력과 우리의 역사와 세계를 극복하려는 다른 한편의 노력이 만나 이루어 내는 철학함의 생성으로 이해된다. 여기서 거론되는 탈근대의 노력은 이중의 함의를 지니고 있다. 이러한 해석을 통해 이 철학의 실마리는 생성과 극복의 탈형이상학으로 나타난다.

나. 형이상학의 새로움을 위하여

1. 철학이 언제나 그 시대와 그곳에서 이루어지는 인간의 이해와 인지의 총체적 틀이라면 그것은 거듭 현재(hic et nunc: 지금-여기)에 맞갖게 해석되어야 한다. 철학함으로서의 사유 작업을 여기서는 생성의 철학, 나아가 존재론의 형이상학에 토대를 둔 생성의 관점에 따라 해석하려 한다. 그것은 거듭 형이상학적 철학이 지니는 예언(預言)적 기능을 우리의 철학적 지평과 관심사에서 불러오는 철학적 길이라는 판단에 따른 것이다. 이에 따라 그 형이상학을 변화와 생성을 수용하는

새로운 사유로 제시하려 했다. 그것은 이 철학이 현재를 해명하고 우리의 존재와 실존을 해석하는 존재론적 의미를 지니기 때문일 것이다. 또한 결코 도외시할 수 없는 인간의 초월적 특성을 우리 존재의 깊은 심연에서부터 이끌어 내어 초월적 본성을 다하게 만드는 내재적 초월성으로 규정하려 하기도 했다.

이 형이상학의 원리는 존재론적 실체론과 본질론에 대해 끝없이 열려 있다. 열려 있다는 말의 의미는 서로 상반된 것들이 차이와 동일성에 의해 역동적으로 엮어 가는 거울놀이를 의미한다.[2] 따라서 이 철학은 실체론적 원리로서의 도(道) 중심주의나 또는 존재 중심주의를 넘어서 있다. 그것은 모든 중심을 해체하고 다원성 가운데의 통합성으로 이해되어야 한다. 즉 생성의 다양성이 각 존재자의 존재 원리를 수용하면서도 스스로의 관계성과 역동성 안에서 그 보편성을 유지하는 탈중심의 철학으로 이해해야 할 것이다. 그것은 차이와 동일성을 엮어 내는 생성의 놀이다. 형이상학을 어떻게 이해하느냐하는 것은 근본적으로 철학을 어떻게 규정하는가의 문제이다. 이 철학은 존재도학적 철학에 따른 진·선·미(眞善美)라는 일자(一者)의 철학과 실체론적 형이상학을 넘어서 있다. 이 철학은 이러한 체계가 지니는 이성과 보편성, 동일성과 일원성, 영원불변함과 성(聖)스러움이란 이름하에 행해지는 폭력과 억압에 질식하며 그것을 거부한다. 이렇게 이해된 도는 실체와 본질의 형이상학을 부정하고 생성과 역사, 관계성과 상호 영향성의 형이상학을 선언하는 원리로 드러난다.

탈형이상학적 사유틀에 핵심적인 것은 생성과 존재의 상호작용 원

---

2 이러한 차이와 동일성이 어우러짐에 대해서는 하이데거의 세계사방의 거울놀이 개념을 원용하여 해석할 수 있다: "Das Ding", Aufsätze und Vorträge, Pfullingen 1954, S. 163-185 참조.

리이다. 근대를 벗어나기 위한 탈형이상학적 관점에서 이루어지는 해석학은 존재론적 원리를 해명하는 데서 시작된다. 우리의 형이상학적 토대를 존재론적 해석학의 관점에서 정립하려는 노력은 동과 서의 철학을 전통적 형이상학, 근대 인식론적 선험형이상학의 관점을 벗어나는 탈형이상학, "형이상학 이후의 형이상학"(postmetaphysics)으로 정초될 것이다. 그것은 존재론적 해석학으로서의 형이상학, 생성의 형이상학, 전통과 근대를 극복하는 형이상학을 의미한다. 이 형이상학을 위한 해석학은 존재론적으로 이해된다. 그것은 해체주의와 만나면서 대결을 펼치는 가운데 형성되는 것으로, 우리의 현재에서 주어지는 존재 의미에 터전을 둔 존재해석학이기도 하다.

2. 철학은 우리의 현재와 실존의 문제를 보편성의 관점에서 근원적으로 해명하는 사유과정이다. 이 철학은 현재에의 해석과 실존 해명을 이루어 가는 계보의 역사를 지닌다. 이 과정은 철학자의 실존 경험과 그를 통한 존재 드러남을 해명하는 길이기도 하다. 철학의 진리 체험은 인간존재의 실존적 경험과 함께 세계 이해의 해명을 통해 이루어진다. 그 안에서 형이상학은 인간의 존재 이해 방식을 드러내면서 모든 철학적 사유의 근거로 작동한다. 그러기에 이러한 존재 이해를 향한 결단, 존재에의 기획 투사는 진리와 진리 이해의 역사적 과정에서 주어지며, 우리 존재가 향해 가야 할 도래의 시간을 지향한다.

기억과 회상은 초월과 미래를 향해 나아가지만, 그와 함께 이 지향점 역시 기억과 회상을 떠나 이루어지지 않는다. 그 두 사유가 만나는 곳은 진리를 이해하고 해석하는 현존재의 현재란 지평이다. 그것은 존재자의 진리를 이해하고 해석하는 인간이 존재자의 존재에 대해 자신의 존재로 관계 맺고, 규정하는 지평을 의미한다. 그것은 곧 인간이 존재자의 존재를 받아들이는 회상이며, 그 존재를 드러내는 사유의 지향성을 의미한다. 형이상학의 토대로서 기억과 회상은 과거와 미래의, 지향과 초월의 해석학에 자리한다.

탈형이상학의 존재론적 원리를 정립하는 작업은 오늘날 거론되는 포스트휴머니즘(post-humanism) 논의를 위해서는 매우 중요하다. 후기 산업사회를 지나면서 과학기술의 놀라운 발전은 정보통신 기술(in-formation-technology)과 생명공학 기술(bio-technology)에서 인간에 대한 이해와 실존적 삶을 결정적으로 변화시키기에 이르렀다. 이러한 인식하에 이른바 트랜스휴머니즘(trans-humanism)은 1990년대 미국 미래학자들이 사용한 용어에서 유래한다. 이들은 향상된 정보과학 기술과 생명과학 기술을 응용하여 인간의 한계를 넘어서는 생명의 진화를 이어가려는 철학을 전개한다. 확장되고 발전한 능력에 따라 인간은 모든 실재의 중심이 될 것이며, 그에 따라 사회와 세계 역시 과거와는 전혀 다른 모습으로 자리하게 될 것이다.

이런 주장에 담긴 철학적 맹목과 무지는 차치하고라도, 이를 철학의 영역으로 이끌어 와 자연과 실재 일반과 맺는 인간의 관계 맺음을 새롭게 논의하려는 철학적 주장은 수없이 많이 제기되었다. 그와 함께 생명공학의 기술이 초래하는 인간의 본성적 변화를 논의하는 철학 역시 현대 철학 특히 해체주의적 철학 논의 안에서는 결코 낯선 주장이 아니다. 현대 철학의 논의를 바탕으로 현대 산업사회와 전통적 인간 이해를 넘어서는 인간 이해의 필요성을 주장하는 포스트휴머니즘 철학은 강력한 도전으로 다가온다. 이런 논의는 절대적으로 형이상학적 토대 위에서 이뤄져야 함에도 불구하고 그에 대해 치밀하게 고뇌한 사유의 흔적은 찾아보기 힘들다. 오히려 형이상학적 전통을 거부함으로써 인간의 존재적 특성을 보지 못하는 오류를 범하고 있다.

그에 반해 형이상학적 철학 역시 변화된 인간존재의 지평을 진지하게 바라보는지에 대해서도 의문의 여지가 많은 것이 사실이다. 이 모든 한계를 넘어 변화된 실재 이해와 존재론적 지평을 수용하면서 새로운 형이상학적 사유를 모색하려는 노력은 여전히 어두움 속에 가려져 있다. 탈형이상학은 아직은 미완의 자리에 놓인 인간 이해, 그에 따른 실존과 존재 이해는 물론, 이를 바탕으로 이뤄가는 세계와 실재 이해를 논의하기 위해서 반드시 필요한 근거정립 작업임에는 틀림이 없다.

인간은 자신의 성찰적 행위를 통해 자신의 존재를 거듭 새롭게 이해하며, 이에 바탕 하여 세계와 실재 일반을 해명하고 그와 관계 맺게 된다. 이러한 성찰 행위는 오직 인간에게만 고유하다. 그는 존재의 역사를 회상함으로써 그 역사를 현재에서 재현하고, 이를 바탕으로 초월성과 미래를 기획한다. 이러한 존재 역사의 회상과 초월성의 결단은 언제나 지금 여기, 인간의 실존적 삶이 이루어지는 지평에서 가능해진다. 그 지평은 형이상학의 고유한 시간인 현재이다.

3. 형이상학의 현재는 인간존재의 고유한 형이상학적 순간이며, 그 안에서 모든 형이상학적 경험과 이해가 드러난다. 그것은 존재의 경험과 이해를 통한 것이며, 초월의 결단을 현재화하는 시간이자 해석의 성찰적 과정이다. 이것이 실존적인 존재의 형이상학에 담긴 본질적 의미이다. 형이상학 전통에서 초월성에 대한 이해는 중요한 의미를 지닌다. 그것이 때로는 최고의 존재자로 드러나거나 또는 그리스도교적 전통에서 보듯이 신앙의 하느님에 대한 사유로 연결되기도 했음은 우리가 익히 아는 바와 같다. 이러한 전통과는 무관하게, 아니 또는 그러한 전통에서 보듯이 우리에게 초월성에 대한 사유, 성(聖)스러움에 대한

체험과 지향은 무엇보다 중요하다.[3] 인간이 인간으로 자리할 수 있는 이유 가운데 결코 무시할 수 없는 것은 이러한 초월성의 회상과 체험이다. 그것이 굳이 특정한 종교의 형태로 드러나야 할 까닭은 어디에도 없다.

그럼에도 불구하고 인간의 인간다움을 드높이고 깊이를 체험하게 만드는 철학적 사유는 형이상학 없이는 결코 언어화되지 못한다. 이것이 영성이나 초월성이든, 또는 그 어떤 성스러움의 체험에 대한 것이든 이러한 기억과 회상을 언어화하는 작업이 필요하다. 이를 통해 인간은 존재자의 존재를 사유하며, 철학은 그 사유를 드러내는 인간의 언어적 작업의 결과로 나타난다. 이런 사유의 작업이 다른 가치들에 의해 매몰되고 왜곡될 때 형이상학은 은폐되고 망각된다. 그럼에도 인간은 형이상학적 존재이기에 이런 초월성에의 경험과 이해 없이는 존재할 수 없다.

현대 철학과 문화의 지평에 흘러넘치는 몰형이상학적 흐름에 맞서 우리는 어떤 형태로든 형이상학의 안과 밖을 언어화해야 한다. 이러한 사유와 언어 작업을 통해 다시금 형이상학의 순간과 마주해야 한다. 그 시간을 드러내지 못할 때 깊은 허무의 눈길이 우리를 엄습할 것이다. 존재자의 지배가 가장 극명해지는 시간, 존재 망각과 성찰하지 않는 시간이 과잉으로 치달을 때야말로 가장 존재 사유가 필요할 때이다. 지금은 형이상학과 마주해야 할 시간이다.

이를 향한 성찰과 사유의 시간은 존재론적 떨림과 괴로움을 품을 수

---

3 하이데거주의 철학자 드레이퍼스는 이런 관점에서 일상의 성스러움에 대한 체험을 존재 의미와 연결 지어 해명한다. 이런 주장은 초월성을 재현하는 새로운 형태 가운데 하나로 간주할 수 있다. 휴버트 드레이퍼스/숀 켈리, 『모든 것은 빛난다』, 김동규 옮김, 사월의 책 2013.

있는 유일한 존재인 인간만의 순간이다. 우리의 형이상학적 사유는 유한한 존재인 인간의 실존적 성찰과 함께한다. 형이상학은 실존적 고뇌와 유한성의 사유를 딛고 초월성을 지향한다. 그것을 통해 우리는 관계 맺음의 다른 존재인 타자와 공동체, 생명과 세계, 역사와 실존을 의미 있게 재현하게 된다. 탈형이상학은 이렇게 다가올 사유를 정초하는 해석학적 토대이다.

참고문헌

강상중,『오리엔탈리즘을 넘어서』, 이경덕, 임성모 옮김, 이산, 2004.

강영안,『우리에게 철학은 무엇인가』, 궁리, 2002.

김정선, 소광희, 이석윤 공저,『철학의 제문제』, 도서출판 벽호, 1994.

고이즈미 요시유키,『들뢰즈의 생명철학』, 이정우 옮김, 동녘, 2003.

노사광,『中國哲學史 – 古代篇』, 정인재 역, 탐구당, 1986.

_____,『中國哲學史 – 宋明篇』, 정인재 역, 탐구당, 1987.

다마지오, A.,『스피노자의 뇌』, 임지원 옮김, 사이언스북스, 2007.

딜스, H./크란츠, W.,『소크라테스 이전 철학자들의 단편 선집』, 김인곤 외 옮김,
    아카넷, 2005.

드레이퍼스, H../켈리, S.,『모든 것은 빛난다』, 김동규 옮김, 사월의 책, 2013.

라이프니츠, G.W.,『자연과 은총의 원리』(Principes de la nature et de la
    grace)〉, Gerhardt판 전집 제 6권.

로티, R.,『철학 그리고 자연의 거울』, 까치출판사, 1998.

루빈스타인, R.,『아리스토텔레스의 아이들』, 유원기 옮김, 민음사, 2004.

마굴리스,L., /세이건, D.,『생명이란 무엇인가?』, 도서출판 지호, 1999.

마이어, E.,『생물학의 고유성은 어디에 있는가』, 박정희 옮김, 철학과현실사, 2005.

모노, J.,『우연과 필연』, 김진욱 옮김, 범우사, 1995.

몬딘, B.,『토마스 아퀴나스의 철학 체계 – 오늘날의 토마스 읽기』, 강윤희, 이재룡 옮김, 가톨릭출판사, 2012.

바우만, Z.,『유동하는 공포』, 함규진 옮김, 산책자, 2009.

바이스마르, B.,『존재론 – 일반적 존재론으로서의 형이상학』, 서광사, 1990.

방동미,『原始儒家道家哲學』, 남상호 옮김, 서광사, 1999.

방립부,『문제로 보는 중국철학 – 우주·본체의 문제』, 이기훈, 황지원 옮김, 예문서 원, 1997.

변규룡,「비교사상의 가능성과 방법론」,『한국에서 철학하는 자세들 – 철학연구 방 법론의 한국적 모색』, 심재룡 외, 집문당, 1986.

베이컨, F.『신기관』(Novum Organum), 1620.

사토 히로오 외,『일본사상사』, 논형, 2009.

설, J.R.,『마인드』, 정승현 옮김, 까치, 2007.

슈리프트, E.,『니체와 해석의 문제 – 하이데거와 데리다의 니체 해석과 계보학』, 박규현 옮김, 푸른 숲, 1997.

신승환,『해석학 – 새로운 사유를 위한 이해의 철학』, 아카넷, 2016.

슬로터다이크, P.,『냉소적 이성 비판』, 이진우/박미애 옮김, 에코리브르, 2005.

아리기, G. 외,『체계론으로 보는 세계사』, 최홍주 옮김, 모티브북, 2008.

아리스토텔레스,『영혼에 관하여』(ΠΕΡΙ ΨΥΧΗΣ), 유원기 옮김, 궁리출판사, 2001.

_____,『니코마코스 윤리학』, 이창우/김재홍/강상진 옮김, 이제이북스, 2006.

_____,『형이상학』, 김진성 역주, 이제이북스, 2007.

아우구스티누스, 『고백록』, 최민순 옮김, 성바오로출판사, 1965.

오웬스, J., 『존재 해석』, 이재룡 옮김, 가톨릭대학교출판부, 2003.

요나스, H., 『생명의 원리 – 철학적 생물학을 위한 접근』, 한정선 옮김, 아카넷, 2001.

임채우, 「왕필의 생애와 사상」, 『왕필의 노자』, 예문서원, 1997.

월러스틴, I., 『세계체제 분석』, 이광근 옮김, 당대, 2005.

_____, 『유럽적 보편주의: 권력의 레토릭』, 김재오 옮김, 창비, 2006.

윌슨, E. 『사회생물학』, 민음사, 1992.

_____, 『통섭 – 지식의 대통합』, 사이언스북스, 2005.

장회익, 『삶과 온생명 – 새 과학 문화의 모색』, 도서출판 솔, 1998.

조현범, 『문명과 야만, 타자의 시선으로 본 19세기 조선』, 책세상, 2006.

진위평, 『일곱 주제로 만나는 동서 비교철학』, 고재욱/김철운/유성선 옮김, 예문서원, 1999.

푸코, M., 『광기의 역사』, 이규현 옮김, 나남출판, 2003.

핑커, S., 『마음은 어떻게 작동 하는가』, 소소출판사, 2007.

프랑크, M., 『현대의 조건』, 최신한 옮김, 책세상, 2002.

프리고진, I., 『혼돈으로부터의 질서』, 신국조 옮김, 자유아카데미, 2011.

_____, 『확실성의 종말: 시간, 카오스 그리고 자연법칙』, 이덕환 옮김, 사이언스북스, 1997.

플라톤, 『국가–政體』, 박종현 역주, 서광사, 1997.

_____, 『테아이테토스』, 정준영 옮김, 이제이북스, 2013.

_____, 『필레보스』, 박종현 역주, 서광사, 2004.

_____, 『티마이오스』, 박종현/김영균 역주, 서광사, 2000.

칸트, K., 『순수이성비판』(Kritik der reinen Vernunft 1781), 백종현 옮김, 아카넷, 2006.

＿＿＿, 『실천이성비판』(Kritik der praktischen Vernunft, 1788), 백종현 옮김, 아카넷, 2009.

＿＿＿, 『판단력 비판』(Kritik der Urteilskraft, 1790), 백종현 옮김, 아카넷, 2009.

＿＿＿, 『형이상학 서설』, 백종현 옮김, 아카넷, 2012.

＿＿＿, 『도덕 형이상학』, 김수배/이충진 옮김, 한길사, 2018.

코레트, E., 『해석학』, 신귀현 역, 종로서적, 1985.

＿＿＿, 『전통 형이상학의 현대적 이해 – 형이상학 개요』, 김진태 옮김, 가톨릭대학교출판부, 2000.

코르사니, B., 「말씀」, 『새로운 성경신학사전 I』, 바오로딸, 2007, 484-487.

코헨, P., 『학문의 제국주의』, 산해, 2003.

케이, H., 『현대생물학의 사회적 의미』, 뿌리와이파리, 2008.

하버마스, J., 『탈형이상학적 사유』, 이진우 옮김, 문예출판사, 2000.

＿＿＿, 『현대성의 철학적 담론』, 이진우 옮김, 문예출판사, 1995.

하이데거, M., 『형이상학 입문』, 박휘근 옮김, 문예출판사, 1994.

＿＿＿, 『형이상학이란 무엇인가?』, 이기상 옮김, 서광사, 1994.

＿＿＿, 『존재와 시간』, 이기상 옮김, 까치, 1998.

＿＿＿, 『동일성과 차이』(Identität und Differenz, 1957), 신상희 옮김, 민음사, 2000.

＿＿＿, 『칸트와 형이상학의 문제』, 이선일 옮김, 한길사, 2001.

＿＿＿, 「휴머니즘에 대한 편지」, 『이정표 2』, 이선일 옮김, 한길사, 2005.

＿＿＿, 『철학입문』, 김재철/이기상 옮김, 까치, 2006.

＿＿＿, 「"신은 죽었다"는 니체의 말」, 『숲길』, 신상희 옮김, 나남출판, 2008.

＿＿＿, 「예술작품의 근원」, 『숲길』, 신상희 옮김, 나남출판, 2008.

＿＿＿, 「형이상학의 극복」, 『강연과 논문』, 박찬국 옮김, 이학사, 2008.

＿＿＿, 「철학의 종말과 사유의 과제」, 『사유의 사태로』, 신상희 옮김, 도서출판 길,

2008.

_____, 『니체 I』, 박찬국 옮김, 도서출판 길, 2010.

한국분석철학회 편, 『철학적 자연주의』, 철학과 현실사, 1995.

한석환, 「'존재론'의 신기루 - '존재'가 우리에게도 유의미한 철학적 문제인가?」,
『대동철학』 52집, 대동철학회 편, 2010.9, 117-138.

홉스봄, E., 『자본의 시대』, 정도영 옮김, 한길사, 1998.

_____, 『혁명의 시대』, 정도영/차명수 옮김, 한길사, 1998.

_____, 『제국의 시대』, 김동택 옮김, 한길사, 1998.

후쿠오카 신이치, 『동적 평형』, 김소연 옮김, 은행나무, 2009.

Adorno, Th., *Negative Dialektik*(1966), trans. E.B. Ashton, New York 1973.

Adorno, Th./Horkheimer M., *Dialektik der Aufklärung: Philosophische Fragmente*, Kindle eBook 2010.

Apel, K.O., *Transformation der Philosophie*, Frankfurt/M 1973.

Bd. 1 Sprachanalytik, Semiotik, Hermeneutik

Bd. 2 Das Apriorie der Kommunikationsgemeinschaft

Böhme, G., Bedingungen gegenwärtiger Naturphilosophie, 123-133, in: O. Schwemmer, *Über Natur*, S. 126-127.

Bübner, R., (Hg.), *Die Trennung von Natur und Geist*, München 1990.

Coreth, E., *Metaphysik: Eine methogisch-systematische Grundlegung*, Innsbruck, Wien, München 1964.

Descartes, R., *Discours de la methode* 1637.

_____, *Meditationes des prima philosophia*, 1641.

Esfeld, M., *Naturphilosophie als Metaphysik der Natur*, Frankfurt/M 2008.

Engelmann, P., *Postmoderne und Dekonstruktion*, Stuttgart 2007.

Ferry L./Renaut, A., *Heidegger and Modernity*, tr. Franklin Philip, The University of Chicago Press, Chicago/London 1990.

Frank, M., *Das Sagbare und das Unsagbare*, Frankfurt/M 1989.

_____, *Einführung in die frühromantische Ästhetik*, Frankfurt/M 1989.

Gadamer, H.-G, "Dekonsturktion und Hermeneutik", in *Gesammelte Werke* 10, J.C.B. Mohr, Tübingen 1995.

Gloy, K.(hrsg.), *Unser Zeitalter- ein postmetaphysisches?*, Würzburg 2004.

_____, *Das Verständnis der Natur*, Bd I. München 2005.

Günter F., "Verwindung der Metaphysik - Heidegger und das metaphysische Denken", in: *Grundlinien der Vernunftkritik*, Ch. Jamme(hrsg.), Frankfurt/M 1997.

Grawe, Ch./Hügli, A., "Mensch", in *Historisches Wörterbuch der Philosophie*, hrsg.v. J. Ritter/K. Gründer. Bd 5, Stuttgart u.a. 1980.

Habermas, J., *Kleine politische Schriften I-IV*, Frankfurt/M 1981.

"Die Moderne - ein unvollendetes Projekt", in *Kleine Politische Schriften*, Frankfurt/M 1981.

Heidegger, M., *Sein und Zeit*, Tübingen 1927.

_____, Der Ursprung des Kunstwerkes, in *Holzwege*, Frankfurt/M 1950.

_____, Die Zeit des Weltbildes, in *Holzwege*, Frankfurt/M 1950.

_____, "Nietzsches Wort »Gott ist tot«", in *Holzwege*, Frankfurt/M, 1950.

_____, 「Wer ist Nietzsches Zarathustra?」, in *Vorträge und Aufsätze*, Pfullingen 1954.

_____, Überwindung der Metaphysik, in *Vorträge und Aufsätze*, Pfullingen 1954.

_____, *Identität und Differenz*, Pfullingen 1957, 8.Aufl.(1986).

_____, *Nietzsche* Bd. I, Pfullingen 1961.

_____, *Nietzsche* Bd. II, Pfullingen 1961.

_____, *Die Technik und die Kehre*, Pfullingen 1962.

_____, Brief über den Humanismus, in *Wegmarken*, Frankfurt/M 1967.

_____, *Was ist Metaphysik*, Frankfurt/M 1969.

_____, *Zur Sache des Denkens*, Tübingen 1976.

_____, Vom Wesen der Wahrheit, in *Wegmarken*, Frankfurt/M 1976.

_____, *Einführung in die Metaphysik*, GA. Bd. 40, Frankfurt/M 1976.

_____, *Grundfragen der Philosophie*, GA. BD. 45, Frankfurt/M 1984.

_____, *Nietzsche. Der Wille zur Macht als Kunst*, hrsg. B. Heimbüchel, GA. Bd. 43, Frankfurt/M 1985.

_____, *Einleitung in die Philosophie*, GA. Bd. 27, Frankfurt/M 1996.

Held, K., *Heraklit, Parmenides und der Anfang von Philosophie und Wissenschaft*, De Gruyter 1980.

Hösle, V., *Philosophiegeschichte und objektiver Idealismus*, München 1996.

Hübmer, K., *Kritik der wissenschaftlichen Vernunft*, Freiburg/München 1977.

Kant, I., Grundlegung zur Metaphysik der Sitten, 1785, in *Akademie-Ausgabe, Kants gesammelte Schriften* Bd. IV, Berlin 1902.

_____, "Beantwortung der Frage: Was ist Aufklärung?" (1784), in *Was ist Aufklärung?*, hrsg. E. Bahr, Stuttgart, Reclam 1974.

Klein, H.D., "Kein Ende für die Metaphysik", In *Unser Zeitalter – ein postmetaphysisches?* Karen Gloy(hrsg.), Würzburg 2004.

Lutz-Bachmann, M., "Postmetaphysisches Denken? Überlegungen zum Metaphysikbegriff der Metaphysikkritik", in *Unser Zeitalter– ein postmetaphysisches?*, K. Gloy(hrsg.), 2004.

Manfred F., *Einführung in die frühromantische Ästhetik*, Frankfurt/M 1989.

Matthias, L-B., "Postmetaphysisches Denken? Überlegungen zum Metaphy-
sikbegriff der Metaphysikkritik", in *Zeitschrift für philosophische
Forschung*, B. 56, Heft 3, 2007, S. 414-425.

McCarthy, Th., "General Introduction", in *After Philosophy: End or Transfor-
mation?*, K. Baynes/J. Bohman/Th. McCarthy(ed.), MIT Univ.
Press, Cambridge Mass. 1993.

Mittelstraß, J., Leben mit der Natur. Über die Geschichte der Natur in der
Geschichte der Philosophie und über die Verantwortung des Men-
schen gegenüber der Natur. S. 37-62, in: Schwemmer, O.,(hrsg.),
Über Natur. Frankfurt/M 1991.

Moscovici, S., *Versuch über die menschliche Geschichte der Natur*, Übers. Mi-
chael Bischoff, Frankfut/M 1990.

Müller, M./Halder, A., *Kleines Philosophisches Wörterbuch*, Freiburg, 1971.

Müller, M., *Existenzphilosophie im geistigen Leben der Gegenwart*, Heidelberg
1964.

Nietzsche, F., *Der Wille zur Macht, Versuch einer Umwertung aller Werte*,
Ausgewält und geordnet v. Peter Gast unter mitwirkung von Elisa-
beth Förster-Nietzsche, 13. durchges. Aufl., Stuttgart 1996.

Pascal, B., *Pensée sur la religion*, 1670.

Platon, *Phaidros*, Werke Bd. 5, Bearb. v. Dietrich Kurz, Darmstadt 1990.

Renner, R. G., *Die postmoderne Konstellation: Theorie, Text und Kunst im
Ausgang der Moderne*, Freiburg 1980.

Rittter J.,(Hg.), *Historisches Wörterbuch der Philosophie*, Basel, Stuttgart Bd.
6, 1976.

Said, E., *Orientalism*, Random House, New York 1979.

Schaeffler, R., *Die Wechselbeziehungen zwischen Philosophie und katholischer Theologie*, Darmstadt 1980.

_____, *Ontologie im nachmetaphysischen Zeitalter, Geschichte und neue Gestalt einer Frage*, Freiburg/München 2008.

Schwemmer, O., *Über Natur. Philosophische Beiträge zum Naturverständnis*, Frankfurt/M 1991.

Schelling, F.W.J., *Sämtliche Werke*, Bd. I/3, Stuttgart 1856-1861.

_____, Sämtliche Werke, Bd. II, Stuttgart 1856-1861.

Sowa, H., *Krisis der Poisis, Schaffen und Bewahren als doppelten Grund im Denken Martin Heideggers*, Würzburg 1992.

Spivak, G. Ch., *A Critique of Postcolonial Reason*, Harvard University Press, Cambridge, London, 1999.

Thiele, J., Die Wiederverzauberung der Natur, in: Jürgen Audretsch (Hg.), *Die andere Hälfte der Wahrheit. Naturwissenschaft, Philosophie, Religion*, München 1992.

Tooby, J./Cosmides, L., "The Psychological Foundation of Culture", in *The Adapted Mind*, J.H. Barkow(ed.), Oxford Univ. Press 1992.

Vattimo, G., *Jenseits vom Subjekt, Nietzsche, Heidegger und die Hermeneutik*, Wien 1986.

_____, Heideggers Verwindung der Moderne, in: *M. Heidegger-Denker der Post-Metaphysik, Symposiums aus Anlaß seines 100. Geburtstages*, Heidelberg 1992.

_____, *Das Ende der Moderne*, Stuttgart 1996.

_____, *After Christianity*, tr. Luca D'Isanto, New York; Columbia Univ.

Press 2002.

Veauthier, F.W.(hrsg.), *Martin Heidegger. Denker der Post-Metaphysik: Symposium aus Anlass seines 100. Geburtstags*, Heidelberg 1992.

Wallerstein, I., *Unthinking Social Science*, Cambridge 1991.

Weischedel, W., *Der Gott der Philosophen: Grundlegung einer philosophischen Theologie im Zeitalter des Nihilismus*, Darmstadt 1994.

Weissmahr, B., *Philosophische Gotteslehre*, Stuttgart 1983.

Welsch, W., Vernunft. *Die zeitgenissische Vernunftkritik und das Konzept der transversalen Vernunft*, Frankfurt/M, 1995.

|ㄱ|

가능태(dynamis) 32-33

가로지르는 이성 114

경험론/경험주의 128

계몽/계몽주의 14, 56, 96, 109, 118, 125, 129, 153

계보사/계보학 61, 96-97

계사(copula) 19-20, 60

공(共)생명 259

과학 42, 107, 118, 137, 188, 251

과학주의 27, 42, 188, 196, 220, 243, 256

관계/관계성 225-226, 259, 270, 275

교부 36

『국가』(플라톤) 28

규범 14, 178, 197, 220, 277

그리스 철학 35, 75

그리스도교 30, 35-36

근거율 52, 107, 123

근대/근대성 14, 24, 38, 55, 58, 112, 121-122, 132-133, 149-150

근대 철학 64, 143

근원 46, 56, 73, 158, 171, 229

기술 146

기초 존재론 184

|ㄴ|

내재적 초월/론 51, 63, 77, 111, 212, 214, 274-275

노발리스(Novalis) 56

노자 47-48, 50

놀이 159, 166-167, 200

거울~ 159, 234-235

생성의 ~ 163, 168

니체(F. Nietzsche) 41, 48, 106, 158-160, 172

|ㄷ|

다원성/다원주의 160, 167, 273

데카르트(R. Descartes) 39, 73, 104, 107, 157, 176

도(道) 15, 26, 47, 49-50, 284

동도서기 145-146

동일성 20, 34, 53, 60, 65, 84, 102, 150, 236, 273

|ㄹ|

라이프니츠(G.W. Leibniz) 21, 30, 72

로고스(logos) 22, 79, 94, 98-99

로티(R. Rorty) 18, 87, 144, 199

|ㅁ|

맑스(K. Marx) 199

목적론 37

목적성 214, 229-231, 280

몰(沒)형이상학 42, 94, 187, 282

무/없음 37, 62, 84, 182, 194, 203

미학 30

미학적 인간 178

미학적 전환 48, 50

|ㅂ|

바티모(G. Vattimo) 57, 190

반형이상학 75, 268, 282

『백일신론』 38

베버(M. Weber) 131

벨쉬(W. Welsch) 114

변신론 34, 37

보편(성)과 개별(성) 20, 34

보편주의 133-134, 137, 142, 153-154

복잡성 272-273

본성 16-17

본질 32, 46, 52, 64, 73, 81

볼프(Ch. Wolff) 21

|ㅅ|

사유틀 27, 150, 218, 223, 226, 239-240, 243, 249, 251, 284

생명 31, 79, 253

생명성 117, 167, 214, 218, 260, 269, 277

생명윤리 251

생명철학 49, 148, 225, 239, 254, 281

생명 형이상학 253, 260, 263, 268-270, 276-277

생물학주의 256, 262, 282

생성 32, 45, 47-48, 68, 159, 162-164, 172, 268, 273, 281

선(善) 147

선성(善性) 34, 64

선험/선험성 63, 126-127, 208, 212

성리학 26, 39

성(聖)스러움 66, 284, 287-288

세계사방(Geviert) 234

세계 이성 230

순수 현실태(entelecia) 71

스콜라철학 39, 125, 243

슬로터다이크(P. Sloterdijk) 114, 116
시간/시간성 23, 288
신(神) 15, 21, 35, 63, 131, 161, 241
신화/신화학 111, 171, 222, 225
실용주의 86, 147, 184
실재/성 23, 28, 73, 218, 231, 235,
    237, 287
실존 43, 57, 64, 81, 284-285
실증주의 40, 56, 196
실체(substantia) 33-34, 48, 71, 74,
    81, 276

|ㅇ|
아도르노(Th. Adorno) 109, 185,
    187
아름다움(美) 66, 167, 170
아리스토텔레스(Aristoteles) 25, 30,
    78, 102, 229, 279
안드로니코스(Andronikos von Rho-
    dos) 25
언어학적 전환 18
역동성 231, 237, 240, 245, 270, 281,
    284
역사/역사성 115, 270-271
연결사 60
영성 34, 117, 151, 276
예술 111, 124, 170, 173, 176, 225
예술철학 50, 54, 170, 173-174, 192
예언 54, 178, 283
오리엔탈리즘 140, 142
오성 103

옥시덴탈리즘 141-142
요나스(H. Jonas) 241, 265, 267
원인론 34
원형 70
유럽 중심주의 108, 125, 141
유비 65, 130
유비 개념 66, 71
윤리/윤리(철)학 30, 37, 126, 223, 283
이데아(Idea) 28-29, 46, 67-69
이성 22, 54, 95-96, 98, 103
    선험 ~ 157
    실천~ 67
    인식 ~ 69, 96, 110, 210
    의사소통적 ~ 113, 207-210
이성 중심주의 111-112, 125, 151,
    171, 224, 276
인격/인격성 76, 79, 81
인과율 37, 107
인문주의 158
인문학 15, 218, 263
인식론 40, 105, 118, 122, 153
일반 형이상학/특수 형이상학 21
일성 64
일원성 130, 150
일자(一者) 33-34, 65, 284

|ㅈ|
자기성 265-266
자기 창조 274, 276
자본/자본주의 16, 110, 118, 131,
    134-135, 143, 151, 254, 283

자연(physis)과 근원 63

자연과학 27, 60, 82, 89, 106, 123,
　129, 219-221, 240, 246

자연의 근거 45

자연철학 28, 45, 217, 222, 224-226,
　238, 240, 246, 248-249

자유 62, 92, 243, 265-266

자율성 108, 128, 158, 261

정언명법 127, 186

제국주의 122, 138-139

제일원인/제일원리 27, 31, 59, 71,
　282

존재론 16, 18-20, 23, 31, 77, 206

존재론적 차이 184

존재론적 해석학 44, 48, 51, 85, 97,
　116, 184, 214, 222, 282, 285

존재 망각 83, 160, 183-184, 194,
　204-206

존재 사건 202

존재-신-론 55, 78, 80

존재와 생성 51

존재의 역운 232

존재자성 31, 40, 83, 149, 162, 188,
　217, 269

존재 자체 182, 195

주체-객체의 도식 74, 105, 151

지성 87, 96, 101, 127

지식/지식론 87

진리 23, 55, 85-87, 90, 92

진리론 52, 88

진성(眞性) 34, 64

진화생물학 139, 249, 255, 257, 262

진화심리학 255

질료 71, 81

|ㅊ|

차이 60, 84, 236, 273

천명(天命) 147

철학의 종말/죽음 15, 51, 187, 198

철학적 신론 72

초극/초월적 극복(Verwindung) 144,
　189, 193

초월/초월성 15, 34, 44, 51, 61, 165,
　281, 287

초월과 내재 34

초월론 63

총체성 79, 117, 225, 240, 250, 272-
　273, 281

최고선 34

최종 근거 27, 31

최종 목적 34

|ㅋ|

칸트(I. Kant) 13, 41, 67, 105, 110,
　176

코레트(E. Coreth) 65, 85

|ㅌ|

타자 132

탈근대 58, 117

탈존 92-93, 194

탈형이상학 48, 94, 110, 113, 117,

148, 167, 178-180, 211, 213, 289
테크네(techne) 227, 230, 245
토마스 아퀴나스(Th. Aquinas) 78

|ㅍ|
파르메니데스(Parmenides) 26, 45,
  71, 102, 124
포스트모더니즘 144, 150
포스트휴머니즘 286
포이에시스(poiesis) 222, 228, 231-
  232, 236, 244
프리고진(I. Prigogine) 249
플라톤(Platon) 27, 30, 67, 101, 279
피시스(physis) 222-223, 228, 232,
  236, 244

|ㅎ|
하르트만(N. Hartmann) 72
하버마스(J. Habermas) 143, 150,
  171, 179, 196, 198
하이데거(M. Heidegger) 22, 42, 61,
  73, 90, 93, 113, 124, 146, 152,
  177
학문 18, 52, 54, 84, 96, 123, 137,
  188, 196, 251, 263

정신~ 219
  ~ 일반 100, 138
해석학 44, 47, 98, 199, 285
해체/해체주의 115, 183 285
허무주의(nihilism) 62, 113, 119,
  152, 162, 169, 178
헤겔(G.W.F. Hegel) 57, 78, 176
헤라클레이토스(Herakleitos) 26, 46,
  103, 167
헤브라이즘 76
헬레니즘 76
현사실화 89
현실태(energeia) 32-33, 102, 185
현재 97-98, 110, 118, 180, 202,
  283, 285
현존성 40, 276
현존재(Dasein) 24, 89, 91, 235
형상(eidos) 29, 34, 71, 81, 101
『형이상학』(Metaphysica) 30, 32
형이상학의 죽음/종말 56, 58
호킹(S. Hawking) 27
홉스봄(E. Hobsbawm) 122
화이트헤드(A.N. Whitehead) 30
회상 28, 216, 285, 288
휴머니즘 109, 125-126